AF315660

RÉGIME ÉCONOMIQUE DU VIN

THÈSE POUR LE DOCTORAT

Soutenue devant la Faculté de Droit de Bordeaux le 25 juin 1898,
à deux heures et demie du soir.

PAR

Henri SEMPÉ

AVOCAT A LA COUR D'APPEL DE BORDEAUX
LAURÉAT DE LA FACULTÉ

BORDEAUX

IMPRIMERIE G. GOUNOUILHOU

11, RUE GUIRAUDE, 11

1898

RÉGIME ÉCONOMIQUE

DU VIN

THÈSE POUR LE DOCTORAT

Soutenue devant la Faculté de Droit de Bordeaux le 25 juin 1898,
à deux heures et demie du soir.

PAR

Henri SEMPÉ

AVOCAT A LA COUR D'APPEL DE BORDEAUX
LAURÉAT DE LA FACULTÉ

BORDEAUX

IMPRIMERIE G. GOUNOUILHOU

11, RUE GUIRAUDE, 11

1898

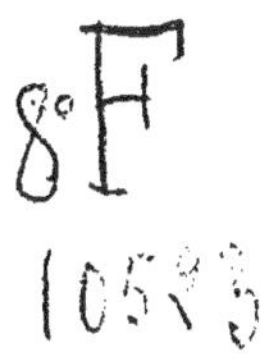

FACULTÉ DE DROIT DE L'UNIVERSITÉ DE BORDEAUX

MM. BAUDRY-LACANTINERIE ✻ (✿ I.), doyen, professeur de *Droit civil.*

SAIGNAT (✿ I.), assesseur du doyen, professeur de *Droit civil.*

BARCKHAUSEN (O. ✻) (✿ I.), professeur de *Droit administratif.*

DE LOYNES (✿ I.), professeur de *Droit civil.*

VIGNEAUX (✿ I.), professeur d'*Histoire du droit.*

LE COQ ✻ (✿ I.), professeur de *Procédure civile.*

LEVILLAIN (✿ I.), professeur de *Droit commercial.*

MARANDOUT (✿ I.), professeur de *Droit criminel.*

DESPAGNET (✿ I.), professeur de *Droit international public,* chargé du cours de *Droit international privé.*

MONNIER (✿ I.), professeur de *Droit romain,* chargé du cours d'*Histoire du droit public français.*

DUGUIT (✿ I.), professeur de *Droit constitutionnel et administratif,* chargé du cours de *Principes du droit public et Droit constitutionnel comparé.*

DE BOECK (✿ A.), professeur de *Droit romain,* chargé du cours d'*Histoire des doctrines économiques.*

DIDIER (✿ A.), professeur de *Droit maritime* et de *Législation industrielle,* chargé du cours de *Législation financière.*

SAUVAIRE-JOURDAN, agrégé, chargé des cours de *Législation et économie coloniales* et d'*Économie politique* (doctorat).

BENZACAR, agrégé, chargé du cours d'*Économie politique* (licence).

MM. SIGUIER (✿ A.), *secrétaire.*

PLATON (✿ A.), ancien élève de l'École des Hautes-Études, *sous-bibliothécaire.*

CAZADE, *commis au secrétariat.*

COMMISSION DE LA THÈSE

MM. DIDIER, professeur, *président.*

SAUVAIRE-JOURDAN, agrégé, } *suffragants.*
BENZACAR, agrégé, }

RÉGIME ÉCONOMIQUE

DU VIN

INTRODUCTION

Une étude complète sur le vin devrait comprendre deux parties : l'une économique, l'autre fiscale. Elles s'éclaireraient mutuellement et logiquement : la production du vin, sa consommation, son commerce intéressent également l'économiste et le fisc.

L'impôt, sous des formes multiples et diverses, et avec l'aide de trois grandes administrations financières, — les Contributions indirectes, les Douanes, les Octrois, — fait collaborer le vin — et pour une bonne part — à l'œuvre difficile d'équilibrer nos énormes budgets. Mais si précieux que soit ce concours, le législateur fiscal sait qu'il ne doit pas tout sacrifier aux seules nécessités budgétaires, et si la circonspection s'impose quand il s'agit de toucher à un régime procurant à l'État d'abondantes recettes, des considérations plus puissantes sur l'hygiène publique, le bien-être des masses, la vitalité des transactions commerciales, peuvent nécessiter des modifications financières au système de l'impôt; or, ces considérations déterminantes, ces indications de réformes possibles, c'est l'économiste qui les doit à l'homme d'État.

Les limites forcément bornées d'une thèse ne nous permettent pas de présenter juxtaposées ces deux parties presque inséparables d'un même sujet. C'est à l'étude des phénomènes économiques relatifs à la vigne et au vin que se borneront nos efforts.

Mais, outre l'intérêt propre à ces phénomènes étudiés isolément, on ne devra pas oublier que des considérations d'ordre fiscal pourraient surgir de nos statistiques et de nos conclusions d'ordre économique.

Les quelques chiffres ci-dessous donneront une idée des ressources que nos finances demandent au vin et feront entrevoir l'importance et le nombre des intérêts engagés.

La part contributive du vin dans nos budgets de l'État et dans nos budgets municipaux a été de [1] :

ANNÉES	DROITS PERÇUS PAR			TOTAUX
	les CONTRIBUTIONS INDIRECTES	les DOUANES	les OCTROIS	
	Francs	Francs	Francs	Francs
1880-89 (moy.).	133.663.000	20.858.000	73.252.000	227.773.000
1890	137.255.000	18.573.000	71.943.000	227.771.000
1891	137.407 000	23.217.000	74.524.000	235.148.000
1892	142.462.000	28.386.000	75.628.000	246.476.000
1893	146.944.000	43.604.000	78.784.178	269.332.000
1894	154.571.673	26.800.000	81.297.359	262.669.000
1895	159.389.345	31.200.000	83.973.251	274.562.000[t]
1896	156 427.188	31.800.000	»	»

Nous ajouterons que les sommes perçues par les Contributions indirectes en 1896 se divisent comme suit par nature de droits :

Droit de circulation............................... F.	31.010.651
— de détail...	40.466.993
— de remplacement (Paris et Lyon)...............	44.973.186
— d'entrée et de taxe unique......................	39.976.358
TOTAL...... F.	156.427.188

Ce qui fait une moyenne, par tête d'habitant, de 4 fr. 09 d'impôt sur les vins payés en France aux Contributions indirectes. Si nous tenons compte des taxes de douane et d'octroi, cette moyenne passe à 7 fr. 10 [1].

Cette moyenne d'impôt s'applique à la moyenne de la consommation du vin, qui est, pour 1896, de 87 litres par tête d'habitant [2].

Il pourrait aussi paraître intéressant de comparer avec les autres produits indirects la part d'impôt supportée par le vin. Nous en donnons le moyen en publiant le tableau des revenus des Contributions indirectes [3].

Cette très brève incursion sur le domaine purement fiscal nous a paru nécessaire pour indiquer la place que tient ce produit « vin » dans notre organisation financière, administrative, budgétaire.

Si du domaine fiscal nous passons dans le domaine économique, but que nous nous proposons, nous voyons la vigne occuper pendant longtemps près de la *vingt-cinquième partie du sol français*. Elle occupe encore, bien que les surfaces plantées aient diminué, la *quatorzième partie des terres* couvertes en France par des cultures agricoles vraiment importantes [4]. Quinze cent mille propriétaires récoltants la cultivent dans plus de dix-neuf mille communes. La valeur des vins récoltés dépasse un milliard! Elle représente le quinzième des revenus de nos principales cultures agricoles, égalant la valeur du lait et ne se laissant devancer que par la valeur du froment [5]. Le vin est entré, en 1896, dans nos importations pour 293.921.000 francs, et dans nos exportations pour 242.268.400 francs.

1. V. tabl. IX.
2. V. tabl. VII.
3. V. tabl. XXII.
4. V. tabl. V.
5. V. tabl. V.

C'est au triple point de vue de l'agriculture, du commerce, de l'hygiène publique, que nous essaierons dans notre thèse de préciser la situation du vin, en traitant aussi les questions multiples qui s'y rattachent.

Malgré le caractère bien national de la culture de la vigne, — si la tradition veut que les Carthaginois aient porté aux Gaulois l'art de tailler la vigne et de faire le vin, la vigne est bien « fille de France », produit naturel de notre sol, — notre vin français a acquis de par le monde une telle renommée, les pays étrangers l'ont si souvent imité, dénigré, si énergiquement concurrencé, qu'il nous a paru nécessaire, pour vivifier notre étude tant au point de vue agricole qu'au point de vue commercial, d'examiner la situation internationale, de préciser les grands marchés et les grands centres de production du monde entier.

Nous ferons aussi, au cours de ce travail, de fréquents et indispensables emprunts à la statistique, la science des faits sociaux exprimée par des termes numériques, comme on l'a très heureusement définie. Cette science, d'origine moderne, malgré des erreurs inévitables et des différences de chiffres plus souvent explicables d'ailleurs que réellement contradictoires, est un précieux moyen d'investigation pour l'économiste, pour l'homme d'État. « Si l'histoire révèle le génie propre des nations, la statistique montre quelles sont leurs ressources pour continuer le grand combat de l'existence. L'avenir d'un peuple, dit un proverbe japonais, est enfermé dans son présent comme l'aiglon dans l'œuf [1]. »

Dans notre chapitre Ier, nous examinerons l'étendue du vignoble français et sa production. Dans notre chapitre II, nous fixerons les quantités de vin nécessaires à la consommation de la France et leur répartition entre les diverses

---

1. Élisée Reclus, *Nouvelle Géographie universelle. La France*, II, p. 839. Hachette, 1881.

parties du pays. Notre chapitre III sera consacré à l'étude des moyens propres à développer la consommation du vin, à l'examen des mesures déjà prises ou à prendre afin d'arriver à ce résultat. — Notre situation commerciale au double point de vue des importations et des exportations fera l'objet du chapitre IV : nous y discuterons notre tarif douanier et nous essaierons d'y fixer la part faite aux vins exotiques dans notre consommation nationale et la part faite à nos vins français sur les marchés de l'étranger. Le chapitre V contiendra un coup d'œil général sur la production et le commerce du vin dans les divers pays du monde.

Nous réunissons à la fin de notre travail tous les tableaux statistiques relatifs aux diverses parties de notre thèse.

L'étude attentive de ces tableaux, que nous nous sommes attaché à rendre aussi complets que possible, dira, mieux que nous ne le ferons nous-même, l'importance des phénomènes agricoles, financiers et moraux attachés à la question étudiée, ainsi que les phases heureuses ou contraires traversées par la viticulture et le commerce des vins.

Nous n'avons pas la prétention d'indiquer une solution au problème économique complexe qui naît de la souffrance de nos vignerons et de celle de leurs précieux auxiliaires : les négociants. Notre ambition est plus modeste : nous avons simplement voulu grouper dans un travail d'ensemble les renseignements statistiques épars de tous côtés, les mettre en ordre, en relief, pour que la concordance et la précision des chiffres éclairent la situation actuelle et inspirent de salutaires réflexions.

CHAPITRE PREMIER

PRODUCTION DU VIN

Section I. — La Vigne.

§ 1 *Superficies plantées en France.* — La vigne se rencontre en France dans tous les départements, au moins à l'état de treilles. Mais c'est sur le versant du Midi, pris dans son sens le plus large, dans la Bourgogne, les vallées de la Loire, le Bordelais, l'Angoumois, la Saintonge, l'Aunis, dans le Gers, dans la région méditerranéenne, que se trouvent les vignobles les plus étendus et les plus productifs de la France. La Champagne, si fameuse par ses vins mousseux, se trouve cependant sur le versant septentrional.

La culture de la vigne remonte, dans notre pays, aux temps les plus reculés. L'étendue des vignobles a subi de fréquentes oscillations en sens divers, correspondant presque toujours à la situation économique générale. Nous examinerons ces oscillations, en mettant notre point de départ à 1788, année la plus reculée dont nous ayons la statistique. D'après les recherches faites à cette époque, on ne comptait que 1.546.616 hectares de terrains vitifères.

Les guerres de la Révolution et du Premier Empire ne furent guère favorables au développement de la vigne. la surface plantée, en 1808, vingt ans après notre point de départ, n'est encore que de 1.613.739 hectares.

De 1808 à 1829, la statistique est muette : dans cette période, le vignoble passe de 1.613.739 hectares à 2.003.365 hectares, gagnant près de 25 o/o.

De 1829 à 1849, la période d'accroissement continue : on

atteint un maximum de 2.193.053 hectares, qui ne sera dépassé qu'en 1860.

De 1850 à 1859, la culture de la vigne reste stationnaire. Les vignerons subissent les assauts d'un ennemi nouveau qui désole leurs récoltes. Ils ne songent pas à planter, tous leurs efforts se concentrent dans la lutte contre l'oïdium.

Ils sont enfin vainqueurs, et, dès 1860, s'ouvre une ère merveilleuse pour la culture de la vigne. Les traités de commerce créent de nouveaux débouchés, les chemins de fer desservent plus complètement les marchés de l'intérieur, les quantités soumises aux taxes passent d'une moyenne de 16.770.000 hectolitres à une moyenne de 23.552.000 hectolitres avec un prix moyen chez les récoltants de 28 francs. On plante avec sagesse et succès, et les terrains vitifères, qui étaient de 2.205.409 hectares en 1860, atteignent 2.350.104 hectares en 1869.

En 1870, la statistique officielle présente une anomalie. Elle accuse un vignoble de 2.238.178 hectares. Si, on ajoute à ce chiffre les 29.560 hectares que la guerre nous fit perdre en nous enlevant les vignobles de la Moselle et de l'Alsace-et-Lorraine, on obtient un total de 2.267.738 hectares, chiffre inférieur à ceux de 1869 et de 1871. Y a-t-il là une erreur causée par le désarroi de l'époque ou, en dressant la statistique, a-t-on négligé les vignobles envahis par l'ennemi?

Quoi qu'il en soit, la culture reprend sa marche en avant dès 1871 pour atteindre son maximum d'intensité en 1874 et 1875, avec 2.446.862 et 2.421.247 hectares. Nos vignobles sont au faîte de leur prospérité : 1875 donne l'énorme récolte de 83.836.391 hectolitres de vin.

A partir de cette époque, le phylloxera ronge les vignes; les surfaces plantées diminuent avec une désolante régularité : 1877 : 2.346.497 hectares; 1881 : 2.069.923 hectares; 1886 : 1.959.102 hectares; 1891 : 1.763.374 hectares; 1895 : 1.747.002 hectares; 1897 : 1.688.931 hectares[1]. Nous voilà

----

1. V. tabl. I.

revenus au chiffre de 1808, après avoir parcouru un double cycle ascendant et descendant. Nous verrons que ce résultat, malheureux à tous les points de vue, ruineux pour l'agriculture et le commerce, dangereux pour la santé publique, a éveillé l'attention de nos hommes d'État, de nos législateurs, de nos savants, de nos économistes, en provoquant en même temps un énergique et salutaire réveil de l'initiative privée. De la mise en œuvre de tant de bonnes volontés, on peut, on doit espérer le relèvement de la viticulture.

§ 2. *Terrains vitifères dans les principaux départements.* — La situation des terrains vitifères dans les principaux départements viticoles présente des particularités qu'il est bon de relever en citant les chiffres fournis par la statistique officielle pour les années 1877 et les années 1881, 1890, 1897, prises comme terme de comparaison, à des époques espacées.

DÉPARTEMENTS	ANNÉES			
	1877	1881	1890	1897
	Hectares	Hectares	Hectares	Hectares
Hérault..................	167.145	87.715	140.197	182.976
Gironde...................	145.121	141.420	137.282	140.478
Aude....................	108.143	128.287	97.405	122.859
Gers....................	95.222	102.348	100.554	60.563
Gard....................	23.742	15.695	41.142	63.289
Pyrénées-Orientales.......	57.700	73.657	45.970	56.815
Lot-et-Garonne...........	75.900	69.471	56.754	53.251
Indre-et-Loire...........	47.948	51.131	57.265	48.760
Puy-de-Dôme.............	27.632	30.983	45.000	45.069
Charente-Inférieure.......	171.707	123.220	34.573	44.105
Haute-Garonne...........	63.010	79.093	57.488	25.550
Var....................	76.206	58.346	33.072	43.439
Loir-et-Cher	28.975	31.580	60.376	33.818
Rhône..................	42.843	39.110	29.795	35.608
Yonne..................	40.933	36.640	38.206	33.664
Dordogne	97.287	88.569	32.279	33.271 [1]

Dans neuf départements, la culture de la vigne est nulle; ce sont : le Calvados, les Côtes-du-Nord, le Finistère, la Manche,

1. V. tabl. II.

le Nord, l'Orne, le Pas-de-Calais, la Seine-Inférieure, la Somme.

L'Hérault, la Gironde et l'Aude possèdent à eux seuls le quart de la superficie totale du vignoble français.

En 1881, la Gironde tenait la tête avec 141.420 hectares; puis venaient l'Aude avec 128.287 hectares; la Charente-Inférieure avec 123.220 hectares; le Gers avec 102.348 hectares; la Dordogne avec 88.569 hectares, et l'Hérault avec seulement 87.715 hectares. L'Hérault a progressé dans des proportions considérables, et c'est la Dordogne et le Gers qui ont le plus fléchi.

Les trois départements les plus vitifères en 1877 tiennent encore la tête de la liste, vingt ans après, en 1897, et dans le même ordre.

Le Gard, le Puy-de-Dôme, le Loir-et-Cher ont progressé sensiblement; tandis que le Gers, le Lot-et-Garonne, la Charente-Inférieure, la Haute-Garonne, le Var et la Dordogne ont perdu une notable partie de leur vignoble.

Les deux départements les plus éprouvés sont la Charente-Inférieure, qui a vu diminuer ses surfaces vitifères de 127.602 hectares, et la Dordogne, auquel il ne reste plus que le tiers de ses vignes!

Remarquons que les données de la statistique, en ce qui concerne les superficies plantées en vignes dans la Gironde[1], ne paraissent pas avoir une base certaine. On semble surtout s'être attaché à des moyennes qu'on conservait des séries d'années. Il ressort des différences difficiles à expliquer: en 1862, on constate brusquement une baisse de plus de 6 o/o; en 1867, nouvelle baisse d'environ 4 o/o; or en 1862 et en 1867, les résultats généraux présentent des augmentations. En 1868, hausse de 11 o/o tout aussi inexplicable. A partir de ce moment, la statistique serre les résultats de plus près, et après avoir eu de 1876 à 1879, 145.000 hectares environ de vignes, la Gironde se trouve en 1897 posséder 140.478 hectares[2].

1. V. tabl. I.

2. On pourrait être étonné de ne pas voir figurer la Bourgogne dans cette étude: il ne faut pas oublier que le vignoble bourguignon s'étend sur une

§ 3. *Comparaison avec les surfaces occupées par d'autres produits agricoles*. — La superficie de la France, d'après la carte au $\frac{1}{80.000}$ mesurée par le Service géographique de l'Armée, en 1891, est de 53.649.374 hectares. Tant que la superficie vitifère a dépassé 2.000.000 d'hectares, c'est-à-dire de 1830 à 1884, la vigne a occupé la vingt-cinquième partie environ du territoire. Bien que cette proportion ait baissé, la vigne tient encore une place importante dans nos principales cultures agricoles : elle vient au cinquième rang et occupe la quatorzième partie des surfaces en culture :

PRODUITS	SURFACE occupée en 1896	PRODUITS	SURFACE occupée en 1896
	Hectares		Hectares
Froment...............	6.870.352	Pommes de terre......	1.542.717
Prairies naturelles.....	5.521.269	Seigle	1.500.207
Avoine	3.916.286	Maïs................	583.708
Prairies artificielles	2.571.977	Betteraves fouragères..	438.058
Vigne	1.728.433	Cultures industrielles..	405.079
		Total	25.078.086 [1]

En 1896, on compte en France, sur 36.144 communes, 19.214 communes vignobles, dans lesquelles 1.491.766 propriétaires sont récoltants de vin [2].

§ 4. *Maladies de la vigne*. — Nous avons vu qu'en 1897 les surfaces occupées par la vigne ne dépassaient que de 75.192 hectares celles accusées par la statistique en 1808,

suite de coteaux ayant environ 200 kilomètres de long et comprend des groupes distincts séparés administrativement et répartis avec des solutions de continuité dans quatre départements : l'Yonne, la Saône-et-Loire, le Rhône, la Côte-d'Or. On distingue, en effet, les vignobles du Beaujolais, du Mâconnais, du Chalonnais, de la Côte-d'Or. Presque tous les grands vins de la Côte-d'Or sont dans l'arrondissement et autour de Beaune : le vignoble des grands vins compte environ 3.500 hectares. — Si l'on veut connaître les variations d'étendue du vignoble bourguignon pris en bloc, il faut tenir compte des surfaces vitifères des quatre départements ci-dessus.

1. V. tabl. V.
2. V. tabl. I.

et que notre vignoble s'est amoindri, depuis 1874, de 757.931 hectares, subissant ainsi une perte énorme de 30 o/o.

Il faut voir là l'influence pernicieuse des terribles maladies qui, sans relâche, ont assailli la vigne durant cette période malheureuse, ruinant nos campagnes, décourageant momentanément nos vignerons, troublant profondément les opérations de nos négociants.

C'est d'abord l'oïdium qui fait rage, avant-coureur des terribles fléaux viticoles dont la jeune Amérique a fait présent à l'Ancien-Monde. Lui, du moins, n'influence pas la superficie vitifère; il se contente de diminuer la production dans des proportions énormes : elle descend, en 1854, à 10.824.000 hectolitres. La crise est violente, mais relativement courte. La maladie est vaincue par le soufre. Depuis, l'oïdium reste à l'état chronique et le viticulteur est obligé de le combattre un peu tous les ans.

C'est en cherchant un remède contre lui qu'on a la funeste pensée d'introduire les cépages américains. C'était introduire du même coup le phylloxera qui, lui, tue la vigne et a coûté des milliards à la France[1]. Il apparaît dans le Gard en 1863, et en 1867 dans les environs de Bordeaux. On soupçonne heureusement assez vite que la vigne américaine sera le palliatif à opposer au terrible puceron. (Communication de M. Laliman au Congrès de Beaune, 1868.)

La question est longtemps controversée, on perd un temps précieux, mais on tombe enfin d'acccord pour chercher en grande partie le salut de la viticulture dans la reconstitution des vignobles par les plants américains greffés.

Pendant qu'on luttait contre le phylloxera, apparaissaient de nouveaux fléaux : le mildew en 1883, dans le Gard, les Basses-Pyrénées, le Vaucluse; le black-rot en 1886.

Le mildew attaque sous la forme d'une moisissure tous les organes de la vigne, à l'exception des racines; le sarment cesse de croître et s'étiole; le pied de vigne, miné par la maladie,

1. M. Chancrin, ingénieur agronome, estime à 12 milliards les dégâts causés par le phylloxera (*Agriculture nouvelle* du 23 janv. 1897).

s'affaiblit de jour en jour et quelquefois meurt. En général, cependant, les désordres ne vont pas jusque-là, mais les quantités de vin récoltées sont diminuées, et, ce qui est peut-être plus grave, la qualité irrémédiablement perdue. Nous savons dans la Gironde ce que furent les récoltes de 1882 à 1886, le trouble qu'elles ont apporté dans les transactions et les pertes sérieuses infligées par elles à nos viticulteurs et à nos négociants ! Le sulfate de cuivre permit de vaincre ce fléau. Ce traitement fut préconisé en 1885 par un délégué du ministère de l'agriculture, après expériences dans le Médoc. Cette même année, le mildew, cantonné jusque-là dans le Gard, l'Ain, les Basses-Pyrénées, le Vaucluse, les Landes, s'étendait dans dix nouveaux départements, Gironde comprise.

Une autre calamité plus terrible menace aujourd'hui nos viticulteurs : le black-rot. Par la soudaineté de ses attaques et la difficulté de le combattre, il a déconcerté longtemps les viticulteurs les plus patients d'outre-mer. Il en a ruiné plusieurs, il en a même conduit quelques-uns au suicide. Le phylloxera et le mildew tuent la vigne, le black-rot ne touche qu'au raisin. Au cours de la discussion du budget de l'agriculture à la Chambre des députés, plusieurs députés ont prétendu qu'il n'y avait aucun remède contre ce sinistre champignon. C'était heureusement une opinion téméraire. M. Prilheux, sénateur, professeur à l'Institut national agronomique, dans une communication à la Société nationale d'agriculture (séance du 23 février 1898), a dit : « J'ai pensé qu'il serait dangereux de laisser passer sans protestation les assertions décourageantes portées à la tribune de la Chambre des députés. En affirmant que les sels de cuivre sont un remède efficace contre le black-rot, je ne serai certainement contredit par personne dans la Société nationale d'agriculture. »

C'est aussi l'avis de M. Vassillière, professeur départemental d'agriculture de la Gironde, qui dit dans des instructions publiées par la Préfecture de Bordeaux : « Malgré la gravité de cette maladie, la précocité de son apparition, on est certain de la combattre efficacement sur tous les cépages, dans tous les terrains, à toutes les expositions par des traitements «préventifs» appropriés.»

La viticulture a, il n'est que trop vrai, de terribles ennemis: mais nos savants sont là : ils veillent et travaillent, et ils nous débarrasseront, il faut l'espérer, de l'oïdium, du phylloxera, du mildew et du black-rot.

Après cette rapide et fort incomplète revue des principales maladies qui désolent la vigne, nous devons revenir au point de vue cultural et donner quelques indications relatives au phylloxera, à sa marche, aux mesures prises pour le combattre.

Cette maladie, qui n'a épargné jusqu'à nos jours que le quart environ de notre vignoble, se propage dès le début avec une intensité désolante[1].

En septembre 1881, l'*Économiste français* estimait l'étendue de notre vignoble à 2.300.000 hectares. Le phylloxera, d'après lui, en avait déjà détruit 500.000 et attaqué autant. Il publiait le tableau suivant des départements les plus ravagés :

DÉPARTEMENTS	HECTARES CULTIVÉS Avant la maladie	HECTARES ATTAQUÉS	HECTARES DÉTRUITS	DÉPARTEMENTS	HECTARES CULTIVÉS Avant la maladie	HECTARES ATTAQUÉS	HECTARES DÉTRUITS
Hérault	180.000	29.500	131.600	Drôme	38.600	6.000	26.000
Gard	98.500	»	97.800	Ardèche	34.100	6.500	23.200
Var	90.300	14.000	50.000	Gironde	172.000	136.400	20.500
Charente	116.200	39.000	42.000	Lot-et-Garonne	140.000	60.000	12.000
Vaucluse	59.000	13.600	37.300	Dordogne	98.000	27.000	12.000
Bouches-du-Rhône	46.600	6.500	40.500	Lot	65.800	20.000	8.200
Charente-Inf.	169.000	50.100	40.000	Rhône	46.000	10.000	5.900

D'après ce tableau, la culture de la vigne avait en quelque sorte disparu du Gard, de l'Ardèche, des Bouches-du-Rhône,

1. Citons, à titre de curiosité, une opinion qui prétend que le phylloxera n'est pas originaire d'Amérique et qu'il a inquiété les viticulteurs nos ancêtres. M. Fauveraux, au cours de conférences dans le Médoc, a dit que le R. P. Maurique, dans son *Histoire de l'abbaye de Cîteaux*, écrit : «De 1420 à 1467, pendant quarante-sept ans, les moines de Cîteaux, propriétaires du Clos Vougeot, en

du Vaucluse, de la Drôme; elle était sérieusement compromise dans l'Hérault, le Var, le Lot-et-Garonne et les deux Charentes.

Jusque-là, nulle part, la lutte n'a été à la hauteur du fléau; on n'était pas sorti de la période d'étude et de tâtonnements. En 1882, la Commission supérieure du phylloxera estimait la superficie des vignobles détruits à 671.802 hectares, ainsi répartis : 152.000 dans l'Hérault; 101.000 dans le Gard; 107.000 dans les Charentes; 51.000 dans le Var; 47.000 dans le Vaucluse. Les plus grandes surfaces phylloxérées se trouvaient dans la Gironde, 138.000 hectares; le Lot-et-Garonne, 120.000 hectares; les Charentes, 100,000 hectares; l'Hérault, 34.000 hectares.

En 1885, il y avait 54 départements dont les vignobles étaient phylloxérés en tout ou en partie, et 430.000 hectares attaqués.

En 1887, à l'occasion d'une proposition de loi tendant à venir en aide, par une exonération temporaire d'impôt foncier, aux propriétaires dont les vignobles étaient atteints par le phylloxera, la Direction générale des Contributions directes faisait établir la statistique approximative des vignes détruites ou malades. On comptait 782.632 hectares de vignes détruites et 600.326 hectares de vignes malades, soit 1.382.958 hectares atteints, sur une superficie totale de 1.944.150 hectares. Dans la Gironde, on estimait à 35.220 hectares les vignes détruites, et à 75.612 hectares les vignes malades.

En 1894, on estimait à 465.599 hectares les vignes attaquées mais résistant encore. Les superficies plantées en cépages

---

Bourgogne, ne purent payer leur redevance annuelle de 13 muids de ce vin, parce que leurs vignes avaient péri. Au début, la vigne a commencé à périr sur les petits monticules; puis, comme une tache d'huile qui s'élargit, tout le reste a disparu, et les gens de la campagne, qui avaient la vue moins fatiguée et plus perçante que ceux des villes, voyaient sur les racines des vignes des « petites bestioles » par milliers. » M. Fauveraux dit également qu'à l'article « insecte », écrit par Réaumur dans l'*Encyclopédie* de Diderot, édition publiée à l'étranger, se trouve la description et même l'entomologie de l'insecte, semblable à celle du phylloxera d'aujourd'hui, insecte que Réaumur avait vu achever de détruire les vignes sur la rive droite de la Dordogne, depuis Bergerac jusqu'à Sainte-Foy. (*Feuille vinicole de la Gironde* du 13 janvier 1898.)

américains s'élevaient à 663.214 hectares. (*Compte rendu des travaux du Service du phylloxera, 1890-1894.*)

Enfin, le décret du 18 décembre 1897 déclare phylloxérés tous les départements qui cultivent la vigne, sauf les départements des Ardennes, de l'Ille-et-Vilaine, du Morbihan et de l'Oise. On peut dire que la teinte noire s'étend sur toute la France viticole, les quatre départements indemnes n'ayant ensemble que 29.872 hectares de vignes.

§ 5. *Reconstitution du vignoble.* — C'est à la Société centrale d'agriculture de l'Hérault que l'on doit la découverte du phylloxera, l'organisation de la résistance, la victoire et, finalement, la régénération de nos vignes.

Dès 1868, elle délègue une Commission pour aller en Provence étudier sur place la nouvelle maladie de la vigne : cette Commission découvre le phylloxera. Les études, les recherches commencent immédiatement. « Interrompues en 1870, elles furent reprises dès 1872 : d'une part, le baron Thénard démontrait l'efficacité du sulfure de carbone contre le phylloxera; d'autre part, les plus éminents des viticulteurs de l'Hérault, encouragés et poussés par M. Planchon, que sa mission en Amérique avait fait l'apôtre écouté des cépages du Nouveau-Monde, se mettaient résolument à l'œuvre et entreprenaient la plantation de ceux de ces cépages qui étaient les plus estimés aux Etats-Unis[1]. »

Les Rapports de M. Louis Vialla, publiés en 1876, rendent compte des premiers résultats obtenus avec les cépages américains. Nous devons admirer l'intelligence, la pénétration, l'audace de ceux qui ouvrirent la voie, les Gaston Bazille, les Planchon, les Félix Sahut, les Louis Vialla, et la témérité de ceux qui les écoutèrent, n'hésitant pas à engager avec confiance, à leur suite, et leurs capitaux et l'avenir de leurs terres.

C'était la seconde fois que la Société centrale d'agricul-

1. Prosper Gervais, Notes sur la reconstitution du vignoble (*Agriculture nouvelle,* 16 octobre 1897).

ture de l'Hérault méritait la reconnaissance de la viticulture : elle avait déjà, sous l'inspiration d'Henri Marès, triomphé de l'oïdium.

Le mouvement, d'ailleurs, a été heureux et bien servi par les circonstances, les terres de l'Hérault s'étant, en général, montrées favorables aux plants américains. Si les attaques du phylloxera et les travaux de reconstitution avaient commencé dans des sols réfractaires à ces cépages, l'insuccès et le découragement auraient fait méconnaître pendant longtemps le seul remède vraiment efficace contre le redoutable puceron. Il est difficile de prévoir les conséquences fatales qui auraient pu en découler[1].

Il ne rentre pas dans notre cadre de retracer les péripéties de la lutte, les alternatives d'espoir et de découragement, les oppositions bien intentionnées mais maladroites. Qu'il nous suffise de dire que la lutte a été persévérante; que les reconstitutions ont marché avec intelligence, sagesse, discernement; que les efforts énergiques de nos savants et de nos viticulteurs ont assuré la conservation du vignoble français, gloire de notre agriculture nationale.

La défense a été directe ou indirecte. Directe par la submersion et les insecticides : sulfure de carbone, sulfocarbonate de potassium, etc. ; — indirecte par les plantations dans les sables et par la reconstitution, c'est-à-dire dans un sens général par greffage de cépages français sur porte-greffes américains. On peut y joindre une ramification latérale et secondaire, celle des plants américains à produits directs et, enfin, la recherche plus ou moins heureuse d'hybrides américo-américains, croisement d'espèces américaines entre elles et d'hybrides franco-américains, réunissant la résistance américaine aux incontestables avantages des plants français.

---

1. « Les terres de l'Hérault étaient si bien favorables aux plants américains que l'on voit encore, aux environs de Montpellier, les premières vignes de clintons, plantées dans le pays il y a vingt-trois ans, en pleine prospérité. » (P. Gervais, *loc. cit.*)

En 1882, le *Rapport de la Commission supérieure du phylloxera* donne les renseignements suivants.

Il y avait :

13.933 hectares traités au sulfure de carbone.
 2.809   —   traités au sulfo-carbonate de potassium.
 8.195   —   traités par submersion.
 8.904   —   replantés en cépages américains (fin de 1881).

Il restait, en outre, plus de 582.000 hectares dans lesquels le phylloxera exerçait des ravages à des degrés divers.

En 1885, malgré 430.000 hectares attaqués, la superficie totale ne diminue que de 50.133 hectares, grâce à la reconstitution.

En 1890, la défense s'étend sur plus de 100.000 hectares, mais on constate l'apparition du terrible insecte en Champagne, dans les Vosges et dans la Seine, à Nanterre; il ne reste plus comme territoires absolument indemnes que les vignes de la Meurthe-et-Moselle et de la Meuse. Là aussi, d'ailleurs, le phylloxera s'est montré en 1896.

C'est en 1890 que la loi du 15 décembre 1888 a trouvé, pour la première fois, son application en Champagne[1]. Les propriétaires de la Marne, au nombre de 30.465, se forment en Syndicat pour défendre la surface entière du département. Le Syndicat décide d'appliquer la loi du 12 mars 1883[2] sur le phylloxera en Algérie, en détruisant les ceps phylloxérés et ceux qui les entourent, sauf à indemniser le propriétaire. Une entente parfaite entre les intéressés était nécessaire. Elle n'a pu se faire. Des tiraillements se sont produits; des contestations sur les pouvoirs du Comité directeur et sur la légitimité même du Syndicat se sont élevées et ont donné

---

1. La loi du 15 décembre 1888 est relative à la création de Syndicats autorisés pour la défense des vignes contre le phylloxera. L'article 9 dispose que le Comité directeur peut ordonner le traitement par extinction ou arrachage, sauf à indemniser les propriétaires de la vigne arrachée. — L'article 10 met à la charge de l'Association toutes les dépenses de traitements ou autres ordonnées par le Comité directeur.

2. V. Algérie.

lieu à un recours devant le Conseil d'État. Malgré cela, grâce à l'intelligence et à l'énergie des viticulteurs champenois, grâce encore à l'expérience acquise, il n'y a aucun doute à avoir sur l'issue de la lutte et le sort des belles vignes de la Champagne.

Le système d'extinction a été appliqué en Champagne sur les étendues suivantes :

En 1892	2 hectares	12	ares.
1893	2	— 09	—
1894	2	— 57	—

Le phylloxera a été constaté dans 32 communes. Étant donnés l'étendue du vignoble de la Marne et le nombre considérable de foyers phylloxériques dont ce département est criblé, les progrès du fléau sont très lents[1].

En 1894, malgré une diminution de 26.458 hectares sur la superficie générale, il y a augmentation de superficie dans 28 départements : le déficit provient surtout d'arrachages effectués en vue de préparer le terrain pour de nouvelles plantations.

En 1895, le Compte rendu des travaux du service du phylloxera nous offre des chiffres consolants.

Au fur et à mesure que le fléau s'étend, la reconstitution s'accomplit.

M. E. Tisserand, conseiller d'État, directeur de l'Agriculture, fixe la situation, fin 1894, comme suit :

620.000 hectares		de vigne indigène indemnes (constituant presque exclusivement nos grands crus).
465.599	—	de vignes attaquées, mais résistant encore.
663.214	—	de vignes reconstitués en cépages américains.
35.325	—	soumis à la submersion.
60.000	—	soumis aux insecticides.

Le tableau suivant extrait des Rapports de la Commission

---

1. *Compte rendu des travaux du service du phylloxera* (Ministère de l'Agriculture). Années 1890-1894, p. 19.

supérieure du phylloxera, montre les progrès de reconstitution en vignes américaines :

En 1881	8.904	hectares reconstitués.
1882	17.096	—
1883	28.012	—
1884	52.777	—
1885	75.292	—
1886	110.787	—
1887	165.517	—
1888	214.787	—
1889	299.801	—
1890	436.018	—
1891	452.282	—
1892	529.460	—
1893	608.613	—
1894	663.214	—

Comme on le voit, de 1881 à 1886, années de mildew, la reconstitution marche lentement ; la petite propriété, fort éprouvée, hésite à engager des sommes relativement importantes ; la plantation des vignes américaines se généralise en 1887 pour atteindre son maximum annuel en 1890, année où elle progresse de 136.217 hectares. La moyenne de la période décennale de 1885 à 1894 est seulement de 61.043 hectares par an.

Pour la Gironde en particulier[1], le vignoble en 1889 comprenait 144.400 hectares. Bien qu'on eût arraché 1.529 hectares, la superficie, par suite des plantations nouvelles s'élevait, en 1890, à 148.380 hectares ainsi répartis :

Vignes françaises indemnes.	68.740	hectares.
— phylloxérées	58.135	—
— américaines porte-greffes	14.136	—
Producteurs directs	5.093	—
Vignes en pépinières	2.276[2]	—

1. *Rapport de 1890 sur l'Enquête viticole de 1889*, par M. F. Vassillière, professeur départemental d'agriculture.

2. Remarquons que sur les 148.380 hectares figurent peut-être à tort les 2.276 hectares de vignes en pépinières. La statistique du ministère des finances donne pour : 1889, 140.247 hectares ; — pour 1890, 137.282 hectares.

Au début de 1897, M. F. Vassillière résumait ainsi la situation viticole dans la Gironde :

Superficie totale	134.652	hectares.
Vignes phylloxérées défendues	21.719	hectares.
— — non défendues	36.226	—
— indemnes	32.502	—
— détruites	70.263	—
Vignes traitées par submersion	11.108	hectares.
— — — sulfo-carbonate	3.785	—
— — — sulfure de carbone	6.826	—
Vignes américaines greffées	42.141	hectares.
Producteurs directs	2.064	—

Et il ajoutait : « Ces chiffres montrent à la fois la continuation de l'arrachage et celle de la reconstitution sur souches américaines. Mais, contrairement à ce qui s'est produit jusqu'ici, les arrachages priment les plantations. La difficulté de la lutte contre les parasites animaux et végétaux, la diminution des rendements qui en est la conséquence et l'abaissement, pour ainsi dire constant, des cours amènent fatalement les propriétaires à arracher leurs vignes improductives et à ne point les remplacer. Il est à prévoir que la continuation de cette situation fâcheuse fera persister les viticulteurs intelligents dans cette voie, et que la possibilité où ils se trouveront dès lors de se défendre convenablement et en temps utile leur permettra, tout en diminuant les surfaces plantées, d'obtenir des rendements au moins égaux à ceux d'aujourd'hui, sinon supérieurs[1]. »

[1]. On a contesté l'utilité de l'arrachage des vignes dans la Gironde, non pas précisément en discutant les conclusions de M. Vassillière, mais en montrant la perte qui en résulterait pour le pays en capital humain et en capital argent. On calcule, par exemple, que dans les palus du Médoc, 40 hectares de vignes donnent annuellement un revenu brut de 55 à 60.000 francs et assurent l'existence de 36 à 40 personnes. Ces mêmes 40 hectares, transformés en bonnes prairies, ne donneraient plus que 7,000 francs, occupant à peine une famille d'ouvriers agricoles et faisant vivre une dizaine de personnes. Le meilleur remède à la dépopulation des campagnes serait donc l'extension des cultures qui produisent les plus gros revenus bruts et permettent d'occuper le plus de bras. (V. un article de M. Bacon de La Vergne, *Feuille vinicole de la Gironde* du 28 novembre 1897.)

En Bourgogne, la situation du vignoble était la suivante en 1894 (*Compte rendu des travaux du Service du phylloxera, 1890-1894*) :

	Surfaces plantées en vignes.	Vignes attaquées mais résistant encore.	Vignes traitées au sulfure de carbone.	Vignes replantées avec des cépages américains.
Côte-d'Or	20.000	7.000	2.810	4.000
Saône-et-Loire.	50.137	10.845	429	15.635

Le tiers du vignoble ancien du département de Saône-et-Loire a été reconstitué (Rapport de M. Battanchon, professeur départemental d'agriculture). Sur les 15.635 hectares replantés, 12.651 l'ont été sur greffes.

En Côte-d'Or les vignerons ont été longtemps hostiles aux premiers traitements administratifs, lors des premières atteintes, en 1878 : aujourd'hui, la Société vigneronne de Beaune fait tous ses efforts pour conserver au vignoble son ancienne étendue. Dans le pays des grands vins (arrondissements de Beaune et de Dijon), on comptait en 1894 : 147 syndicats, comprenant 3.543 propriétaires subventionnés pour une étendue de 3.362 hectares. Des difficultés considérables proviennent de ce que beaucoup de crus renommés se rencontrent dans des terrains calcaires.

Si, pour résumer ce qui précède et établir le bilan de nos pertes, nous prenons le chiffre de la surface vitifère en 1874, — le plus haut chiffre connu, — 2.446.862 hectares, et que nous le rapprochions de celui fourni par le *Compte rendu des travaux du Service du phylloxera* (années 1890-1894), 1.748.813 hectares, nous remarquons que le vignoble français s'est amoindri de 698.049 hectares. D'un autre côté, nous savons qu'il a été reconstitué 663.214 hectares. Les ravages du terrible puceron se sont donc exercés sur 1.361.263 hectares. La reconstitution n'a embrassé que la moitié du vignoble détruit.

Les viticulteurs ont été gênés dans la reconstitution par la difficulté de trouver des plants poussant dans le calcaire. Ce grave problème a été étudié avec ardeur. En 1897, le Congrès

viticole de Toulon s'est longuement occupé de la question.
M. Foëx, inspecteur général de la viticulture, fait l'historique
des recherches. Il rappelle que M. Vialla fut chargé en 1887
par le Gouvernement, sur la demande de diverses associations
viticoles, de se rendre aux États-Unis pour y chercher des
vignes susceptibles de servir de porte-greffes bien résistants
au phylloxera et de vivre dans des terrains très calcaires.
Après des explorations longues et pénibles dans le territoire
des Indiens, le Texas et certaines parties de l'Amazone et de
la Californie, il revint en France, rapportant la certitude
qu'un certain nombre de vignes américaines sauvages vivaient
sans jaunir dans de très mauvais sols calcaires, comparables
à ceux de la Champagne de Cognac. Depuis, des expériences
multiples ont été faites, notamment à l'École d'agriculture de
Montpellier, et M. Foëx terminait ainsi son discours : « La
question de la reconstitution a fait un pas décisif, et si on ne
peut pas dire que toutes les difficultés d'application soient
dès aujourd'hui aplanies, on a la certitude que, dès que les
formes bien résistantes au calcaire auront été suffisamment
multipliées, le Berlandieri pur ou certains de ses hybrides
permettront de refaire promptement et sûrement le vignoble
de ces milieux si longtemps déshérités. »

Non seulement on reconstitue, mais on cherche à créer des
vignobles où il n'y en avait pas. On a réussi à acclimater
dans l'Orne, près d'Alençon, quelques variétés de vignes
provenant de régions froides, humides et montagneuses de la
Chine et du Japon. Ces vignes ont donné de bons résultats et
des vins très colorés, utilisables dans les coupages. Il semble-
rait acquis, à la suite de cette expérience, que, sous des
climats relativement froids où la production du vin était
inconnue, ces vignes peuvent rendre de sérieux services à la
viticulture[1].

§ 6. *Mesures législatives pour arrêter les progrès du
phylloxera; — subventions de l'État; — Syndicats.* — Les

1, Communication de M. Lindet à la Société nationale d'agriculture. Mai 1897.

dangers que le phylloxera fait courir à la viticulture française ont ému le législateur, et une série de lois sont intervenues pour arrêter les progrès du fléau.

La loi du 15 juillet 1878 dispose qu'un décret du Président de la République peut interdire l'entrée, soit dans toute l'étendue, soit dans une partie du territoire français, des plants, sarments, feuilles et débris de vignes, des échalas ou tuteurs déjà employés, des composts ou des terreaux provenant d'un pays étranger, ainsi que les transports des mêmes objets hors des parties du territoire français envahies par le phylloxera (art. 1er). — Le ministre de l'agriculture et du commerce est chargé de faire établir des cartes avec tableaux à l'appui indiquant par des teintes différentes les parties du territoire attaquées par le phylloxera et celles qui en sont préservées (art. 2). — Il sera alloué une indemnité pour la perte des récoltes détruites par mesure de précaution. Aucune indemnité n'est due pour la destruction des récoltes sur lesquelles l'existence du phylloxera aura été constatée (art. 11).

La loi du 2 août 1879 modifiait les articles 3, 4, 5 et 12 de la loi du 15 juillet 1878. Elle décidait : dès que le préfet d'un département a reçu avis que le phylloxera a fait son apparition dans une localité, il charge un délégué de visiter la vigne désignée comme malade, et, en cas de besoin, les vignes environnantes. Le délégué peut faire dans la dite vigne les opérations nécessaires pour constater l'existence du phylloxera. — Un arrêté du ministre de l'agriculture et du commerce peut, en tous temps, ordonner ou autoriser des investigations dans les vignobles des localités considérées comme indemnes, où la présence du phylloxera sera soupçonnée : dans les cas urgents, le préfet peut autoriser ces investigations (art. 3). — Lorsque l'existence du phylloxera a été constatée dans les contrées indemnes, un arrêté ministériel, pris sur l'avis conforme de la Section permanente de la Commission supérieure du phylloxera, peut ordonner que la vigne malade et les vignes environnantes dans un rayon fixé seront soumises à l'un des traitements indiqués par la Commission. Le ministre peut ordonner pendant plusieurs années la continuation de ce traitement. Les dépenses occasionnées par le traitement des vignes, dans les cas ci-dessus, sont à la charge de l'État (art. 4).

La loi du 3 août 1891 revise le régime légal et administratif pour la protection du vignoble : la libre circulation des sarments et plants de vignes, quelle que soit leur provenance, peut être autorisée dans les départements par décision du Conseil général ; l'autorisation s'étend au département entier, aux arrondissements, cantons ou communes, suivant cette décision (art. 1er). — Lorsqu'un Conseil municipal, après constatation de l'existence du phylloxera sur le territoire de sa commune, demande l'introduction de plants de vignes résistants, cette demande est soumise à l'avis du professeur d'agriculture et à celui du Comité départemental d'études et de vigilance, et transmise au Conseil général, qui statue souverainement (art. 2).

Le concours de l'État ne s'est pas borné là. Nous avons vu les efforts sérieux faits pour la reconstitution du vignoble : ils permettent d'espérer que le rendement des vignes reviendra sous peu au chiffre des époques prospères. Si les intéressés n'ont ménagé ni leurs sacrifices, ni leurs peines, ni leurs efforts, l'État, de son côté, les a aidés sous forme de subventions à la reconstitution des vignobles ; subventions aux Sociétés agricoles et viticoles et aux Comices s'occupant de création de pépinières, d'adaptation, de greffages ; création de pépinières de plants résistants ; encouragements aux Syndicats de viticulture ; allocations pour études, missions, recherches ; dégrèvement d'impôt foncier en faveur des départements phylloxérés ; création de Stations œnologiques, etc.

En 1887, au moment de la discussion de la loi sur les dégrèvements aux départements phylloxérés, on calculait qu'en 1885 les vignes détruites supportaient un impôt foncier en principal et en centimes additionnels de 5.935.939 fr.,

et les vignes malades de 4.441.939 francs. Un dégrèvement s'imposait; il fallait venir en aide aux malheureux
viticulteurs menacés dans leur fortune, relever leur courage
par l'appui de l'État et protéger en même temps une
branche si importante de la production nationale.

Dès 1881, l'*Économiste français* évaluait que la destruction des vignes par le phylloxera amenait une diminution
du capital foncier de la France d'un milliard au moins, que
500.000 vignerons étaient de ce fait sans ouvrage ou réduits
à un salaire minime, sans compter le trouble porté dans les
petites industries accessoires à la culture de la vigne (tonneliers, marins, charretiers).

Pour la Gironde, ce même journal estimait la superficie
du vignoble girondin à 172.000 hectares, la surface attaquée
à 136.000 hectares et celle détruite à 20.000 hectares, et il
calculait qu'en défalquant du prix moyen de l'hectare dans
la Gironde (7.500 francs) la valeur moyenne de la terre non
cultivée en vignes, soit 2.000 francs l'hectare, la perte était de
5.500 francs par hectare, soit pour 20.000 hectares détruits,
55 millions de francs, non compris les vignobles attaqués.
La superficie du vignoble, la surface attaquée paraissent un
peu forcées, mais l'évaluation de la perte est plutôt modérée.

Le dégrèvement, en exécution de la loi de 1887 [1], a été de :

En 1888......F.	1.600.000		En 1893 ....F.	2.145.000
1889........	2.270 000		1894......	2.110.000
1890........	2.610.000		1895......	1.975.000
1891.	2.520.000		1896......	1.850.000
1892........	2.230.000			

La loi a reçu son application, de 1887 à 1896, dans
9.715 communes appartenant à 63 départements. Elle a porté

1. Loi du 1er décembre 1887. — Art. 1er. Dans les arrondissements déclarés
atteints par le phylloxera, les terrains plantés ou replantés en vignes âgées de
moins de quatre ans lors de la promulgation de la loi, seront exempts de
l'impôt foncier. Ils ne seront soumis à cet impôt que lorsque les vignes auront
dépassé la quatrième année. Dans les arrondissements déclarés atteints ou dans
ceux qui le seront postérieurement, les plantations à venir jouiront du même
privilège pendant le même laps de temps.

sur 1.365.273 parcelles d'une superficie totale de 425.154 hectares.

Le montant des crédits votés par le Parlement pour la reconstitution des vignobles, la création de pépinières de plants résistants, pour encouragements aux Syndicats, aux études, missions et recherches, en exécution de la loi du 3 août 1891[1], atteignait, à la fin de 1894, la somme de 22.500.000 fr. De 1894 à 1897, il a été voté 3.273.043 fr.

Plus de 45 millions ont été versés en encouragements ou abandonnés en réduction d'impôt. La somme est importante, mais pleinement justifiée si l'on considère l'importance des intérêts en jeu et les pertes énormes, imméritées, subies par la viticulture.

Si les pouvoirs publics ont vigoureusement aidé l'initiative individuelle, qui a été remarquable, les viticulteurs ont vite compris la force du groupement en association, et de nombreux Syndicats se sont formés, la plupart subventionnés par l'État.

On comptait :

En 1879	163	syndicalaires.	
1880	1.507	—	
1881	6.414	—	
1889	21.887	—	(681 syndicats).

En résumé, si la France n'a plus ses 2.400.000 hectares comme aux belles années 1874-1875, elle conserve près de 1.700.000 hectares qui, dans des conditions favorables et avec les progrès des cultures intensives, peuvent donner,

---

1. Loi du 3 août 1891. — Art. 3. Lorsqu'un département ou une commune votera une subvention destinée à la reconstitution des vignobles au moyen des cépages résistants, l'État donnera une subvention égale à celle du département ou de la commune qui se trouve ainsi doublée. Lorsqu'un Comice ou une Société agricole ou viticole aura consacré une partie de ses revenus, provenant de ses cotisations ou des souscriptions de ses membres, à la constitution d'une pépinière de cépages résistants ou à des études sur l'adaptation ou le greffage, ou des modes particuliers de culture, le Comice ou la Société pourra recevoir une subvention de l'État ; cette subvention ne pourra, dans aucun cas, dépasser la somme votée par l'Association.

comme nous le verrons plus loin, une production très suffisante. En dépit des maladies de la vigne, nous avons lutté avec succès, et la reconstitution de nos vignobles a permis de conserver un des plus beaux fleurons de notre couronne agricole. Les travaux de nos savants[1] ont servi à l'Europe éprouvée après nous. Si nous avons été les premiers atteints, nous avons été les premiers à recueillir les fruits de nos recherches et de notre persévérance en achevant une œuvre qui intéresse à la fois la santé publique, les finances de l'État, la fortune de milliers de propriétaires et la subsistance de plusieurs millions de travailleurs.

Section II. — Le Vin.

§ 1. *Production en France*. — Le mouvement de la production des vins n'est pas aussi constant que celui des superficies livrées à la vigne. Des différences considérables en plus et en moins se produisent, déterminées par des causes multiples : le rendement des plants varie d'une année à l'autre, au gré des influences atmosphériques; les maladies viennent parfois détruire ce que ces influences avaient respecté, et certaines maladies même, en ne modifiant pas le nombre des pieds de vigne, affectent sensiblement les quantités récoltées.

En remontant aux années du commencement du siècle, les documents statistiques nous montrent que, jusqu'en 1845, la récolte a oscillé entre 25 et 3o millions d'hectolitres. En 1847, 1848, 185o, de belles récoltes font passer la production à 54.316.000, 51.622.152, 45.266.000 hectolitres.

Malheureusement, en 1852, l'oïdium apparaît, et jusqu'en

---

1. Congrès de Beaune, 1868 : M. Laliman annonce que le cépage américain sera le salut contre le phylloxera; Congrès de Nîmes, 1879 : Sur la question américaine encore très controversée; Congrès de Lyon, 188o; Congrès de Bordeaux, 1881; Congrès de 1883 à Montpellier; Congrès de Bordeaux en 1886: Sur le mildew.

1857 il ravage le vignoble, au point que l'on descend aux récoltes les plus faibles du siècle :

> 22.662.000 hect. en 1853.
> 10.824.000 — en 1854 (le chiffre le plus bas de notre production nationale).
> 21.294.000 — en 1856.

C'est certainement la maladie qui a le plus affecté la récolte : ni le mildew ni le phylloxera ne causeront jamais, plus tard, pareille pénurie de vin.

Le niveau de la production se relève vite, d'ailleurs, après cette crise passagère. En 1857, on se rapproche du chiffre de 1851. En 1858, belle récolte. 1859 est la dernière année d'oïdium.

De 1863 à 1870, la moyenne du rendement est de 56 millions d'hectolitres. Durant ces huit années, les récoltes furent splendides. Il n'y eut qu'une légère défaillance en 1867.

De 1871 à 1878, la moyenne s'abaisse à 54.577.870 hectolitres, bien que quelques-unes des années comprises dans cette période aient donné des résultats merveilleux : 1874, 63.074.564 hectolitres; 1875, 83.836.391 hectolitres, la plus grosse récolte du siècle !

Une nouvelle crise s'abat sur la viticulture : le phylloxera s'étend avec rapidité, et, en 1879, nous revenons brusquement aux rendements des tristes années qui suivirent 1852, avec moins de 26 millions d'hectolitres.

Nous avons vu à quels efforts le vignoble dut son salut. Les études de nos savants, l'énergie de nos vignerons permettaient d'entrevoir dans le lointain un avenir meilleur, une réussite probable, lorsque le mildew vint joindre ses efforts au phylloxera, amoindrissant les récoltes, détruisant leur qualité, jetant le trouble et l'hésitation dans l'esprit de nos viticulteurs aux prises avec cette troisième plaie d'Amérique.

De 1880 à 1886, les vins laissent fortement à désirer : les années 1882 à 1886 sont restées douloureuses dans le souvenir de nos vignerons et de nos négociants. Nous étions sous le coup des pertes considérables causées par le phylloxera et le mildew. Nos rivaux exultaient : le marquis de Riscal, en 1886, dans un Congrès de viticulteurs tenu à Madrid, s'écriait : « Haremos de España la bodega del mundo. » M. Grimaldi, ministre du royaume d'Italie, proclamait avec fracas que l'Italie était le premier pays producteur de vin. Et les chiffres semblaient confirmer leurs prétentions et notre accablement : notre production descendait à 25 millions d'hectolitres, au niveau de celle de l'Espagne, pendant que les Italiens récoltaient 36.500.000 hectolitres en 1886 et 33 millions d'hectolitres en 1887. L'exportation italienne s'élevait à 3.582.000 hectolitres, chiffre qu'elle n'a plus connu depuis ; l'Espagne nous envoyait de 6 à 7 millions d'hectolitres. Les Anglais disent « qu'il ne fait jamais si noir que lorsque le jour va paraître » : nous étions à cette heure de ténèbres. La ténacité de nos vignerons allait triompher du sort contraire.

En 1887, 1888, 1890, les récoltes sont faibles, mais les vins, de très bonne qualité, se prêtent aux transactions commerciales.

De 1881 à 1890, la moyenne de la récolte est de 29.450.980 hectolitres. 1889 ne donne que 23.223.572 hectolitres. Malgré une reconstitution active, le vignoble est tombé de 2 millions à 1.800.000 hectares, perdant 200.000 hectares en dix ans, et il va baisser encore de plus de 100.000 hectares jusqu'en 1897.

En 1891, la production atteint 30 millions d'hectolitres. Elle se relève sensiblement en 1893 : nous enregistrons cette année-là 50 millions d'hectolitres. Il y avait seize ans que la viticulture n'avait pas été aussi favorisée. L'année 1896 donne aussi une bonne récolte : 44.600.000 hectolitres, mais 1897 est moins bien partagé, avec seulement 32.350.722 hectolitres[1].

---

1. La diminution du rendement de 1897 sur 1896 est due principalement au black-rot qui a ravagé les vignes, surtout dans le Gers, la Gironde, les Charentes, pour ne parler que des vignobles qui nous entourent.

Cependant, on peut déjà prévoir une ère meilleure lorsque les traitements mieux compris auront raison des maladies parasitaires, et quand les vignes reconstituées arriveront à leur pleine production.

Si l'on veut établir par un seul chiffre la moyenne de production de la France, on est assez embarrassé, car il faut, pour être exact, prendre les éléments aussi bien dans les années d'abondance que dans les années de disette. Sans remonter trop haut, et en laissant de côté les années d'oïdium, le calcul sur la période des trente dernières années, de 1867 à 1896, nous paraît se rapprocher sensiblement de la vérité. Il y a, il est vrai, les belles années de 1867 à 1878, mais le calcul comprend aussi la période malheureuse de 1879 à 1892.

La moyenne de 1867 à 1896 donne : 41 millions d'hectolitres avec 2.098.505 hectares en culture. Telle est la véritable récolte moyenne de la France : elle s'appuie, dans le passé, sur des faits certains, et tout fait prévoir qu'elle sera dépassée dans l'avenir.

Voici, d'ailleurs, dix ans par dix ans, les diverses moyennes de notre culture et de notre production :

Années	Hectares.	Hectolitres.
1847 à 1856.....	2.170.000	32.479.415
1857 à 1866.....	2.220.958	46.043.200
1867 à 1876.....	2.359.711	54.538.993
1877 à 1886.....	2.135.446	34.982.741
1887 à 1896.....	1.800.359	33.476.382

Malgré la variabilité du rapport entre le nombre d'hectares plantés et la production annuelle, on peut se demander si notre moyenne générale de 41 millions d'hectolitres pourra être obtenue avec un vignoble réduit à 1.730.000 hectares (comme en 1896) et même à 1.690.000 hectares (comme en 1897). Les deux récoltes de 1893 et de 1896 paraissent rassurantes à cet égard.

§ 2. *Production par départements.* — Le rang des départements, quant à la production, a plusieurs fois varié pendant les vingt-cinq dernières années.

Nous donnons une double liste des départements ayant obtenu les plus grosses moyennes de 1872 à 1881 et de 1886 à 1895.

De 1872 à 1881		De 1886 à 1895	
DÉPARTEMENTS	QUANTITÉS récoltées	DÉPARTEMENTS	QUANTITÉS récoltées
	Hectolitres		Hectolitres
1. Hérault	9.068.359	Hérault	5.404.269
2. Charente-Inférieure	4.569.373	Aude	2.974.910
3. Aude	3.113.941	Gironde	2.262.942
4. Gironde	2.793.227	Gard	1.468.800
5. Charente	2.644.196	Pyrénées-Orientales	1.347.333
6. Gers	1.307.713	Puy-de-Dôme	1.022.827
7. Pyrénées-Orientales	1.230.530	Loire-Inférieure	935.500
8. Loire-Inférieure	1.223.110	Gers	920.789
9. Saône-et-Loire	1.057.118	Bouches-du-Rhône	866.278
10. Vienne	1.008.287	Indre-et-Loire	689.058
11. Indre-et-Loire	964.339	Loir-et-Cher	646.639
12. Yonne	941.952	Maine-et-Loire	580.452
13. Gard	929.865	Yonne	575.959
14. Côte-d'Or	890.556	Charente-Inférieure	555.872
15. Lot-et-Garonne	869.582	Saône-et-Loire	535.934
16. Loir-et-Cher	830.353	Côte-d'Or	512.537
17. Var	793.911	Rhône	494.491
18. Rhône	788.829	Haute-Garonne	465.495
19. Dordogne	784.712	Var	444.165
20. Haute-Garonne	752.672		
21. Puy-de-Dôme	741.806		

Ces deux périodes décennales : 1872-1881 et 1886-1895, nous ont paru réunir des conditions permettant de comparer, par l'examen des quantités récoltées, les ravages exercés par les maladies et l'état de la reconstitution des vignes dans les départements.

L'Hérault est toujours au 1ᵉʳ rang; la Gironde passe du 4ᵉ rang au 3ᵉ. Les départements dans lesquels on remarque les plus grandes différences de classement sont : différence

en plus : le Puy-de-Dôme (du 21ᵉ rang au 6ᵉ); le Gard (du
13ᵉ au 4ᵉ) et surtout les Bouches-du-Rhône, qui passent
d'une production de 191.163 hectolitres à une production de
866.278 hectolitres; — différence en moins : la Charente-
Inférieure (du 2ᵉ rang au 14ᵉ); la Saône-et-Loire (du 9ᵉ
au 15ᵉ).

Les quatre départements les plus éprouvés sont :

La Charente, qui passe de...	2.644.196 hectolitres à	108.186 hectolitres.
La Vienne	—	1.008.287	—	361.431	—
La Dordogne	—	784.712	—	141.714	—
Le Lot-et-Garonne	—	869.582	—	320.386	—

Si ces départements n'ont pas fait les progrès désirables
dans la reconstitution de leurs vignes, c'est qu'ils en ont été
empêchés par la nature de leur sol. Ils retrouveront certainement leur beau vignoble et leur richesse d'autrefois aussitôt
qu'on sera définitivement fixé sur la vitalité en sol calcaire de
certains plants américains qui donnent, dès à présent, mieux
que des promesses.

Si on totalise la récolte obtenue dans les dix départements
qui sont, aux deux époques, en tête du tableau, on trouve :

Pour 1872-1881............	28.015.854 hectolitres.
Pour 1886-1895............	18.892.706 —
Différence en moins...	9.123.148 hectolitres.

soit une moyenne par département de 912.315 hectolitres.

Le Gers offre cette particularité malheureuse de se présenter en 1896 au 4ᵉ rang comme importance de culture, et de
n'être, comme rendement, qu'au 18ᵉ rang. En 1897, il recule
encore et occupe le 27ᵉ rang dans la production. Le black-rot
sévit particulièrement dans ce département; les viticulteurs y
sont découragés et naturellement enclins à douter de l'efficacité
des remèdes contre cette désastreuse maladie.

Le « cellier » de la France se trouve surtout dans trois
départements : l'Hérault, l'Aude, la Gironde. Le tableau sui-

vant donne quelques moyennes de leur production comparées à l'ensemble de la récolte :

DÉPARTEMENTS	MOYENNE de 1867-1871	MOYENNE de 1872-1881	MOYENNE de 1886-1895	RÉCOLTES DE	
				1896	1897
Hérault................	10.788.730	9.068.359	5.404.269	7.623.059	10.097.796
Aude...................	1.882.225	3.113.941	2.974.910	3.608.958	4.028.372
Gironde...............	3.219.734	2.793.227	2.262.942	3.354.552	1.336.277
Total des 3 départements.	15.890.689	14.975.527	10.642.121	14.586.569	15.462.445
Production générale.....	54.195.388	49.198.353	30.517.052	44.656.153	32.350.722

Ces trois départements produisent de la moitié au quart de la récolte. En 1897, l'Hérault, seul, entre pour le « tiers » dans le rendement général.

§ 3. *Production à l'hectare ; — moyenne de production par tête ; — prix moyen des vins ; — richesse alcoolique des vins ; — valeur comparée de la récolte des vins.* — La production à l'hectare varie suivant les fluctuations des deux facteurs qui la déterminent : nombre d'hectares plantés et production annuelle.

Le rendement moyen pendant les trente années de 1867 à 1896 a été de 19,5 hectolitres. — Le voici, du reste, par périodes décennales, depuis 1847 :

	Hectolitres.			Hectolitres.
1847 à 1856..........	15 »		1887 à 1896..........	18,6
1857 à 1866..........	20,7		1896..........	26 »
1867 à 1876..........	23,1		1897..........	20 »
1877 à 1886........ .	16,3			

Comme on le voit, le rendement moyen des deux dernières années est supérieur à celui des quatre d'entre les périodes décennales citées, et sensiblement égal à celui de l'époque favorisée qui va de 1867 à 1876. Ce résultat est encore de nature à inspirer confiance.

Dans les trois départements à grande production, les moyennes pour 1896 et 1897 sont :

	1896		1897	
Hérault......	45 » hectolitres.		39 » hectolitres.	
Aude........	29,6	—	33 »	—
Gironde......	23,8	—	9,5	—

Si nous examinons maintenant les moyennes de production par tête d'habitant, pendant les trois périodes décennales comprises entre 1867 et 1896, on constate une diminution aussi importante que regrettable :

De 1867 à 1876.........	147 litres [1]
De 1877 à 1886.........	93 — [2]
De 1887 à 1896.........	87 — [3]

Sous la déplorable influence de ces moyennes, la consommation du vin n'a pas suivi le mouvement ascendant général des consommations : le prix moyen s'est élevé, poussant fâcheusement les masses vers l'alcool.

Si l'on considère les valeurs approximatives des productions de vins, on est frappé des variations que présente le prix moyen de l'hectolitre chez les récoltants ; ces variations dépendent à la fois de la qualité et de la quantité des vins récoltés et de l'usage qu'on en fait.

En 1849, ce prix moyen est très faible : 9 francs. C'est le prix le plus bas du siècle, conséquence des grosses récoltes de 1847 et 1848 (54.316.000 hectolitres et 51.622.000 hectolitres), et aussi de la faible consommation de cette période. (La moyenne de la consommation de 1840 à 1849 est de

---

1. Le calcul est établi sur une population moyenne de 36.906.000 habitants. C'est le chiffre du recensement officiel de 1876. Avant 1870 on estimait la population de la France à 38 millions d'habitants. Elle était de 36.100.000 en 1872. Le chiffre de 36.906.000 représente donc assez sensiblement la population moyenne de ces dix années.

2. On peut calculer sur le chiffre estimatif de la population en 1880, soit 37.600.000 habitants, d'après Élisée Reclus, *Géographie universelle. France*, p. 840.

3. 38.343.192 habitants, recensement officiel de 1891.

23.753.933 hectolitres, environ la moitié de ce qu'elle est aujourd'hui.) Si l'on tient compte, dans cette même période, de l'exportation : 1.477.330 hectolitres en moyenne; de la conversion du vin en alcool : 8.150.000 hectolitres; de la transformation des vins en vinaigres; de la consommation chez les récoltants; des pertes pour ouillage et coulage, on trouve encore un excédent de 10 à 12 millions d'hectolitres. Aussi, malgré les faibles récoltes de 1849, 1851 et 1852, le stock inemployé pèse sur les cours, et le prix moyen reste faible à 12 fr. 97 en 1850, à 13 fr. 14 en 1852.

Pendant les années d'oïdium, on consomme les réserves du passé, le vin devient rare, et, par un phénomène économique bien connu, le prix moyen s'élève et saute brusquement à 49 francs en 1856.

A partir de 1863, les belles années se succèdent: le vin mis à la portée du consommateur s'écoule facilement. La consommation passe, de 1860 à 1869, à 36.198.934 hectolitres, augmentant de près de 75 o/o sur la période décennale précédente; les exportations s'élèvent à 2.479.593 hectolitres; le prix moyen s'abaisse à 28 francs.

	Production moyenne......	51.593.045	hectolitres.
	Consommation moyenne...	38.091.207	—
De 1870 à 1879.	Exportation...............	3.283.429	—
	Vin transformé en alcool...	5.500.000	—
	Prix moyen : 29 francs.		

En 1874, 1875, 1876, le prix moyen descend à 24 francs, 21 francs, 25 francs sous l'influence des grandes récoltes. Sous cette même influence, l'exportation atteint des chiffres qu'elle ne verra plus.

De 1880 à 1889, phylloxera et mildew diminuent la production. Le prix moyen se relève à 38 francs, bien que la qualité de certaines récoltes de cette période laisse fortement à désirer.

De 1890 à 1897, la moyenne de la récolte est de 30 millions d'hectolitres; celle de la consommation de 40 millions d'hectolitres; le prix moyen descend à 33 fr. 5o en moyenne, avec un maximum de 36 fr. 10 et un minimum de 23 fr. 8o. Cette situation serait anormale si on ne se l'expliquait par ce fait que les vins produits en abondance par les départements du Midi sont des vins ordinaires, à bas prix. Après la récolte de 1893, les vignerons ont exprimé, pour la première fois, des craintes concernant la mévente des vins. Tout leur réussit si mal depuis vingt ans que cet émoi est bien compréhensible. Il ne peut cependant guère y avoir mévente puisqu'il ne s'est créé aucun stock et que la consommation absorbe très facilement les vins produits.

Voici le tableau des variations du prix moyen, avec indication de la production moyenne et de la valeur moyenne des récoltes :

ANNÉES	Production moyenne	Prix moyen	Valeur moyenne des récoltes
		Fr.	
1867 à 1876.....	54.538.993	28 50	1.554.361.000
1877 à 1886.....	34.982.741	36 90	1.290.863.000
1887 à 1896.....	33.476.382	30 75	1.029.398.000

Pour l'année 1896, le ministère des finances a indiqué que la richesse alcoolique des vins se subdivisait comme suit :

Vins titrant moins de 11°...............	41.952.000 hectolitres.
— 11°.....................	1.457.000 —
— plus de 11°..............	1.247.000 —

Ce renseignement offre un faible intérêt : nous y voyons bien que nous possédons peu de vins titrant 11° ou plus; mais on ne nous dit pas la richesse alcoolique des vins titrant moins de 11°, alors que ces vins représentent près de 95 o/o de la récolte. La qualité de nos vins ne se mesure d'ailleurs pas à leur richesse alcoolique : telle année, comme 1888, donne des vins faibles en alcool, mais remarquables comme finesse et bouquet.

Nous donnons à la partie statistique un tableau très instructif de la qualité des récoltes dans la Gironde de 1800 à 1890. Ce tableau a été publié par la *Feuille vinicole* des 6 août et 8 octobre 1891 ; ce journal, dont l'autorité est reconnue de tous, le faisait suivre d'appréciations sur la date du commencement des vendanges, sur la qualité et la quantité des vins obtenus.

Dans cette longue période de quatre-vingt-onze ans, les vins rouges et les vins blancs ont été classés :

QUALITÉS	Vins rouges	Vins blancs
Très bons...................	18	10
Bons.......................	14	17
Assez bons.................	8	13
Ordinaires et médiocres.....	28	39
Très médiocres et mauvais..	23	12

Les vins rouges et les vins blancs sont, pour l'ensemble de ces récoltes, dans les proportions suivantes :

Très bons..............	15 0/0	Ordinaires et médiocres ..	37 0/0
Bons..................	17 0/0	Très médiocres et mauvais.	19 0/0
Assez bons.............	12 0/0		

M. Kehrig fait remarquer que, si l'on voulait établir le pourcentage des différentes qualités des récoltes pendant le laps de temps qui sépare 1800 de 1890, presque un siècle, il y aurait lieu de ne pas faire entrer en ligne de compte dans les calculs les deux périodes exceptionnelles durant lesquelles l'oïdium et le mildew ont particulièrement sévi et qui n'ont donné que de mauvais vins. Il est, en effet, bon de noter cette particularité, mais il nous semble qu'en faisant porter l'examen sur une période suffisamment longue, on est assuré d'obtenir une moyenne exacte. Ce tableau montre, d'une façon saisissante, combien les viticulteurs ont à déployer de soins, d'activité, de science, pour lutter contre les accidents météorologiques ou autres qui s'acharnent après leurs vignes.

Ajoutons, pour montrer la place que la culture de la

vigne occupe en France, un tableau donnant le nombre des récoltants de vin :

1869	1.341.807	1892	1.574.733
1875	1.865.078	1894	1.551.622
1889	1.688.158	1896	1.491.766

Dans ce même ordre d'idées, il est facile de fixer la place occupée par le vin parmi les produits agricoles les plus importants; nous avons déjà fait la comparaison pour les surfaces en production en 1896.

Comme valeur du produit, le vin, dans une période de sept ans, de 1890 à 1896, se classe au 4ᵉ rang après le froment, le lait et les prairies naturelles[1]; mais si l'on compare les surfaces occupées, le volume des récoltes et leur valeur, le vin se place au 1ᵉʳ rang donnant la plus grosse valeur dans la même surface ou dans le même volume.

En effet, en 1896 :

	Superficie	Production	Valeur
Blé....	6.870.352 hect.	119.742.416 hectol.	1.716.190.186 fr.
Lait...	»	78.863.443 —	1.182.135.430 —
Foins..	5.521.269 —	184.894.085 quintˣ.	951.425.872 —
Vin....	1.728.433 —	44.656.153 hectol.	1.173.661.485 —[2]

§ 4. *Valeur des vignobles; — frais de culture; — revenu net des vignes.* — Il nous reste à donner quelques indications sommaires relatives à la valeur des vignobles, aux frais de culture et aux revenus des terres plantées en vignes. Nous avons choisi pour cela, à dessein, trois contrées viticoles éloignées les unes des autres, produisant des vins bien différents comme qualité et comme emploi : la Gironde, la Champagne et l'Hérault.

Dans la Gironde, les frais de culture varient suivant les

---

1. V. tabl. V.
2. En 1897, on évaluait la valeur des vins ordinaires à 753.658.764 francs, et celle des vins supérieurs (ceux dont la valeur dépasse 50 francs l'hectolitre chez les récoltants) à 54.370.645 francs.

moyens d'exploitation et les procédés de travail en usage[1]. On les estime à 1.360 francs environ par hectare dans un vignoble du Médoc donnant un revenu moyen de 180 francs net. L'hectare de vigne ayant une valeur de 4.000 francs, on obtient un revenu net de 4,5 o/o[2].

Dans les grands crus classés, les frais de culture s'élèvent jusqu'à 1.950 francs l'hectare; mais, dans ce cas, la valeur des terres augmente avec le rendement des vignes et le prix de vente du vin.

Un petit vignoble « artisan » ou « paysan » du Médoc coûte, en frais de culture : 867 fr. 30 à l'hectare[3] et donne un maigre revenu net de 103 fr. 35, représentant à peine 2,67 o/o du capital foncier, estimé 4,000 francs.

Dans les « palus », les frais de culture s'élèvent à 1.105 francs par hectare. On estime à 522 francs le rendement net. Le revenu est d'environ 5 o/o, ces terres étant payées 10.000 francs l'hectare[4].

Il faut remarquer que les chiffres représentant les frais de culture sont très défavorablement impressionnés par les soins multiples à donner aux vignes dans la lutte contre les maladies diverses qui les affligent; la nécessité de ces soins rend le revenu fort aléatoire et le diminue, en tous cas, dans des proportions importantes. On ne peut cependant ni arrêter, ni diminuer les frais de culture : ce serait attaquer le capital représenté par le vignoble, le compromettre, le perdre[5].

---

1. La petite propriété est, en général, faite avec peu de débours par le vigneron propriétaire et sa famille; la moyenne propriété est cultivée par le propriétaire possédant ou louant un attelage et surveillant lui-même ses domestiques ou ses prix-faiteurs; la grande propriété est conduite par un homme d'affaires avec des valets laboureurs et des vignerons prix-faiteurs.

2. V. *Bordeaux et ses vins,* par Ch. Cocks et Feret, éd. de 1898, p. 53 à 61.

3. D'après M. Vassillière, professeur d'agriculture de la Gironde.

4. D'après M. Feret (ouvrage cité).

5. Voici quelques exemples de détail des frais de culture d'après M. Feret, *loc. cit.* :

Vignoble bourgeois supérieur du Médoc

Frais à peu près invariables du vignoble par prix-fait de 8 journaux (24.000 pieds) (prix-fait pour tailler, lier, carrassonner, faire le cavaillon; achat de carrassonnes, lattes, vimes; entretien des fils de fer; façons de labour; journées

On a comparé l'exploitation d'un vignoble à une industrie. La comparaison du reste est très juste, mais une industrie donnant net, pour intérêts et dividende, de 2,67 à 5 o/o du capital engagé est une industrie qui souffre.

Dans la Champagne, le résultat est sensiblement le même que dans la Gironde. La Chambre de commerce de Reims, citant un opuscule récemment publié[1], estime que le vignoble de la Marne, produisant l'inimitable vin de Champagne, couvre une surface de 16.000 hectares et que sa valeur est de 125 millions de francs. « La culture de la vigne dans ce département, et surtout dans certaines localités à crus renommés, comporte des procédés d'un raffinement excessif

de femmes pour relever la vigne, épamprer, etc. ; frais de vendanges ; achats de barriques ; soins au vin en chai.......................... F.   1.458 »

Frais variant suivant la nature du sol et les propriétaires (lutte contre le phylloxera, l'anthracnose, le mildiou ; soufrage ; fumage ; curage de fossés, transports de terre)...........................   1.160 »

Frais généraux du domaine afférents aux vignes (impôts ; entretien des bâtiments et du matériel ; surveillance ; renouvellement du vignoble par quarantième à 1.500 francs le journal)..............   830 »

Intérêt des avances pendant six mois à 5 0/0 ....   86 20

Total................................... F.   3.534 20

Vignoble artisan ou paysan du Médoc (pour un hectare)

Taille, carrassonnage, échalassage, accolage, décavaillonage, épamprage, labours..................................... F.   266 »

Sulfatage, soufrage, fumage 347 40

Frais de vendanges ; égrappage ; foulage ; nourriture ; décuvage ; barriques.....................................   313 90

Intérêt du capital engagé à 5 0/0 ; impôts ; courtage ; transport......   169 35

Total................................... F.   1.096 65

Vignoble dans les palus, frais afférents a 30 journaux (10 hectares)

Labours ; façons de cavaillons ; levage des vignes ; effeuillage ; carrassonnage ; vimes..................................... F.   3.615 »

Soufrage ; lutte contre le mildiou et l'anthracnose ; frais de submersion ....   2.040 »

Frais de vendanges ; barriques ; main-d'œuvre pour ouillage et soutirage... ....   3.000 »

Entretien des bâtiments, fossés, outillage...........................   480 »

Renouvellement du vignoble par soixantième à 1.400 francs par journal ; surveillance ; impôts ; intérêts des avances pendant six mois à 5 0/0 ....   1.919 35

Total................................... F.   11.054 35

[1]. *Le vin de Champagne,* par N.-E. Le Grand, sociétaire archiviste du Syndicat du Commerce des vins de Champagne.

qui compliquent la main-d'œuvre et la rendent fort coûteuse; le prix de cette main-d'œuvre s'élève annuellement à 1.500, 2.000, 2.500 et jusqu'à 3.000 francs par hectare. »

En portant les frais de culture à 1.500 francs seulement et en prenant comme éléments de calcul les chiffres officiels du rendement de la récolte de 1897, on trouve qu'il y a dans la Marne 15.466 hectares de vignes ayant donné :

142.532 hectolitres de vins ordinaires valant. F.	6.180.911
146.802 — — supérieurs — F.	18.386.558
Ensemble. 289.334 hectolitres de vin estimés........... F.	24.567.469
A déduire les frais de culture : 15.466 × 1.500.......... F.	23.199.000
Le revenu net du vignoble Champenois aurait été en 1897 de.	1.368.469

soit à peu près 1 0/0 de la valeur des terres.

Mais il est vrai que l'année 1897, avec sa récolte de 289.334 hectolitres de vin, est au-dessous de la moyenne. Cette moyenne a été de 326.693 hectolitres pendant la période décennale 1886-1895, soit une différence en plus, sur la récolte dernière, de 37.359 hectolitres qui représentent, au prix moyen de 1897, une valeur de 3.175.000 francs.

Si maintenant on ajoute ces 3.175.000 francs au revenu de 1.368.469 francs dégagé pour l'année prise comme terme de comparaison, on obtient un total de 4.543.469 francs, et, dans ce cas, le revenu moyen du vignoble donne 3,65 0/0.

C'est encore bien peu, et nous sommes amenés à conclure que la culture de la vigne n'est malheureusement pas plus rémunératrice dans la Champagne que dans la Gironde.

Dans l'Hérault et dans l'Aude, surtout dans les arrondissements de Béziers et de Narbonne, le tableau est plus riant. Les vignes prolifiques de ces départements ne sont ni aussi capricieuses ni aussi décevantes que les vignes du Bordelais et de la Marne. Leur rendement est moins aléatoire, et les prix de vente — toujours bas — ont une fixité qu'ils ne peuvent connaître dans les contrées viticoles où la valeur du vin varie du simple au triple, suivant que la réussite est plus ou moins complète.

Dans certaines parties de l'Hérault et de l'Aude, les vignes donnent comme production moyenne :

150 à 180 hectolitres, en plaine (jusqu'à 200 hectolitres exceptionnellement dans les quartiers les plus productifs).
80 à 100   —   en soubergue (demi-coteau).
40 à 50   —   en montagne.

La valeur des vignes en plein rapport est de :

12 à 16.000 francs l'hectare en plaine ;
 8 à 10.000   —   —   en soubergue ;
 3 à 5.000   —   —   en montagne.

Le prix moyen des vins, en prenant une période assez longue, de quinze à vingt années, s'établit comme suit :

10 à 12 francs l'hectolitre pour les vins de plaine ;
14 à 15   —   —   —   de soubergue ;
16 à 18   —   —   —   de montagne.

En prenant la moyenne des divers éléments qui précèdent, les vignes rapportent :

	HECTOLITRES	VALEUR DU VIN	REVENU BRUT	FRAIS DE CULTURE à déduire	NET	VALEUR DES TERRES	REVENU NET %
		Francs	Francs	Francs	Francs	Francs	
En plaine........	165	11	1.815	450	1.365	14.000	9,75
En soubergue	90	14 50	1.305	550	755	9.000	8,40
En montagne	45	17	765	550	215	4.000	5,40

La culture en montagne est celle qui donne le moins : 5,40 o/o. Elle est pratiquée, à de rares exceptions près, par de petits vignerons travaillant eux-mêmes leurs vignes, bénéficiant à la fois des frais de main-d'œuvre et du revenu net de la terre.

La grande exploitation s'exerce avec des capitaux importants en plaine et en soubergue. Les arrondissements de Béziers et de Narbonne sont ceux dans lesquels on obtient les plus grands rendements : la culture de la vigne est la meilleure et la plus productive industrie de cette région.

Si maintenant on applique à l'ensemble de la production française les procédés de calcul admis pour la Champagne et l'Hérault, en les adaptant aux renseignements statistiques fournis par le ministère des finances, on obtient le résultat suivant pour une période de huit années, de 1890 à 1897 :

Moyenne de la surface plantée en vigne, 1890-1897.   1.758.397 hectares.
Moyenne de la récolte..............   —   34.931.904 hectolitres.
Moyenne de la valeur de la récolte....   —   988.340.621 francs.

Cette valeur représente le revenu brut, duquel il faut déduire les frais de culture et de vinification. Ces frais peuvent être évalués à 500 francs l'hectare, soit :

$$1.758.397 \times 500 = 879.198.500 \text{ francs.}$$

La différence constitue le revenu net, qui est de 109.142.121 fr.

Si, d'un autre côté, on estime que le vignoble a une valeur moyenne de 4.000 francs l'hectare, on obtient :

$$1.758.397 \times 4.000 = 7.033.588.000 \text{ francs.}$$

Un revenu de 109.142.121 francs pour un capital de 7.033.588.000 francs ne représente que 1,5 o/o !

Ces chiffres ont une éloquence triste et justifient trop pleinement les plaintes amères de nos vignerons.

Si, cependant, on trouvait, dans ces calculs, les frais de culture et de vinification trop élevés et qu'on voulût les réduire à 400 francs l'hectare, en ramenant, en même temps, la valeur de la vigne à 3.000 francs l'hectare, on aurait à ajouter 175.839.700 francs au revenu net, ce qui le porterait à 284.981.821 francs; et comme on diminuerait du même coup le capital foncier de 1.758.397.000 francs, on se trouverait avec un rendement de 284.981.821 francs pour un capital engagé de 5.275.191.000 francs, ce qui donnerait un revenu net de 5,40 o/o.

Actuellement, ce revenu pourrait paraître suffisant, mais on ne l'a obtenu qu'en faisant subir à la valeur de la propriété une baisse sensible.

§ 5. *Warrants agricoles.* — Quoi qu'il en soit, dans la Marne, dans la Gironde et dans bien d'autres départements, le viticulteur est obligé de faire de très grosses avances pour la mise en valeur de ses vignes. Les frais exposés constituent la plus large part de la valeur des vins mis en cave. Le moindre mécompte dans la vente enlève le maigre bénéfice attendu et atteint même, quelquefois, une partie du capital engagé. Trop souvent les propriétaires ont dû recourir au crédit, soit pour replanter leur vignoble, soit pour le mettre en rapport. Ils ont alors des engagements très lourds qu'ils doivent tenir à date fixe. Les frais généraux d'un hectare de vigne sont aujourd'hui, ainsi que nous l'avons vu, hors de proportion avec la valeur du rendement net. Lorsque ces grosses dépenses sont faites, si le vin ne s'écoule pas, comment continuer les frais en attendant un acheteur? Le viticulteur se trouve en possession d'une valeur morte qu'il ne peut ni liquider ni utiliser comme instrument de crédit. On s'est depuis longtemps préoccupé de cette situation, et l'on a cherché à mettre le crédit à la portée de l'agriculteur qui ne trouvait un peu d'argent que difficilement et dans des conditions très dures. Le Rapport de la grande enquête agricole de 1866 concluait ainsi : « L'utilité de donner du crédit à l'agriculture est donc incontestable, soit au point de vue de son intérêt particulier, soit au point de vue de l'intérêt public, auquel il est intimement lié. Mettre aux mains de l'agriculteur les moyens d'acheter en temps opportun, et au meilleur marché possible, les outils, les bestiaux, les engrais, de pratiquer sur la terre qu'il cultive des travaux d'amélioration, de choisir le meilleur moment pour l'écoulement de ses produits, c'est non seulement contribuer à son bien-être ou conjurer sa ruine, mais c'est atténuer l'effet des grandes calamités publiques et alimenter les sources de la prospérité du pays. »

De ces nécessités, plus vraies encore aujourd'hui qu'en 1866, est née la pensée du « warrant agricole ». M. Delaunay et plusieurs de ses collègues ont proposé une loi ayant pour but la création et la négociation de warrants agricoles. Le ministre de l'agriculture a déposé, de son côté, à la Chambre des députés, le 28 octobre 1897, un projet de loi sur le même objet. Le 3 décembre 1897, M. Chastenet déposait, au nom de la Commission chargée d'examiner ce projet de loi, un rapport à la suite duquel l'ensemble du projet a été adopté par la Chambre des députés le 31 mars 1898.

M. Chastenet s'exprimait ainsi sur le but et la portée de la loi en projet : « Le projet de loi que nous vous présentons a pour but de mettre à la disposition de l'agriculture un nouvel instrument de crédit. Si vous lui donnez votre sanction, il permettra aux agriculteurs d'emprunter sur les plus importantes de leurs récoltes, sans les déplacer, c'est-à-dire en les conservant sur leurs terres ou dans les bâtiments de leur exploitation. Entre les mains du créancier, le gage ainsi fourni aura sa représentation en un titre délivré avec des garanties destinées à protéger la bonne foi des tiers, transmissible par endossement et analogue au warrant commercial : le warrant agricole. C'est ainsi que le projet organise, sinon d'une façon complète, du moins en quelque manière, une des modalités importantes du crédit agricole, modalité qui constitue, d'ailleurs, le crédit agricole proprement dit : nous voulons parler du « crédit réel mobilier » qui, jusqu'ici, fait absolument défaut aux agriculteurs ».

Notre cadre ne nous permet pas d'entrer dans l'examen détaillé de ce projet de loi. Qu'il nous suffise de dire que le crédit agricole se trouvera sous peu organisé. Les viticulteurs seront certainement des premiers à profiter de ce puissant instrument de travail. Ils en useront avec modération, lui demandant surtout le moyen d'attendre le moment favorable à la vente de leurs produits.

§ 6. *Exploitation par petite, moyenne, grande culture.* — L'historique de la production du vin que nous venons d'exposer est celui de nos succès viticoles et aussi, malheureusement, celui des défaillances de nos vignes. A la rude école des pertes subies, on a compris que la culture du raisin était maintenant une sorte de culture industrielle, rémunératrice à la condition d'être exclusive et intensive. On s'est demandé si la culture devait porter sur de grandes ou de petites surfaces. D'un côté, on fait remarquer que la petite propriété, qui donnait des résultats splendides avant le phylloxera, est mal outillée pour assurer aux vignes les soins qu'elles réclament. Elle ne comprend pas toujours l'importance de ces soins. Elle est occupée par les autres travaux agricoles, foins et moissons, au moment même où la vigne réclamerait tous ses instants. Les dépenses en instruments, main-d'œuvre, etc., seraient hors de proportion avec les résultats qu'elle obtiendrait. Le petit vigneron ne peut vivre qu'en se syndiquant : il faut le stimuler, car il n'est que trop naturellement porté à attendre que la température et le soleil luttent pour lui.

D'un autre côté, la grande propriété, si elle a les capitaux nécessaires à la reconstitution du vignoble, peut difficilement mener à bien les traitements multiples nécessités par la lutte contre les diverses maladies à combattre. Les bras lui font défaut; la main-d'œuvre est trop chère; elle est comme désarmée devant la soudaineté des attaques du mildew et du black-rot. Il faut qu'elle trouve des auxiliaires dans les fabricants d'appareils : soufreuses et pulvérisateurs à grand rendement, et qu'elle diminue ses frais généraux sans négliger cependant aucun des soins à donner aux vignes.

La propriété moyenne semble la plus apte à résoudre ces divers problèmes : elle dispose, ou à peu près, des bras nécessaires; elle peut couvrir les frais d'une culture de plus en plus onéreuse; elle a pour elle le savoir et l'intelligence; le vigneron, à la fois bourgeois et cultivateur, est son propre maître, condition heureuse pour développer sa responsabilité et son initiative. Ce régime de la moyenne propriété est, du reste, le plus répandu en France où l'on compte 1.491.766 récoltants pour 1.728.433 hectares plantés en vignes, soit un peu plus d'un hectare par récoltant.

Plus on examine la question, plus on sent qu'on doit avoir confiance. Bien que la surface vitifère soit diminuée, on doit tendre aux grands rendements pour abaisser la proportion des frais généraux nécessités par les façons culturales, les engrais, les traitements multiples, et l'on peut espérer atteindre les gros rendements d'autrefois, lors des belles récoltes de 1867 à 1876. Il ne faut pour cela qu'une production moyenne de 3o hectolitres par hectare. Cette ambition ne paraît pas excessive : les récoltes de 1893 et de 1894 montrent qu'elle est réalisable. La France tient la tête des grands pays producteurs de vin, et la supériorité de ses vins est universellement reconnue.

CHAPITRE II

CONSOMMATION DU VIN

Tableau général de la production, du commerce et de la consommation.

La consommation s'alimente à trois sources qui apparaissent comme le crédit même de nos besoins, la masse où viendront puiser les consommateurs et les intermédiaires, marchands en gros et débitants. Ces trois sources sont : la récolte, les importations, la fabrication des vins de sucre et celle des vins de raisins secs. Les chiffres fournis par les statistiques se rapprochent sensiblement de la vérité. Ils sont approximatifs pour les récoltes, mais exacts en ce qui concerne les importations et les fabrications des vins de sucre et de raisins secs.

Les quantités de vin rendues libres sont utilisées de la façon suivante : les unes vont directement à la consommation nationale, les autres sont exportées, les dernières converties en alcool et en vinaigre. Celles qui passent dans la consommation du pays sont, ou consommées en franchise chez les récoltants, ou lancées dans la circulation après paiement des taxes intérieures, variant selon la destination qui leur est donnée. Pour ces dernières, les chiffres statistiques sont rigoureux. L'Administration des Contributions indirectes, au contraire, lorsqu'elle donne les quantités consommées en franchise chez les récoltants, a bien soin de déclarer que ses chiffres ne représentent qu'une évaluation approximative, l'impôt n'intervenant pas comme contrôle. Les quantités de vin exportées sont données par la Douane; quant à celles converties en alcool, elles ont pour base les quantités d'alcool produites par les distillateurs de profession (chiffre officiel) et par les bouilleurs de cru (chiffre approximatif)[1]. Les quantités converties en vinaigres ont été indiquées par l'Administration des Contributions indirectes.

Nous présentons pour une période de dix ans, de 1886 à 1895, un tableau général de la production, du commerce et de la consommation des vins[2].

Pendant cette période, la récolte moyenne accuse 30.517.000 hectolitres; les importations sont de 9.510.000 hectolitres; la fabrication des vins de sucre et de raisins secs est de 3.249.000 hectolitres, ce qui porte à 43.276.000 hectolitres les quantités que le commerce, la consommation et l'industrie vont se partager. L'industrie prend 680.505 hectolitres pour les vinaigres et les distilleries d'alcool; le commerce: 2.032.400 hectolitres pour ses exportations, plus une large part des 28.795.000 hectolitres qui séjournent dans les caves et chais des marchands en gros avant de payer les taxes intérieures et de passer à la consommation; les récoltants gardent pour leur usage 9.859.074 hectolitres. Le total des quantités utilisées est de 41.367.000 hectolitres.

La balance établie donne les résultats suivants:

	Hectolitres
Quantités *libres* pour le commerce, l'industrie, la consommation:	43.276.000
— *utilisées* par le — — —	41.367.000
Différence..........	1.909 000

Mais il faut tenir compte de ce fait d'expérience, à savoir que les ouillages et soutirages nécessités par la manipulation du vin nouveau, entre le moment où il est récolté et celui où il sort de la cave du vigneron, absorbent environ 6 o/o de la production, soit pour notre moyenne de 30.517.000 hectolitres, 1.831.000 hectolitres. Reste encore 78.000 hectolitres.

1. V. tabl. XIV.
2. V. tabl. VI.

Cette différence, minime du reste, représente la marge laissée à des erreurs possibles dans les évaluations des quantités consommées en franchise ou converties en alcool et en vinaigre.

La concordance de ces chiffres, alors qu'il n'existe pas de stock, prouve que la statistique du ministère des finances serre de près les résultats.

SECTION I. — CONSOMMATION DIRECTE.

§ 1. *Consommation de la France.* — Nous avons vu que les quantités de vins livrées à la consommation, soit en franchise chez les récoltants, soit après paiement des droits chez les non-récoltants, s'élevaient à 38.440.000 hectolitres dans la période décennale 1886-1895. Cela fait une consommation de 100 litres par tête, pour une population moyenne de 38.400.000 habitants[1]. Si l'on tient compte des femmes, des vieillards et des enfants, cette moyenne est assez élevée. Nous verrons dans la statistique par départements qu'elle est, dans certains cas, capable d'augmenter sensiblement. Nous sommes à la fois, en France, les plus grands producteurs et les plus gros consommateurs du monde. L'usage du vin y est général ; il doit se développer normalement avec de bonnes récoltes, des lois fiscales plus libérales et des facilités pour les échanges et les transports.

Cette consommation a, d'ailleurs, suivi depuis plus de soixante années une marche ascendante aussi remarquable qu'encourageante.

De 1830 à 1839, la consommation globale n'était que de 19.215.427 hectolitres. Elle passe à 38.440.000 hectolitres

[1]. Population de la France d'après les divers recensements officiels :

1876	36.906.000	habitants
1886	38.218.903	—
1891	38.342.948	—
1896	38.517.975	—

dans la période décennale 1886-1895, présentant une augmentation considérable égale à 100 o/o. Mais cette augmentation, si belle qu'elle soit, est dépassée par celle qui ressort sur les quantités de vin atteintes par l'impôt à ces deux périodes : en effet, ces quantités s'élèvent de 13.115.427 hectolitres à 28.795.000 hectolitres.

Si nous reprenons les chiffres de la consommation générale depuis 1830-1839, nous observerons que cette dernière est toujours influencée par deux éléments principaux : l'abondance ou la pénurie des récoltes, l'augmentation ou la diminution du prix moyen des vins chez les récoltants. Mais comme le prix moyen suit à peu près invariablement le mouvement de la production, on peut dire que la consommation se guide exclusivement sur elle.

De 1830 à 1839, le prix moyen est de 17 francs ; les récoltes sont faibles ; la consommation accuse 19.215.427 hectolitres.

De 1840 à 1849, la production se relève fortement avec les généreuses récoltes 1846-1847, dépassant 50 millions d'hectolitres. On n'en avait pas encore eu d'aussi belles ; le prix moyen, sous l'influence de cette abondance heureuse, descend à 9 francs, la cote la plus basse qu'on ait connue. La consommation augmente de 4.500.000 hectolitres, près de 25 o/o! Les mêmes causes pourraient encore, dans l'avenir, produire des effets similaires.

De 1850 à 1859, nous sommes dans les années d'oïdium : l'année 1854, avec ses 10.824.000 hectolitres, n'a que le quart à peine de la production normale. Le vin se raréfie, le prix moyen saute brusquement à 49 francs, chiffre très élevé pour l'époque et pour les ressources du consommateur, le plus élevé du reste qui ait été jamais atteint. La consommation du vin, devenue consommation de luxe, baisse de 2 millions d'hectolitres. C'est la seule défaillance qu'elle ait subie.

De 1860 à 1869, nous traversons la plus brillante période de notre viticulture ; la récolte moyenne dépasse 50 millions d'hectolitres ; le prix moyen descend à 28 francs ; l'exportation s'accroît de 1 million d'hectolitres; la consommation augmente de 14.428.000 hectolitres, soit 70 o/o! C'est à cette époque heureuse que nous devons la diffusion de la consommation du vin.

De 1870 à 1879, les belles récoltes continuent : celle de 1875 est légendaire. La récolte moyenne de ces dix années est de 51.593.000 hectolitres. La consommation augmente encore de 2 millions d'hectolitres, bien que le prix moyen passe de 28 à 29 francs. Ce prix-là ne devrait pas être dépassé : il est suffisamment rémunérateur pour la viticulture et abordable pour l'acheteur.

De 1880 à 1889, le mildew fait descendre la moyenne de la production à 29.677.000 hectolitres. Le prix moyen se relève aussitôt de 8 francs et passe à 37 francs. Par contre, la consommation fléchit de 740.000 hectolitres.

Remarquons que la consommation est demeurée à peu près stationnaire de 1870-1879 à 1892 : le mildew, le black-rot et d'autres maladies ont, avec des prix élevés, retardé sa marche en avant.

Elle reprend en 1893, sous l'influence d'une baisse sensible du prix moyen (6 francs), et passe de 38.930.228 hectolitres à 40.099.918 hectolitres. Nouvelles augmentations en 1894 et 1895, déterminées par l'abondance relative des récoltes de 1893 et 1894.

En 1896, sous l'influence de la petite récolte de 1895 (26.600.000 hectolitres), la consommation baisse sensiblement : près de 1 million d'hectolitres, aux quantités atteintes par l'impôt. On observe en même temps que le prix moyen descend de 8 francs. Ces deux baisses, se produisant simultanément, paraîtraient anormales si l'on ne se souvenait que la récolte de 1896 a été mauvaise comme qualité. Il ne faut pas oublier que les prix moyens chez les récoltants se déterminent, non par les ventes faites à la propriété, mais bien par la valeur moyenne de la récolte de l'année. Ainsi, en 1896, on voit baisser le prix moyen chez les récoltants, tandis que le prix de vente dans les débits augmente de près de 4 francs.

Cela s'explique parce que le premier représente la valeur estimative de la récolte, — qui est mauvaise, — tandis que le second s'applique presque en entier aux ventes, chez les débitants, des vins de 1895.

On peut conclure de cet exposé rapide que, si nos vignes, soigneusement cultivées, mises en défense contre les maladies nombreuses qui les assaillent, revenaient, pendant plusieurs années consécutives, non pas même à d'abondantes récoltes, mais simplement à cette production moyenne fixée par nous à 41 millions d'hectolitres, d'après des données positives (soit un rendement moyen de 23 hectolitres à l'hectare, ce qui n'a rien d'exagéré), le prix du vin tomberait à des taux permettant un développement de la consommation similaire à celui observé de 1860 à 1869. Le jour où l'on consommerait en France de 40 à 45 millions d'hectolitres de vin, ce produit viendrait concourir heureusement, avec les piquettes et les vins de fruits, à l'alimentation des masses, et il n'est pas téméraire de penser que la consommation de l'alcool atteindrait des chiffres moins inquiétants.

Ce serait tout profit pour nos viticulteurs et pour la santé publique.

Le vin, aujourd'hui, constitue encore pour le plus grand nombre une consommation de luxe : si l'on en boit dans les villes, les campagnes — en dehors des contrées vinicoles — en sont presque totalement privées. L'ouvrier agricole consomme assez volontiers dans la limite de ce qu'il récolte, mais il ne peut songer à des achats coûteux. Nos paysans essayent bien de planter un peu de vigne pour alimenter leur consommation familiale, surtout en piquettes faites avec des marcs, mais les résultats obtenus sont insignifiants : ils ignorent les besoins nouveaux des vignes et ils manquent d'outillage pour les défendre. Le temps est passé où il suffisait de mettre un sarment en terre pour récolter du vin trois ou quatre ans après !

Cette pénurie de vin pousse à la consommation des boissons de fruits et des piquettes. Le ministère des finances en donne une évaluation approximative pour 1897 : c'est la première fois que ce document paraît dans les statistiques officielles. On aurait utilisé pour la consommation de famille, en 1897, 3.742.188 hectolitres de piquettes. De plus en plus, les vignerons s'alimentent avec des produits secondaires : piquettes et vins de sucre de deuxième cuvée.

Avec une récolte de 41 millions d'hectolitres et une importation d'Algérie, de Tunisie et d'Espagne, qui s'élèverait toujours de 5 à 8 millions d'hectolitres, — parce qu'elle correspond à un besoin, — le marché serait approvisionné dans la limite des exigences d'une consommation grandissante.

Ce qui prouve que le vin n'a pas suffisamment pénétré dans la consommation du pays, c'est la disproportion existant entre les quantités utilisées en franchise chez les récoltants et celles atteintes par l'impôt. Les premières sont, par rapport aux secondes, dans la proportion de la demie au tiers. De 1860 à 1869, on a consommé en franchise chez les récoltants 12.647.000 hectolitres de vin, contre 23.552.000 hectolitres atteints par l'impôt. Depuis 1870, la consommation chez les récoltants a été évaluée à une moyenne de 10 millions d'hectolitres, un peu moins du quart de la consommation totale. Bien que dans ce chiffre entrent pour une part les vins de sucre de deuxième cuvée et quelques vins de raisins secs, il paraît exagéré au premier aspect : en effet, pour un nombre moyen de 1.500.000 récoltants, cela fait 666 litres pour chacun. On peut l'expliquer par les considérations suivantes : les vins de sucre de deuxième cuvée, les vins de qualité inférieure, ceux impropres à la vente, sont consommés sur place par le récoltant, sa famille et les ouvriers occupés aux vignes; dans beaucoup de départements où la culture de la vigne est restreinte et la qualité des vins très ordinaire, il n'y a que peu de vin sortant des caves du producteur à destination des marchés de l'intérieur; et enfin, dernière considération, nous devons tout au moins indiquer qu'un certain nombre de consommateurs, voisins des producteurs, s'alimentent chez ces derniers en fraude des droits. Puis nous avons vu que la consommation moyenne en France était de 100 litres de vin par personne : or, il n'est pas exagéré de croire que chaque récoltant a cinq personnes à nourrir; dans ce cas, la consommation de la famille serait de 133 litres par tête, chiffre normal.

Il nous reste à signaler, en terminant, un fait intéressant au point de vue économique : c'est qu'il n'y a pas de stock de vin chez les récoltants, c'est qu'il n'y en a jamais eu, pas plus qu'il n'y a de stock de blé ou de foin; la consommation absorbe toujours facilement ce que la production lui offre. Les vins fins sont exceptés de ce raisonnement[1].

Avec de belles récoltes, un prix moyen raisonnable, la réduction au minimum des entraves existant actuellement à la circulation des vins, la consommation du vin est encore susceptible d'un vaste essor.

Tout cela n'est pas du domaine du rêve et peut devenir rapidement une vérité tangible.

§ 2. *Consommation dans les départements.* — Pour donner un aperçu de la consommation dans les départements, nous dressons ci-dessous la liste des 21 départements qui ont consommé le plus en 1896, et, à titre de comparaison, cette même liste prise à une époque antérieure, de 1870 à 1879 (chiffres moyens).

La consommation moyenne pendant cette période décen-

---

1. Les quelques phénomènes économiques que nous avons étudiés pour les vins se reproduisent pour les autres produits. Pour les blés, par exemple, la consommation en 1896 a été de 288 litres par personne, moyenne supérieure de 38 litres à celle de 1872-1881 (de 1831 à 1851, elle a été de 250 litres). La production s'est élevée parallèlement : 1815, 39.461.000 hectolitres ; 1896, 119.742.000 hectolitres. La consommation se développant, comme pour les vins, plus vite que la production, est obligée de demander un appoint à l'importation. En même temps, le prix moyen qui, sans remonter bien haut, était à 25 francs en 1873, descend à 16 francs en 1893. Les procédés de culture se sont aussi améliorés : la production du froment, qui était de 11 hectolitres 57 par hectare de 1815 à 1835, était de 14 hectolitres 62 en 1880 et de 17 hectolitres 44 en 1896.

nale classe, dans l'ordre suivant, les départements gros consommateurs :

DÉPARTEMENTS	Hectolitres.		DÉPARTEMENTS	Hectolitres.
1. Gironde	1.669.261		12. Haute-Garonne	666.141
2. Charente-Inférieure	1.376.793		13. Gard	663.464
3. Rhône	1.303.644		14. Isère	632.654
4. Hérault	1.038.843		15. Vienne	586.036
5. Charente	850.536		16. Maine-et-Loire	562.928
6. Loire Inférieure	839.340		17. Marne	553.256
7. Saône-et-Loire	816.752		18. Dordogne	534.986
8. Seine-et-Oise	804.635		19. Aube	511.949
9. Côte-d'Or	784.157		20. Yonne	509.774
10. Loire	774.763		21. Meurthe-et-Moselle	503.577
11. Bouches-du-Rhône	715.213			

En 1896, les départements où la consommation est la plus active se rangent dans l'ordre suivant :

DÉPARTEMENTS	Hectolitres.		DÉPARTEMENTS	Hectolitres.
1. Gironde	1.622.700		12. Aveyron	703.900
2. Rhône	1.408.800		13. Isère	700.700
3. Bouches-du-Rhône	1.129.700		14. Puy-de-Dôme	645.300
4. Seine-et-Oise	1.121.900		15. Ain	605.300
5. Loire	1.010.000		16. Seine-et-Marne	597.900
6. Hérault	968.300		17. Var	586.400
7. Haute-Garonne	830.200		18. Allier	579.500
8. Marne	764.900		19. Vendée	571.000
9. Loire-Inférieure	753.000		20. Vosges	564.800
10. Meurthe-et-Moselle	748.100		21. Côte-d'Or	557.900
11. Saône-et-Loire	729.400			

A la simple inspection de ces deux listes, on remarque dans le rang des départements, au point de vue de la consommation, des interversions dont il est assez difficile de donner une explication plausible. Il faut tenir compte d'une augmentation générale de la consommation en France (38.091.207 hectolitres en 1870-1879; 41.151.191 en 1896); de l'augmentation de la population dans certains départements; du fait que la consommation est surtout active dans les grandes villes, et que certaines d'entre elles ont vu s'accroître leur population depuis 1870; de l'amélioration des récoltes au point de vue quantitatif dans certains départements, alors que le vignoble a beaucoup diminué dans certains autres. Il est des cas, d'ailleurs, où, sans raison apparente, un département est devenu gros consommateur dans ces trente dernières années : le goût du vin s'est répandu ici plutôt que là, en vertu de circonstances diverses, difficiles à découvrir et à expliquer.

Il faut tenir compte aussi de certains déplacements de courants commerciaux : des départements voient augmenter leurs expéditions à la clientèle bourgeoise (paiement du droit de circulation), tandis qu'elles diminuent dans d'autres.

Toutefois, on remarquera que les départements qui figurent à la fois sur les deux listes (Gironde, Rhône, Bouches-du-Rhône, Seine-et-Oise, Loire, Hérault, Haute-Garonne, Marne, Loire-Inférieure, Meurthe-et-Moselle, Saône-et-Loire, Isère, Côte-d'Or), et où, par conséquent, malgré des interversions de rang peu importantes, la consommation s'est maintenue à peu près égale à elle-même depuis 1870, sont, ou bien des départements gros producteurs, ou bien des départements comprenant de fortes agglomérations urbaines. Il n'y a d'exception que pour l'Isère, qui a toujours été un département de production moyenne, ne renfermant aucune ville importante, mais dans lequel la consommation a suivi une marche ascendante, d'ailleurs normale.

Si nous examinons maintenant quels départements figurent sur la liste de 1896 et ne figurent pas sur celle de 1870-1879, nous trouvons les départements dont les noms suivent : Aveyron, Puy-de-Dôme, Ain, Seine-et-Marne, Var, Allier, Vendée, Vosges. Pour le Puy-de-Dôme, l'Allier, la Vendée, les Vosges, il ressort du tableau suivant que c'est à une augmentation sensible de production que correspond cet accroissement de la consommation :

DÉPARTEMENTS	Production 1870-1879	Production 1896	Consommation 1870-1879	Consommation 1896
	Hectolitres	Hectolitres	Hectolitres	Hectol tres
Allier............	217.876	470.011	391.021	579.500
Vendée	520.088	652.607	440.770	571.000
Vosges	158.610	283.362	323.926	564.800
Puy-de-Dôme.....	760.858	1.290.257	416.425	645.300

Pour l'Aveyron, l'Ain, la Seine-et-Marne, le Var, au contraire, un tableau semblable montre une diminution de production coïncidant avec une augmentation de consommation :

DÉPARTEMENTS	Production 1870-1879	Production 1896	Consommation 1870-1879	Consommation 1896
	Hectolitres	Hectolitres	Hectolitres	Hectolitres
Aveyron............	340.915	80.756	402.969	703.900
Ain...............	425.732	377.809	417.644	605.300
Seine-et-Marne.......	224.515	97.806	449.267	597.900
Var...............	861.949	804.853	472.582	586 400

Si ces départements ne figuraient pas en 1870-1879 parmi les 21 plus gros départements consommateurs, ils n'en présentaient pas moins, dès cette époque, des chiffres de consommation assez élevés.

L'habitude du vin n'y est pas née brusquement : elle n'a fait que s'y développer, malgré une récolte de plus en plus restreinte, ce qui tendrait à prouver que, s'il est difficile de faire naître le désir de boire du vin dans une région où il est peu connu ou remplacé par d'autres boissons, il est non moins difficile d'arrêter le développement normal de la consommation de ce produit dans les régions où il a été à la portée de tous.

L'augmentation de consommation dans le Var et la Seine-et-Marne peut, d'ailleurs, s'expliquer en partie par l'importance de la population urbaine agglomérée, car c'est à la demande toujours plus considérable des villes que nous devons l'augmentation générale de la consommation du vin en France.

Le Var, en effet, avec Hyères et Toulon, présente une population agglomérée de 68.706 habitants sur une population totale de 288.336 habitants; la Seine-et-Marne, avec Fontainebleau, Meaux et Melun, en présente 32.329 sur 356.709 habitants.

Enfin, il y a des départements qui figurent sur la liste de 1870-1879 et ne figurent pas sur celle de 1896, ce sont : la

Charente-Inférieure, la Charente, le Gard, la Vienne, le Maine-et-Loire, la Dordogne, l'Aube, l'Yonne.

Le tableau suivant confirme la relation qui existe le plus souvent entre la production d'une région et sa consommation : il en ressort une double diminution parallèle de ces deux éléments dans 5 de ces départements :

DÉPARTEMENTS	Production 1870-1879	Production 1896	Consommation 1870-1879	Consommation 1896
	Hectolitres	Hectolitres	Hectolitres	Hectolitres
Charente-Inférieure .	4.843.025	948.945	1.376.793	549.600
Charente..........	2.901.913	233.968	850.536	338.900
Dordogne	832.820	369.639	534.986	368.700
Vienne............	990.054	415.912	586.036	325.400
Maine-et-Loire	614.326	455.698	562.928	526.800

Une semblable considération ne saurait être invoquée pour le Gard, l'Aube, l'Yonne.

Le tableau suivant montre, en effet, que, pour ces départements, la production a augmenté depuis 1870-1879, alors que la consommation diminue :

DÉPARTEMENTS	Production 1870-1879	Production 1896	Consommation 1870-1879	Consommation 1896
	Hectolitres	Hectolitres	Hectolitres	Hectolitres
Gard..............	1.117.760	1.718.547	663.464	409.900
Aube.............	494.993	608.852	511.949	422.600
Yonne............	970.184	1.076.359	509.774	400.500

Il est à remarquer, toutefois, qu'il s'agit de départements où la production du vin présente une réelle importance. Or, si la consommation générale a diminué, les quantités consommées en franchise par les récoltants, leur famille, leurs ouvriers agricoles ont augmenté dans le Gard, et, à ce point de vue, le mouvement de la production et celui de la consommation en franchise ne sont pas contradictoires.

Dans l'Aube, les quantités atteintes par l'impôt se balancent à 6.000 hectolitres près; mais, dans l'Yonne, la consommation baisse, tant aux quantités atteintes par l'impôt qu'aux quantités consommées en franchise :

DÉPARTEMENTS	CONSOMMATION EN 1870-1879		CONSOMMATION EN 1896	
	QUANTITÉS atteintes par l'impôt	QUANTITÉS consommées en franchise	QUANTITÉS atteintes par l'impôt	QUANTITÉS consommées en franchise
Gard...............	607.576	55.888	284.427	125.500
Aube...............	312.934	199.015	319.186	103.400
Yonne...............	226.532	283.242	158.111	242.300

Il ne faudrait pas, d'ailleurs, attacher une trop grande importance au parallèle que nous venons de faire : il n'a qu'une valeur très relative. Dresser la liste des départements par importance de leur chiffre absolu de consommation sert uniquement à établir où sont les régions qui consomment beaucoup de vin. Mais on comprend que le chiffre de la population, et surtout celui de la population agglomérée, est prépondérant quant à la détermination du rang des départements entre eux. Le mouvement commercial du vin joue aussi, dans ce classement, un rôle qui n'est pas négligeable.

Pour se rapprocher de la vérité et déterminer autant que faire se peut les départements qui consomment le plus de vin, il semble qu'il convient d'établir la consommation par tête. A ce point de vue, voici, en 1896, l'ordre des 21 principaux départements :

	Litres.		Litres.
1. Hérault...............	210	12. Meurthe-et-Moselle...	168
2. Gironde...............	204	13. Seine-et-Marne......	167
3. Var...............	203	14. Aube...............	165
4. Bouches-du-Rhône...	179	15. Gers...............	164
5. Seine-et-Oise........	178	16. Loire...............	163
6. Marne...............	176	17. Alpes-Maritimes.....	156
7. Aveyron...............	175	18. Creuse...............	149
8. Haute-Garonne.......	175	19. Côte-d'Or...........	148
9. Haute-Marne.........	175	20. Meuse...............	146
10. Rhône...............	174	21. Indre-et-Loire.......	139
11. Ain...............	169		

Si l'on compare cette liste avec celle donnée plus haut, classant les départements d'après l'importance absolue de leur consommation, on trouve de nombreuses différences : la Loire-Inférieure, la Saône-et-Loire, l'Isère, le Puy-de-Dôme, l'Allier, la Vendée, les Vosges, qui figurent parmi les 21 départements où la consommation est la plus importante, ne figurent pas parmi ceux où la consommation par tête présente les plus gros chiffres ; ils sont distancés, à cet égard, par la Haute-Marne, l'Aube, le Gers, les Alpes-Maritimes, la Creuse, la Meuse et l'Indre-et-Loire.

Les départements qui se présentent avec les plus grosses quotités par tête doivent leur rang : soit à leurs villes à forte population agglomérée ; soit à l'intensité de leur production ; soit à ces deux causes réunies ; soit à l'importance de leur commerce de vins ; soit enfin à l'usage très répandu du vin chez leurs habitants, simple fait qu'on ne peut que constater.

Parmi les 21 départements cités, ceux qui consomment beaucoup parce que la population urbaine y est nombreuse et qu'ils sont en même temps grands producteurs, sont :

DÉPARTEMENTS	VILLES ayant plus de 10.000 habitants agglomérés	POPULATION	PRODUCTION par tête en 1896	CONSOMMATION par tête en 1896
			Litres	Litres
Hérault.............	Béziers............	39.655	1.674	210
	Cette..............	34.554		
	Montpellier........	58.380		
Gironde.............	Bordeaux..........	237.734	423	204
	Libourne..........	13.853		
	Bègles............	10.530		
Var.................	Toulon............	60.414	279	203
Bouches-du-Rhône....	Marseille..........	305.523	145	179
	Aix...............	19.226		
	Arles.............	15.377		
	La Ciotat.........	10.342		
Marne..............	Châlons...........	19.630	107	176
	Épernay..........	17.843		
	Reims............	95.620		
Haute-Garonne......	Toulouse..........	126.633	112	175

DÉPARTEMENTS	VILLES ayant plus de 10.000 habitants agglomérés	POPULATION	PRODUCTION par tête en 1896	CONSOMMA- TION par tête en 1896
			Litres	Litres
Rhône	Lyon	375.979	231	174
	Givors	10.033		
	Tarare	11.535		
	Villefranche	11.832		
	Villeurbonne	16.131		
Meurthe-et-Moselle	Nancy	75.572	191	168
	Lunéville	16.530		
	Pont-à-Mousson	10.320		
Côte-d'Or	Dijon	55.673	221	148
	Beaune	12.485		

L'Hérault vient au premier rang : il produit d'énormes quantités de vins et des vins à bas prix : il n'est pas étonnant d'y voir la consommation par tête la plus élevée.

Le second rang est assigné à la Gironde par sa production, ses agglomérations et l'activité de son commerce.

Dans les Bouches-du-Rhône, bien que ce département soit un des plus gros producteurs, la consommation est plus élevée que la production : cela tient à la nécessité d'alimenter la population urbaine (on compte, en effet, une population agglomérée de 358.468 habitants sur une population totale de 63o.622 habitants).

Une situation identique, due aux mêmes causes, se constate dans la Marne et la Haute-Garonne.

Les départements suivants doivent leur rang à l'importance relative de leur production :

DÉPARTEMENTS	Production par tête en 1896	Consommation par tête en 1896
	Litres	Litres
Aube	239	165
Gers	295	164
Indre-et-Loire	287	139
Haute-Marne	176	175
Meuse	150	146

La population agglomérée des quatre départements qui suivent les place parmi les grands consommateurs :

DÉPARTEMENTS	Production par tête en 1896	Consommation par tête en 1896
	Litres	Litres
Seine-et-Oise.............	31	178
Seine-et-Marne...........	27	167
Loire....................	91	163
Alpes-Maritimes..........	21	156

La production est faible dans ces départements. En revanche, la Seine-et-Marne (avec Fontainebleau, Meaux, Melun), la Seine-et-Oise (avec Argenteuil, Saint-Germain, Versailles) possèdent des villes importantes dont la consommation se rapproche de celle de la Seine et dont les habitudes d'alimentation sont identiques. La Loire a une nombreuse population ouvrière qui consomme du vin (Firminy, Roanne, Rive-de-Gier, Saint-Chamond, Saint-Etienne). Les Alpes-Maritimes doivent leur place à Nice, à la consommation de sa population cosmopolite.

Enfin, trois départements, qui ne sont pas producteurs et n'ont pas de villes importantes, se placent parmi les gros consommateurs de vin : l'Aveyron, l'Ain, la Creuse. L'Aveyron, il est vrai, est un ancien pays producteur : il avait, en 1880, 24.266 hectares de vignes, produisant 339.902 hectolitres ; il n'a plus, en 1896, que 12.540 hectares, avec un rendement de 80.756 hectolitres.

Remarquons, en terminant, que, si les principaux départements producteurs figurent parmi les départements où la consommation moyenne par tête est la plus élevée, cette règle présente de nombreuses exceptions, notamment dans les départements suivants :

DÉPARTEMENTS	Production en 1896	Production par tête en 1896	Consommation par tête en 1896
		Litres	Litres
Aude	3.608.958	1.136	109
Pyrénées-Orientales..	2.038.079	969	82
Gard................	1.718.547	409	99

DÉPARTEMENTS	Production en 1896	Production par tête en 1896	Consommation par tête en 1896
		Litres	Litres
Saône-et-Loire	1.530.096	246	117
Loire-Inférieure.....	1.300.000	201	116
Puy-de-Dôme.......	1.290.257	229	114
Yonne.............	1.076.359	312	113
Charente-Inférieure..	948.945	208	120
Loir-et-Cher	905.502	323	82
Vendée.............	652.607	148	129

Cette exception est surtout saillante pour l'Aude, les Pyrénées-Orientales et le Gard. Ces départements n'ont pas de grosse population urbaine, et, d'un autre côté, si l'on considère les quantités de vins consommées en franchise, on constate qu'elles ont une réelle importance :

DÉPARTEMENTS	Quantités atteintes par l'impôt	Quantités consommées en franchise
Aude.....................	137.742	209.100
Pyrénées-Orientales.........	99.375	73.600
Gard.....................	284.427	125.500

Ces faiblesses anormales de la consommation s'expliquent en partie par ce fait que le tableau de la consommation des vins et alcools par département, fourni par le ministère des Finances, est loin d'être rigoureusement exact. A la colonne des quantités de vin imposées, — la seule examinée en ce moment, — figurent tous les vins atteints par les différents droits : droits de circulation, de détail, d'entrée et de taxe unique. Or, les droits de détail, d'entrée et de taxe unique frappent bien les vins consommés dans le département, puisqu'ils sont perçus à l'entrée des villes sujettes et dans les débits ; mais le droit de circulation, payé à l'enlèvement, atteint tous les vins expédiés par congé, aussi bien ceux consommés dans le département que ceux expédiés au dehors. Il s'établit, il est vrai, une sorte de compensation résultant de ce que les vins qui viennent du dehors, accompagnés de congés, ne figurent pas dans la consommation du département ; mais cette compensation est insuffisante dans les départements gros producteurs et dans ceux où le commerce des vins a de l'activité.

§ 3. *Consommation dans le département de la Seine et à Paris.* — C'est intentionnellement qu'il n'a pas été parlé du département de la Seine dans la précédente section. Ce département a, en effet, une physionomie qui impose son classement à part. Il compte, Paris non compris, 8o3.68o habitants (recensement du 29 mars 1896); il comprend 24 villes de plus de 10.000 habitants chacune, ayant une population totale de 5oo.ooo habitants, et 17 villes de 4.000 à 10.000 habitants, ayant ensemble une population de 110.000 habitants. C'est autour de la capitale une ceinture compacte d'agglomérations urbaines. La densité de la population, moins Paris, est de 2.004 habitants par kilomètre carré. Nous en ferons saisir l'importance en disant qu'elle n'est que de 83 habitants dans le département de la Gironde.

On a consommé dans la Seine, en 1896 : 1.915.ooo hectolitres de vin, soit une moyenne de 238 litres par tête, plus que dans le Var, plus que dans la Gironde, plus même que dans l'Hérault. C'est la population qui, en France, a le plus l'habitude du vin : c'est un marché précieux pour notre viticulture, car il peut consommer le vingtième d'une bonne production moyenne en France.

Quant à Paris, c'est le premier marché du monde, le marché par excellence. Il consomme plus que ne récolte chacun des pays viticoles autres que l'Espagne, l'Italie et l'Autriche-Hongrie : ce dernier pays même n'aurait pas assez de vin, à beaucoup près, pour alimenter le département de la Seine.

Et, cependant, la consommation de Paris est loin du chiffre qu'elle devrait atteindre. Pourquoi ne serait-elle pas égale à celle du reste du département? La Seine a, en effet, une quotité de consommation de vin de 2 hectolitres 38 par tête, tandis que cette quotité ne dépasse pas, à Paris, 1 hectolitre 93. Il y a là une anomalie qui disparaîtrait le jour où l'on

supprimerait une partie des droits frappant le vin à son
entrée dans la capitale. Il y a, malheureusement, une contre-
partie à cette diminution de la consommation du vin : la
Seine ne consomme que 6 litres 85 d'alcool par tête, tandis
que Paris en consomme 7 litres 56 ! L'ouverture au vin du
grand marché parisien est également désirable, au point de
vue des intérêts de la viticulture et de la santé publique.
Paris, avec sa consommation de près de 5 millions d'hectolitres, — pouvant atteindre 6 millions d'hectolitres, — la
Seine, avec ses 2 millions d'hectolitres, utiliseront du sixième
au cinquième de notre production totale !

Voici, à l'aide de moyennes, la consommation du vin dans
Paris, de 1870 à 1897 :

1870-1879.....	3.928.968 hectolitres, soit par tête.....	196 litres[1].
1880-1889.....	4.557.062	—	—	—	201 — [2].
1890-1897.....	4.708.008	—	—	—	186 — [3].

Les quantités de vins consommées, au moins depuis 1880,
n'ont guère varié : 4.500.000 hectolitres par an environ ;
mais comme la population dans ce même laps de temps a
augmenté de 13 o/o, la consommation du vin a, en réalité,
diminué dans une proportion égale. Du reste, la quotité par
tête a baissé en 1890-1897 de 15 litres, malgré un relèvement
appréciable des quantités imposées durant ces trois dernières
années 1895, 1896, 1897.
Pendant que la consommation du vin baissait, celle de
l'alcool augmentait de 40 o/o, passant de 5 litres 4 par tête à
7 litres 5, touchant même à 8 litres 4 en 1892. Il y a là une
situation digne de faire réfléchir législateurs et hygiénistes.
Le vin est, à Paris, au point de vue fiscal, la grande bête
de somme : il porte en grande partie le poids de l'impôt ; la
taxation excessive qu'il subit en arrête la diffusion ; on lui

---

1. Population au recensement de 1876......... 1.988.806 habitants.
2.   —   —   1886........ 2.260.945   —
3.   —   —   1896........ 2.536.834   —

demande tous les ans plus de 5o millions de francs pour les seules taxes d'octroi, alors qu'il n'est même pas demandé 15 millions à l'alcool. Les recettes totales de l'Octroi à Paris ont été :

En 1895, de.. 155.601.339 francs, sur lesquels le vin a payé .... 53.230.000 fr.
En 1896, de.. 155.352.896 —   —   —   .... 51.397.000 —

Le vin a donc fourni le tiers des recettes. C'est véritablement excessif. Si l'on ajoute aux droits d'octroi les droits perçus par le Trésor, on voit que le vin acquitte à Paris, tous les ans, l'énorme rançon de 9o millions de francs ! Comment la consommation n'en serait-elle pas désagréablement influencée?

Pour montrer l'importance relative de la consommation du vin à Paris, voici le relevé des quantités de boissons fermentées atteintes par les droits d'octroi en 1896 :

Vin................ 4.839.654 hectolitres
Alcool pur........   182.481   —
Cidres ....   178.000   —
Bière.............   248.000   —   (entrée et fabrication).

Ces droits d'octroi sont pour :

Le vin, de 8 fr. 25 pour l'État et de 10 fr. 62 pour la Commune. — Total : 18 fr. 87 par hectolitre.
L'alcool pur, de 186 fr. 25 pour l'État et de 79 fr. 80 pour la Commune. — Total : 266 fr. 05 par hectolitre.
Le cidre, 4 fr. 50 pour l'État et de 4 francs pour la Commune. — Total : 8 fr. 50 par hectolitre.
Là bière, de 3 fr. 75 pour l'État et de 15 francs pour la Commune. — Total : 18 fr. 75 par hectolitre.

§ 4. *Consommation dans les principales villes de France.* — Nous donnons à la partie statistique[1], pour les 47 principales villes de France, un tableau présentant par ville : 1° la population agglomérée, recensement de 1891 ; 2° les

1. V. tableau XII.

quantités de vin et d'alcool imposées; 3° la consommation moyenne par tête d'habitant. Ces divers renseignements s'appliquent à l'année 1896.

Nous détachons de ce tableau les 15 villes où la consommation du vin est la plus forte (Paris excepté) et les 15 où cette même consommation est la plus faible :

Villes consommant le plus de vin.	Hectolitres.	Villes consommant le moins de vin.	Hectolitres.
Lyon	661.347	Tourcoing	9.791
Marseille	563.277	Dunkerque	10.473
Bordeaux	502.488	Caen	10.575
Saint-Étienne	285.526	Calais-Saint-Pierre	11.828
Toulouse	266.056	Cherbourg	13.207
Nice	171.564	Boulogne-sur-mer	13.433
Nancy	144.738	Lorient	17.512
Reims	118.093	Saint-Quentin	17.816
Limoges	117.892	Rennes	19.654
Nantes	117.871	Roubaix	22.168
Montpellier	112.568	Amiens	30.473
Tours	111.918	Le Mans	37.913
Toulon	109.845	Le Havre	40.727
Grenoble	108.665	Brest	41.527
Dijon	107.489	Rouen	44.294

Mais, pour connaître exactement les villes où la consommation est la plus active, il convient de les classer d'après leur consommation moyenne par tête. La consommation absolue est généralement déterminée par l'importance de la population; la consommation relative révèle seule les habitudes des habitants.

Voici les villes présentant la plus forte consommation moyenne par tête :

Boulogne-sur-Seine (Seine)	266	litres.
Nice (Alpes-Maritimes)	251	—
Saint-Étienne (Loire)	243	—
Levallois-Perret (Seine)	240	—
Clermont-Ferrand (Puy-de-Dôme)	223	—
Clichy (Seine)	223	—
Grenoble (Isère)	217	—
Saint-Denis (Seine)	215	—

Troyes (Aube).....	212 litres.
Bordeaux (Gironde).....	211 —
Toulouse (Haute-Garonne).....	210 —
Tours (Indre-et-Loire).....	207 —
Paris (Seine).....	203 —
Versailles (Seine-et-Oise).....	199 —
Béziers (Hérault).....	197 —
Montpellier (Hérault).....	193 —
Nancy (Meurthe-et-Moselle).....	192 —
Besançon (Doubs).....	186 —
Marseille (Bouches-du-Rhône).....	184 —
Dijon (Côte-d'Or).....	184 —
Toulon (Var).....	178 —
Lyon (Rhône).....	174 —
Nantes (Loire-Inférieure).....	167 —
Limoges (Haute-Vienne).....	163 —
Avignon (Vaucluse).....	158 —

En mettant de côté Boulogne-sur-mer, Levallois-Perret, Clichy, Saint-Denis et Versailles, qui appartiennent, avec Paris, à une région où la consommation est très active, on remarque que, sur les 19 villes où la consommation est la plus répandue, 15 appartiennent à des départements gros producteurs en 1896. Quatre seulement doivent à des circonstances particulières de figurer au tableau ci-dessus. Ce sont : Nice, Besançon, Avignon et Limoges. Nice a une clientèle spéciale riche et nombreuse; le Doubs est proche de la Côte-d'Or et de la Saône-et-Loire; le Vaucluse a pour voisins le Gard, les Bouches-du-Rhône et l'Hérault; Limoges est une ville industrielle dans laquelle le commerce des vins a une très grande activité : c'est une sorte d'entrepôt où viennent s'approvisionner plusieurs départements du centre.

La même remarque est également vraie pour les villes qui présentent la plus grosse consommation, chiffre absolu : sur les 15 que nous citons, 13 appartiennent à des régions à forte production.

Inversement, les 15 grandes villes où l'on consomme le moins de vin appartiennent toutes à des régions non viticoles : villes industrielles du Nord, ports de la côte du Nord-Ouest, villes normandes ou bretonnes. C'est dans ces mêmes régions que se trouvent les 15 villes où la consommation moyenne du vin par tête est la plus faible.

§ 5. *Consommation comparée des vins, cidres, bières et alcools.* — Le tableau suivant montre la consommation comparative, de 1892 à 1896, des boissons les plus répandues :

ANNÉES	VINS consommés	QUANTITÉS ATTEINTES PAR L'IMPOT			
		VINS	CIDRES	BIÈRES	ALCOOLS
1892	38.930.228	28.930.228	5.065.214	8.937.454	1.735.367
1893	40.099.918	30.099.918	6.778.684	8.937.773	1.642.366
1894	42.843.248	32.843.248	6.920.691	8.443.704	1.539.395
1895	42.733.046	34.142.303	6.724.746	8.867.322	1.549.045
1896	41.151.191	33.293.631	6.760.108	8.991.273	1.594.971
Moyenne .	41.151.522	31.861.866	6.449.888	8.835.505	1.612.228

Le vin tient — et de beaucoup — la première place. Il n'est pas téméraire de penser qu'il pourra l'occuper un jour avec plus d'éclat encore : nos viticulteurs, nos négociants, aidés du législateur, peuvent et doivent développer la consommation dans les marchés déjà ouverts de l'intérieur et gagner de nouveaux clients à la boisson saine par excellence.

Dans la comparaison qui précède, il faut négliger les quantités de vins et de cidres consommées chez les récoltants bien que ces quantités aient une réelle importance. La comparaison ne peut porter que sur les quantités atteintes par l'impôt, et l'on voit que la consommation des bières et celle des cidres réunies n'égalent pas la moitié de la consommation du vin [1].

L'usage du cidre est restreint à une quinzaine de dépar-

---

1. La bière payant un droit de fabrication, l'impôt atteint les quantités totales livrées à la consommation, ou peu s'en faut ; au contraire, les vins, cidres et alcools consommés chez les récoltants et chez les bouilleurs de cru échappent aux taxes.

tements de la région du Nord-Ouest : il est vrai que la consommation y est très active.

Quant à la bière, elle est consommée un peu partout en France, mais principalement dans quelques départements du Nord et de l'Est (Nord, Pas-de-Calais, Ardennes, Aisne, Somme, Meurthe-et-Moselle, Vosges).

Nous parlerons plus loin de la consommation de l'alcool.

Section II. — Vins convertis en alcool et en vinaigre.

§ 1. *Vinaigre*. — Nous avons vu par le tableau général analysé en tête de ce chapitre que, pour avoir une idée complète de la consommation, il fallait tenir compte des quantités de vin utilisées par l'industrie et transformées en vinaigre et en alcool.

L'industrie du vinaigre de vin était prospère autrefois. Elle avait son centre à Orléans. Depuis vingt ans, nos petites récoltes, le prix élevé des vins, la baisse des alcools, les nouvelles habitudes de la consommation tendent à la suppression presque complète d'une fabrication qui a dû se transformer pour se plier aux besoins nouveaux. Les vinaigres d'alcool ont à peu près partout remplacé les vinaigres de vin.

Quelques chiffres feront saisir la diminution graduelle et constante des quantités de vin converties en vinaigre.

En 1876, l'industrie des vinaigres utilisait 291.000 hectolitres de vin; elle n'en employait plus que 180.000 en 1878; 132.000 en 1879; 75.000 en 1882; 59.000 en 1888; 51.828 en 1893; pour descendre enfin au chiffre très réduit de 49.925 en 1896 [1].

D'abondantes récoltes, un prix moyen des vins très bas pourraient peut-être ramener l'usage du vinaigre de vin. Ce serait, dans tous les cas, long et aléatoire. On ne trans-

1. V. tabl. XIII.

forme pas facilement les habitudes et les besoins du public qui réclame de plus en plus des produits bon marché. Avec de l'alcool, qui est coté de 40 à 50 francs, plus des droits de dénaturation de 37 fr. 50, on peut se procurer, entre 80 et 85 francs, la matière première nécessaire à la fabrication de plus de 10 hectolitres de bon vinaigre. Dans ces conditions, le vin ne peut guère entrer en concurrence avec l'alcool [1].

§ 2. *Alcool.* — Les quantités de vins converties en alcool ont, elles aussi, diminué dans de très grosses proportions.

Le tableau fourni par l'Administration des Contributions indirectes [2] indique (colonne 2) les quantités totales d'alcool produites par les distillateurs de profession (chiffre officiel) et par les bouilleurs de cru (chiffre approximatif). Avec ce renseignement, et en admettant que les vins aient une richesse alcoolique moyenne de 10°, on obtient facilement les quantités de vin converties en alcool. La moyenne de 10° est peut-être un peu élevée, mais comme elle ne sert qu'à déterminer approximativement les quantités de vin mises en œuvre, l'influence d'un léger forcement ne présente aucun inconvénient et n'infirme en rien notre raisonnement.

De 1840 à 1875, la statistique des Contributions indirectes comprend dans le total des alcools de vin fabriqués les alcools provenant à la fois de la distillation des vins, des cidres, des marcs, des lies et des fruits. On ne peut donc retenir les chiffres fournis, dans l'impossibilité où l'on se trouve de dégager la part revenant à chacune de ces distillations.

A partir de 1876, elle donne les quantités d'alcool provenant de la distillation des vins. Une période de vingt et un ans est suffisante pour suivre la marche de la transformation des vins en alcool. L'Administration entend par

1. Les vinaigres de vin valent aujourd'hui de 58 à 62 francs l'hectolitre; les vinaigres d'alcool se livrent en fabrique généralement à 12° et ils valent 20 francs l'hectolitre. L'entrepositaire les réduit le plus souvent à 6 ou 8° pour les livrer aux détaillants.
2. V. tabl. XIII.

alcool l'alcool pur à 100°, ramenant à cet étalon tous les trois-six de vin, toutes les eaux-de-vie fabriquées à divers degrés, y compris nos armagnacs et nos cognacs, connus du monde entier. Ces considérations sur la statistique fixent et limitent le terrain d'appréciation.

En 1876, les quantités de vins transformées en alcool s'élèvent au chiffre énorme de 5.459.940 hectolitres. Nous ne verrons plus pareille activité à nos distilleries de vin. Cette activité était due à la récolte exceptionnelle de 1875; en 1877, on ne met en œuvre que 1.575.700 hectolitres de vin. En 1879, 1.026.510 hectolitres. La baisse va se précipiter avec nos récoltes mildiousées, amenant l'élévation du prix moyen des vins. Le Gers et surtout la Charente et la Charente-Inférieure voient leurs vignobles ravagés par le phylloxera; les chaudières s'éteignent un peu partout.

En 1882, on ne distille plus que 219.620 hectolitres de vin; en 1886, 195.130 hectolitres seulement : c'est le plus bas chiffre connu.

A partir de ce moment, nos récoltes sont meilleures; quelques vignobles sont reconstitués dans les régions où l'on distille le vin, et les quantités converties en alcool passent à 417 et à 421.000 hectolitres en 1888 et 1889.

En 1890, la faible récolte de 1889 fait sentir ses effets; on ne brûle plus que 387.990 hectolitres de vin; mais, en 1891 et 1892, le rendement des vignes étant plus heureux, on passe à 511 et 696.000 hectolitres.

En 1893 et 1894, la fabrication des alcools de vin et des eaux-de-vie augmente dans de fortes proportions : les quantités de vin livrées à la chaudière sont six fois plus considérables que la moyenne de 1880-1887. On revient à des chiffres inconnus depuis 1879, avec 1.008.290 et 1.616.600 hectolitres. Cette situation est évidemment due aux abondantes récoltes et à la faiblesse du prix moyen, ces deux années-là. Aussi, un recul important se produit-il en 1895 et 1896 : les quantités de vins converties en alcool diminuent de plus de moitié.

On peut dire que la production est le régulateur de la

fabrication de l'alcool de vin. Mais, en dehors de ces oscillations, quelque importantes qu'elles soient, il y a un fait saillant qui domine la situation : c'est la diminution constante, régulière, des quantités de vins converties en alcool depuis 1877, sauf un mouvement accidentel de reprise en 1893 et 1894.

Cette baisse est d'autant plus regrettable que la production générale de l'alcool n'a cessé d'augmenter depuis cette époque. En remontant même à 1850, on voit la production de l'alcool suivre une marche ascendante, régulière et sûre ; les moyennes quinquennales suivantes en sont la preuve : ·

	Hectolitres (alcool pur).		Hectolitres (alcool pur).
1852 à 1856....	748.600	1877 à 1881....	1.523.400
1857 à 1861....	949.400	1882 à 1886....	1.925.800
1862 à 1866....	1.306.000	1887 à 1891....	2.167.000
1867 à 1871....	1.325.800	1892 à 1896....	2.251.200
1872 à 1876....	1.681.000		

La fabrication de l'alcool a plus que doublé dans la première période de vingt ans (1856 à 1876), et, en 1896, elle est trois fois plus forte qu'en 1856 !

Or, sur ces énormes quantités d'alcool fabriquées, la part du vin, comme matière première, va en diminuant de plus en plus. Il est vrai de dire que l'eau-de-vie de vin est d'un prix trop élevé pour la consommation courante ; elle ne peut alimenter que la consommation de luxe et l'exportation. Pour employer du vin, il faut que la valeur marchande du produit obtenu le permette ou que la faible qualité du vin le désigne à la chaudière. On fabriquera toujours des armagnacs et des cognacs, et, dans le Midi, on se verra souvent obligé de convertir en trois-six des vins faibles, impropres à la vente en nature. Ces trois-six ont, du reste, une clientèle fidèle dans les fabricants de certaines liqueurs, comme la Chartreuse, par exemple.

Les progrès de l'industrie ont de plus en plus étendu le nombre des matières premières fournissant l'alcool. De 1840 à 1850, sur une production totale de 891.500 hectolitres d'alcool, 815.000 étaient extraits des vins, cidres, marcs, lies et fruits, et 76.500 seulement de substances farineuses, mélasses et betteraves. En 1892, au contraire, sur une production totale de 2.263.079 hectolitres d'alcool, 139.969 hectolitres à peine étaient demandés aux vins, tandis que 2.123.110 hectolitres provenaient de substances farineuses, mélasses et betteraves. Les proportions étaient renversées.

L'augmentation de la fabrication de l'alcool constatée à nos moyennes quinquennales s'explique par l'énorme, anormal et malheureux développement de la consommation.

En 1850, la consommation de l'alcool (quantités imposées) était de 585.200 hectolitres; en 1879, elle était de 1.161.649 hectolitres; elle avait doublé en trente ans.

En 1889, elle est de 1.516.927 hectolitres, soit une augmentation de 355.000 en dix ans; elle augmente encore de 219.000 hectolitres en trois ans, puisqu'en 1892 elle atteint 1.735.367 hectolitres. De 1893 à 1896, elle reste à peu près stationnaire, variant de 1.500 à 1.600.000 hectolitres.

La quotité de la consommation moyenne par tête a suivi la même marche:

	Litres			Litres	
1850	1,46 par habitant		1879	3,22 par habitant	
1855	2 »	—	1889	4 »	—
1860	2,27	—	1896	4,19	—
1869	2,63	—			

Elle a même été de 4 litres 56 en 1892.

Voici, du reste, les moyennes quinquennales des quantités d'alcool imposées et de la quotité moyenne par tête:

ANNÉES	Quantités imposées	Quotité par tête
	Hectolitres	Litres
1852-1856	675.613	1,88
1857-1861	835.332	2,28
1862-1866	887.061	2,36
1867-1871	963.107	2,55
1872-1876	935.949	2,58
1877-1881	1.209.945	3,30
1882-1886	1.451.458	3,83
1887-1891	1.556.997	4,08
1892-1896	1.612.228	4,23

C'est toujours là quotité par tête qui révèle le développement de la fâcheuse habitude de boire des liquides alcooliques; cette quotité double en trente ans, de 1856 à 1886; elle augmente de 125 o/o de 1856 à 1896!

Cette augmentation de la consommation est facilitée par la diminution du prix moyen de l'alcool, diminution qui s'accentue de période en période:

Valeur moyenne de l'hectolitre d'alcool pur:

1850-1859	106 francs		1880-1889	52 francs
1860-1869	70 —		1890-1894	40 —
1870-1879	60 —			

La baisse des cours a eu pour corollaire l'augmentation de la consommation. A mesure que le prix des vins montait, la valeur des alcools baissait. Et maintenant la consommation des spiritueux est tellement passée dans les habitudes du peuple que les belles récoltes de vin, l'augmentation même de sa consommation, facilitée par une baisse du prix moyen, n'ont pu l'arrêter. En effet, le total des quantités de vin consommées a beau passer de 21.771.468 hectolitres (1850 à 1859) à 37.356.772 hectolitres (1880 à 1889), augmentant ainsi de 71 o/o, la consommation de l'alcool n'en a pas moins suivi sa marche ascendante pour atteindre les proportions inquiétantes que l'on connaît. Cependant, il est à remarquer que le relèvement des récoltes, dans ces dernières années, semble avoir eu une influence heureuse sur l'usage de l'alcool: à partir de 1893, la consommation du vin passe d'une moyenne de 37-38 millions d'hectolitres à 40-42 millions d'hectolitres; or, à la même époque, la consommation de l'alcool est en légère décroissance. Mais la différence est peu sensible, et il faudrait être singulièrement optimiste pour voir là un commencement de sagesse dans les habitudes des consommateurs.

La France est, à l'heure qu'il est, la nation d'Europe qui absorbe le plus d'alcool. Les hygiénistes, les hommes d'État, les publicistes s'effrayent de cette situation. Nous ne sommes cependant pas une race de buveurs de spiritueux, et nous avons chez nous l'antidote de l'alcool : le vin. C'est à cette boisson nationale qu'il faut revenir. En facilitant sa circulation, sa diffusion, elle se substituera aux eaux-de-vie, aux apéritifs plus ou moins frelatés. Il est à remarquer que les régions où elle est à la portée de tous sont les régions les plus sobres, — Midi et Sud-Ouest, — celles où l'alcoolisme a fait le moins de progrès. « Les pays de vin sont des pays de sagesse. »

A cet égard, la comparaison de la consommation du vin et de l'alcool dans nos divers départements et dans nos centres urbains est singulièrement suggestive.

Constatons tout d'abord que, si l'on dresse la liste des départements où l'on consomme le plus d'alcool et la liste de ceux dans lesquels la quotité de consommation par tête est la plus forte, les deux listes sont identiques, sauf quelques interversions naturelles dues au chiffre de la population. Voici, d'ailleurs, ces deux listes s'appliquant à l'année 1896 et comprenant chacune les 25 départements les plus importants :

DÉPARTEMENTS classés d'après leur consommation d'alcool en 1896	QUANTITÉS d'alcool consommées	DÉPARTEMENTS classés d'après leur consommation moyenne par tête en 1896	QUANTITÉ par tête d'habitant
	Hectolitres		Litres
Seine-Inférieure	113.600	Seine-Inférieure	13,48
Nord	79.700	Somme	10,82
Pas-de-Calais	67.900	Eure	10,68
Somme	59.200	Oise	10,01
Seine-et-Oise	47.600	Calvados	9,65
Aisne	45.900	Aisne	8,44
Finistère	45.800	Eure-et-Loir	8,36
Calvados	41.400	Pas-de-Calais	7,76
Oise	40.300	Seine-et-Oise	7,58
Eure	37.300	Manche	7,25
Manche	37.200	Seine-et-Marne	6,58
Bouches-du-Rhône	35.500	Vosges	6,42
Rhône	30.600	Finistère	6,29
Ille-et-Vilaine	29.800	Marne	5,97
Côtes-du-Nord	26.500	Bouches-du-Rhône	5,62
Vosges	26.300	Ardennes	5,57

DÉPARTEMENTS classés d'après leur consommation d'alcool en 1896	QUANTITÉS d'alcool consommées	DÉPARTEMENTS classés d'après leur consommation moyenne par tête en 1896	QUANTITÉ par tête d'habitant
Marne..................	26.000	Orne;..................	5,14
Eure-et-Loir..........	23.800	Meuse................	5,09
Seine-et-Marne........	23.500	Sarthe	5,07
Sarthe	21.700	Mayenne..............	4,87
Morbihan.............	21.300	Ile-et-Vilaine..........	4,75
Meurthe-et-Moselle.....	20.600	Meurthe-et-Moselle......	4,64
Hérault...............	19.700	Nord.................	4,59
Orne.................	18.200	Ardèche..............	4,57
Ardennes.............	18.100	Doubs................	4,51

A très peu d'exceptions près, dans les départements où l'on consomme de l'alcool, la quotité par tête est toujours élevée. Vingt départements figurent sur les deux listes.

Leur situation topographique est caractéristique : tous, moins les Bouches-du-Rhône, le Rhône, l'Hérault, l'Ardèche, sont placés au Nord, Nord-Est, Nord-Ouest de la France, dans la région qui s'étend au nord de la Loire et dans laquelle on produit peu de vin. C'est là que sont les consommateurs de cidre et de bière.

On pourrait être étonné de voir les départements des Bouches-du-Rhône et du Rhône figurer sur ces listes. Il ne faut pas oublier qu'ils possèdent Lyon et Marseille, les deux villes de France les plus peuplées après Paris : les agglomérations urbaines ont l'habitude de l'alcool.

Il ressort de ce qui précède que la consommation de l'alcool est surtout active dans les régions où la vigne est clairsemée et le vin rare. On peut considérer comme absolument exact l'aphorisme suivant : Population vigneronne, population sobre; population privée de vin, population ayant des tendances à l'alcoolisme.

Quel est maintenant le rapport entre la consommation du vin et celle de l'alcool dans les départements qui consomment le plus de vin ?

Le tableau suivant répond à la question pour l'année 1896 :

DÉPARTEMENTS	Consommation de vin par tête en 1896	Consommation d'alcool par tête en 1896
	Litres	Litres
Hérault	210	4,26
Gironde	204	2,23
Var	203	4,19
Bouches-du-Rhône	179	5,62
Seine-et-Oise	178	7,58
Marne	176	5,97
Aveyron	175	1,59
Haute-Garonne	175	2,17
Haute-Marne	175	3,85
Rhône	174	3,79
Ain	169	2,46
Meurthe-et-Moselle	168	4,64
Seine-et-Marne	167	6,58
Aube	165	4,22
Gers	164	0,87
Loire	163	2,85
Alpes-Maritimes	156	3,09
Creuse	149	1,65
Côte-d'Or	148	3,26
Meuse	146	5,07
Indre-et-Loire	139	2,43

En mettant de côté la Seine-et-Oise, la Marne, la Seine-et-Marne, faisant partie de cette région avoisinant Paris où l'on consomme à la fois beaucoup de vin et beaucoup d'alcool, la Meuse et la Meurthe-et-Moselle, deux départements du Nord, les Bouches-du-Rhône renfermant l'énorme population agglomérée de Marseille, on remarque qu'aucun de ces départements ne figure parmi les 25 plus gros consommateurs d'alcool.

Même remarque et conclusion identique en comparant la consommation des départements gros buveurs d'alcool :

DÉPARTEMENTS	Consommation d'alcool par tête en 1896	Consommation de vin par tête en 1896
	Litres	Litres
Seine-Inférieure	13,48	21
Somme	10,82	18
Eure	10,68	25

DÉPARTEMENTS	Consommation d'alcol par tête en 1896	Consommation de vin par tête en 1896
	Litres	Litres
Oise	10,01	68
Calvados	9,65	12
Aisne	8,41	62
Eure-et-Loir	8,36	75
Pas-de-Calais	7,76	10
Seine-et-Oise	7,58	178
Manche	7,25	7
Seine-et-Marne	6,58	167
Vosges	6,42	137
Finistère	6,29	18
Marne	5,97	176
Bouches-du-Rhône	5,62	179
Ardennes	5,57	37
Orne	5,14	7
Meuse	5,07	146
Sarthe	5,09	50
Mayenne	4,87	10
Ille-et-Vilaine	4,75	17
Meurthe-et-Moselle	4,64	168
Nord	4,59	15
Ardèche	4,57	81
Doubs	4,51	123

13 de ces départements sur 25 consomment de 0,07 litre à 50 litres de vin par habitant; 2 n'en consomment que 7 litres; 4 autres restent au-dessous de 100 litres. Il y aurait là un débouché énorme pour le vin. Un recul de l'alcoolisme est à souhaiter.

Tout cet exposé est encore fortifié par la comparaison des deux listes suivantes contenant, l'une les 25 départements produisant le plus de vin, l'autre les 25 départements consommant le plus d'alcool :

DÉPARTEMENTS ayant produit le plus de vin en 1896	DÉPARTEMENTS ayant consommé le plus d'alcool en 1896
Hérault.	Seine-Inférieure.
Aude.	Nord.
Gironde.	Pas-de-Calais.
Pyrénées-Orientales.	Somme.
Rhône.	Seine-et-Oise.
Gard.	Aisne.
Saône-et-Loire.	Finistère.
Loire-Inférieure.	Calvados.

DÉPARTEMENTS ayant produit le plus de vin en 1896	DÉPARTEMENTS ayant consommé le plus d'alcool en 1896
Puy-de-Dôme.	Oise.
Yonne.	Eure.
Indre-et-Loire.	Manche.
Charente-Inférieure.	Bouches-du Rhône.
Bouches-du-Rhône.	Rhône.
Loir-et-Cher	Ille-et-Vilaine.
Meurthe-et Moselle	Côtes-du-Nord.
Côte-d'Or.	Vosges.
Var.	Marne.
Gers.	Eure-et-Loir.
Marne.	Seine-et-Marne.
Vendée.	Sarthe.
Aube.	Morbihan.
Loire.	Meurthe-et-Moselle.
Haute-Garonne.	Hérault.
Lot-et-Garonne.	Orne.
Allier.	Ardennes.

La simple comparaison de ces deux listes montre que — sauf l'Hérault, le Rhône, les Bouches-du-Rhône, la Meurthe-et-Moselle, pour lesquels nous en avons déjà donné l'explication — aucun des départements de la première de ces listes ne figure dans l'autre, — et réciproquement.

Enfin si l'on compare la production du vin par tête et la consommation de l'alcool par tête, on arrive à des constatations concordantes :

DÉPARTEMENTS ayant la plus forte production de vin par tête	Production moyenne du vin par tête	Consommation moyenne de l'alcool par tête
	Litres	Litres
Hérault	1.674	4,26
Aude	1.136	1,70
Pyrénées-Orientales	969	3,24
Gironde	423	2,23
Gard	409	2,93
Loir-et-Cher	323	2,59
Yonne	312	2,76
Gers	295	0,87
Indre-et-Loire	287	2,43
Var	279	4,19
Saône-et-Loire	246	2,34
Aube	239	4,22
Rhône	231	3,79
Puy de-Dôme	229	1,69
Côte-d'Or	221	3,26, etc.

Les gros producteurs de vin sont donc de petits consommateurs d'alcool (abstraction faite des agglomérations urbaines).

Nous avons intentionnellement négligé de comprendre le département de la Seine dans les tableaux qui précèdent. Ce département n'est qu'une sorte de prolongement de Paris, et ce que nous avons dit de cette dernière ville peut lui être appliqué. Dans la Seine, la consommation moyenne d'alcool par tête est de 6 litres 85, bien que la consommation du vin y soit assez élevée : 2 hectolitres 38 par tête.

Pour terminer, nous donnons ci-dessous la liste des 15 villes de France où la consommation de l'alcool par tête est la plus forte, et, en regard, la liste des 15 villes présentant la consommation d'alcool la plus faible. Et, pour que la comparaison soit possible, nous indiquons par ville la consommation moyenne du vin par tête. Ces 30 villes sont prises dans le tableau des 47 villes les plus importantes par leur population [1].

VILLES où la consommation de l'alcool a été la plus forte en 1896	QUOTITÉ PAR HABITANT		VILLES où la consommation de l'alcool a été la plus faible en 1896	QUOTITÉ PAR HABITANT	
	Alcool	Vin		Alcool	Vin
	Litres	Litres		Litres	Litres
Rouen	17,15	42	Béziers	2,80	197
Cherbourg	16,73	41	Toulouse	3,57	210
Le Havre	15,38	36	Bourges	4,17	157
Caen	12,72	28	Clermont-Ferrand	4,28	223
Boulogne-sur-mer	12,54	30	Limoges	4,35	163
Amiens	11,84	44	Tours	4,61	207
Cette	11,65	130	Nantes	4,73	167
Brest	11,01	66	Bordeaux	4,79	211
Lorient	10,97	51	Nice	4,83	251
Le Mans	9,80	76	Orléans	5,04	153
Calais-Saint-Pierre	9,50	25	Saint-Etienne	5,17	243
Toulon	9,34	178	Nimes	5,19	149
Saint-Quentin	9,34	40	Lyon	5,26	174
Versailles	9,13	199	Nancy	5,41	192
Tourcoing	9,01	21	Dijon	5,48	184

1. V. tabl. XII.

Il est utile de rappeler ici ce que nous avons dit déjà, à savoir que la statistique du ministère des finances donne non les quantités d'alcool et de vin réellement consommées, mais bien les quantités atteintes par l'impôt. Dans certaines villes où le commerce des vins et des alcools a de l'activité et rayonne au dehors, des envois franchissent les limites du département, accompagnés de congés, après acquittement, au départ, des droits de circulation ou de consommation. Ces expéditions faussent la comparaison des quantités consommées : il en est ainsi, par exemple, pour Bordeaux, Cette, Limoges, Toulouse. Mais, en dehors de ces exceptions, on peut dire que plus on consomme d'alcool et moins on consomme de vin, — et réciproquement.

En résumé, c'est surtout dans les centres urbains que l'alcoolisme exerce ses ravages. Le Nord et le Nord-Ouest apparaissent comme le centre de la consommation des liquides alcooliques ; le Midi et le Sud-Ouest « où fleurit la douce vigne » sont les régions les plus sobres.

Qu'on n'oublie pas, pour mesurer l'étendue du mal, que nos calculs portent sur l'alcool pur à 100°. Si l'on convertit le litre d'alcool pur, qui nous a servi d'étalon, en eau-de-vie au titre ordinaire du commerce, on constate que la consommation, à Paris, par exemple, en ne prenant que les hommes et les adultes, est de près de 60 litres par personne! On voit par là ce qu'elle est à Rouen ou à Cherbourg.

Les conséquences immédiates de cette intoxication funeste sont la diminution des forces vives de la nation, l'augmentation du nombre des aliénés, l'excitation habituelle des esprits, une sorte de névrosisme maladif et inconscient, l'élévation du chiffre de la criminalité, la diminution de la population et de la moyenne de la vie humaine, sans compter que l'alcool prélève, d'après certains économistes, près d'un milliard et demi sur les salaires des ouvriers.

Le retour à la consommation de boissons saines, comme le vin, serait un grand bienfait pour la France. Malheureusement, le goût des liqueurs alcooliques, dû en partie à la pénurie de nos récoltes, à la cherté des vins, à la diminution de la valeur des alcools, s'est emparé d'un certain public, et il sera malaisé de remonter pareil courant.

Il faut l'essayer cependant. La modification, dans ce but, de notre législation fiscale, la suppression aussi complète que possible des taxes et barrières qui s'opposent à la libre circulation du vin, sont autant de mesures qu'il serait grand temps d'adopter. Mais n'oublions pas que le meilleur auxiliaire du législateur sera l'abondance des récoltes et le prix modéré du vin : alors seulement le vin entrera dans la consommation des masses et cessera d'être pour beaucoup une consommation de luxe.

SECTION III. — VINS DE SUCRE ET VINS DE RAISINS SECS.

La diminution des récoltes de vin, dont nous venons de voir les effets désastreux, se traduisant par une augmentation très sensible de la consommation de l'alcool, a eu encore pour conséquence de développer la fabrication de boissons jusqu'alors inconnues, n'offrant pas, d'ailleurs, au point de vue hygiénique, les mêmes inconvénients que l'alcool, et que l'on a surtout recherchées à cause de leur faible prix de revient : nous voulons parler des vins de sucre et des vins de raisins secs.

La fabrication de ces boissons apparaît, en effet, en 1879. Dès 1881, elle prend de l'importance, et nous verrons que le législateur s'en préoccupe en 1884. Les négociants et les viticulteurs essaient de combler les vides de la production à l'aide de vins artificiels à bas prix, les importations étant insuffisantes.

La fabrication du vin de raisins secs peut se résumer ainsi : on fait macérer de 30 à 35 kilogrammes de raisins secs de Smyrne ou de Chypre dans 100 à 110 litres d'eau chauffée à 30° environ, et, après une fermentation qui dure de douze à vingt jours, suivant la température, on obtient un hecto-litre de vin blanc de 7 à 9°.

Les vins de sucre s'obtiennent au moyen d'addition d'eau sucrée sur les marcs. On sucre aussi les vins de première cuvée quand ils sont particulièrement pauvres en alcool, ce qui s'est produit souvent avec des vins mildiousés. On estime qu'il faut 1 kilogramme 700 de sucre pour produire un litre d'alcool pur.

§ 1. *Vins de sucre.* — Le sucrage des vendanges existait bien avant la loi du 29 juillet 1884. Il fut commencé en Bourgogne dès 1845; mais les essais tentés avec des sucres de fécule impurs donnèrent de mauvais résultats. En 1854, époque où l'oïdium diminuait la quantité et altérait la qualité des vins, on reprit cette pratique sans grand succès. En 1876, des propositions furent formulées en vue d'une modération d'impôt pour les sucres mélangés aux vendanges. Mais, en 1880, les ravages du phylloxera, du mildew et des autres maladies de la vigne, et, d'autre part, la crise sucrière qui, en abaissant le prix des sucres, incitait les fabricants à chercher des débouchés nouveaux, poussèrent à renouveler les tentatives de sucrage, et, grâce à Dubrunfaut, elles furent couronnées d'un plein succès.

La loi du 19 juillet 1880 accorda un dégrèvement général sur les sucres, dont le tarif fut ramené de 73 fr. 32 à 40 francs par 100 kilos de raffiné. Cela donna à la fois satisfaction aux viticulteurs et aux raffineurs. Il faut remarquer qu'en 1880 les vendanges étaient sucrées à plein tarif.

Or, ce tarif fut relevé, en 1884, de 40 à 50 francs. Comme c'était de nature à porter obstacle à la pratique du sucrage, on dut établir un tarif réduit spécial pour les sucres destinés aux vins. Le sucrage était, en effet, reconnu utile pour atténuer la mauvaise qualité des récoltes. Nous étions à l'époque des années de mildew (1882-1886), et notre production était loin d'être suffisante pour parer aux besoins de la consommation.

La loi de 1884 établissait le tarif suivant : 50 francs les

100 kilos de sucre raffiné sur les sucres bruts ou raffinés;
20 francs les 100 kilos de sucre raffiné sur les sucres bruts ou
raffinés de toute origine employés au sucrage des vins, cidres
et poirés avant la fermentation.

Cette loi était suivie du décret du 22 juillet 1885, qui fixait,
dans son article 6, les quantités de sucre que les récoltants
ou acheteurs de vendanges étaient autorisés à employer avec
modération de taxe : 20 kilos par 3 hectolitres de vendanges
pour les vins de première cuvée, et 50 kilos par 3 hectolitres
de vendanges pour les vins de deuxième cuvée. Les sucres
devaient être versés dans les cuves, sous les yeux du service, ou
dénaturés, préalablement, dans des dépôts spécialement autorisés, par leur mélange intime avec un poids égal de raisins
frais foulés.

Si l'on admet qu'il faut 1 kilogramme 700 de sucre
pour produire 1 litre d'alcool pur, les viticulteurs pouvaient relever de près de 4° le titre alcoolique des vins de
première cuvée, et, avec 50 kilogrammes de sucre, fabriquer
une quantité de vin de marc égale, sinon supérieure, à celle
des vins de première cuvée : 3 hectolitres à 9 ou 10°.

La quotité du droit sur les sucres fut modifiée par la loi du
27 mai 1887, dont l'article 1er établissait une surtaxe temporaire de 20 o/o, ce qui portait à 24 francs la taxe sur les sucres
destinés aux vendanges et à 60 francs celle sur les sucres.

Cette surtaxe temporaire devait durer jusqu'au 31 décembre 1887. L'article 6 de la loi de finances du 17 novembre 1887 prorogeait le tarif nouveau en décidant que les
modifications apportées à titre temporaire par l'article 1er de
la loi du 27 mai 1887 continueraient d'avoir leur effet jusqu'au
31 mars 1888; et la loi du 24 juillet 1888 (article 3) décidait :
« Les droits sur les sucres.... employés au sucrage des vins......
continueront à être temporairement perçus, conformément au
tarif résultant de la loi du 27 mai 1887. »

Ce temporaire dure encore : c'est le droit de 24 francs qui
est toujours en vigueur.

Pour préciser les charges qui grèvent les vins de sucre,

mentionnons encore une taxe de dénaturation de 1 franc par 100 kilos de sucre mis en œuvre, payable au moment même de la dénaturation (art. 3 de la loi de finances du 29 décembre 1888).

Le bénéfice du sucrage à tarif réduit, qui avait le double avantage de permettre l'amélioration de la qualité des vins incomplets faibles en alcool, et d'encourager la production des vins de marcs, utiles aux viticulteurs pour la consommation familiale, avait été limité, par la loi de 1884 aux viticulteurs et vignerons, et il ne pouvait s'appliquer qu'aux raisins frais ou aux marcs de raisins frais. L'Administration des Contributions indirectes a plusieurs fois sévi contre des viticulteurs qui ajoutaient des raisins secs, soit aux vendanges elles-mêmes, soit aux marcs destinés à la fabrication des deuxièmes cuvées. L'article 1er du décret du 22 juillet 1885 a formellement limité le bénéfice du sucrage à prix réduit aux vendanges proprement dites et aux marcs provenant de ces vendanges, les raisins secs et toutes autres matières servant à la fabrication des vins factices en ayant été intentionnellement exclus.

Enfin, la série des produits dans la fabrication desquels le sucre intervient est si étendue que le rendement de l'impôt aurait pu être compromis si les industries intéressées avaient pu s'approvisionner de sucres réservés exclusivement à l'amélioration des vins, cidres et poirés. On pouvait craindre de voir une entente frauduleuse s'établir entre les récoltants et les fabricants de liqueurs, de sirops de luxe, ou de voir les sucres imposés au tarif réduit convertis en alcool et employés à augmenter la richesse alcoolique des marcs destinés à l'alambic. Tout cela explique que le décret de 1885 ait limité les livraisons de sucre aux besoins de chaque producteur.

Pour arriver à réaliser le but de la loi de 1884 et de quelques lois postérieures, il a fallu encore :

1° Limiter les moyens de dénaturation des sucres, soit au malaxage avec un poids égal ou supérieur de raisins frais

foulés de manière à fournir un sirop épais; soit au verse-
ment des sucres dans les cuves de fermentation ou dans
les moûts;

2° Interdire l'emploi en première cuvée des sucres destinés
à la deuxième cuvée et inversement, car cela pouvait faire
dépasser, dans un cas ou dans l'autre, le maximum légal;

3° Exiger une autorisation spéciale de sucrage, même
lorsque la limite de 20 kilos ou de 50 kilos de sucre par
3 hectolitres de vendange n'était pas atteinte, en vue d'assurer
l'application de l'article 5 de la loi du 11 juillet 1891;

4° Interdire l'admission à la taxe réduite des sucres
utilisés à relever le titre alcoolique d'un mélange de vin et
d'eau, le mouillage étant formellement défendu par la loi
du 24 juillet 1894;

5° Refuser, enfin, les demandes de subdivision des certificats de récolte lorsqu'elles émanaient, non plus de
viticulteurs désirant vendre leurs récoltes par fractions à
l'état de vendange, mais de véritables commerçants non
propriétaires achetant les récoltes en gros pour les vendre
en détail à une nombreuse clientèle disséminée sur les points
les plus éloignés des vignobles et qu'ils prétendaient faire
bénéficier du sucrage à prix réduit (avis du Conseil d'État
du 29 décembre 1891).

Le sucrage à prix réduit ne visait, dans l'esprit du législateur de 1884, que l'intérêt des vignerons et de leur
consommation de famille. Cependant, pour ne pas léser les
intérêts viticoles là où les propriétaires avaient l'habitude
de vendre leurs récoltes à l'état de vendange, le Conseil
d'État fit insérer dans le décret du 22 juillet 1885, une
disposition étendant la faveur du sucrage à prix réduit aux
acheteurs de vendanges, à la condition, pour eux, de
représenter aux employés de l'Administration des Contributions indirectes, au moment de la dénaturation des
sucres, les certificats primitifs de récolte délivrés à leurs
vendeurs par les autorités locales. L'Administration autorisait
aussi ses employés à se faire remettre les certificats de

récolte délivrés aux propriétaires qui désiraient vendre leur récolte par fractions à plusieurs acheteurs, ou ne la céder qu'en partie seulement, et à délivrer, au vu de ces certificats, et dans la limite des quantités de vendanges qui y figuraient, des attestations mentionnant les quantités partielles de vendanges ainsi vendues et rappelant la date du certificat primitif, ainsi que le nom du vendeur[1]. Or, il arriva ceci : la cession des vendanges qui, en dehors de certaines contrées où la vinification exige des soins particuliers, ne constituait jusqu'alors qu'un fait purement accidentel, revêtit un caractère de spéculation commerciale. Dans ces conditions, le sucrage des vendanges cessait d'être une opération d'intérêt purement viticole, et la fabrication des vins de sucre, alors que les raisins avaient passé par plusieurs mains, devenait une véritable opération industrielle, étrangère à la viticulture et lésant même ses intérêts. Le Conseil d'État consacra la prétention de l'Administration de ne pas admettre au bénéfice de la modération de taxe le sucrage des vendanges achetées de seconde main.

Rappelons aussi que la loi du 11 juillet 1891, pour assurer la moralité des transactions commerciales, autorise tout requérant à rechercher, dans les bureaux de la Régie, les demandes de sucrage faites en vue de la fabrication des vins de sucre et de s'assurer par là dans quelles limites les récoltants ont usé des facilités accordées par la loi; mais le droit de recherche est limité aux demandes de sucrage faites en vue de la fabrication de vins de sucre, et ne s'étend pas aux demandes relatives au sucrage des premières cuvées.

Le législateur, tout en encourageant la fabrication des vins de deuxième cuvée, a eu la pensée constante d'en limiter l'emploi à l'intéressante consommation familiale du vigneron et d'empêcher leur mélange aux vins de

---

1. Circulaire de l'Administration des Contributions indirectes, du 6 avril 1892, n° 28.

première cuvée. Ce mélange qui constituerait à la fois un mouillage et un vinage déguisés, ne serait qu'une fraude blâmable[1]. On s'est même demandé s'il ne fallait pas retirer complètement la faculté d'utiliser des sucres à tarif réduit, ou s'il ne convenait pas, tout au moins, de relever la taxe de dénaturation en abaissant, en même temps, le maximum des quantités de sucre dont l'emploi était autorisé.

Aucune suite n'a été donnée à ces divers projets, mais on a voulu rendre impossible toute fabrication de vin de sucre pour le compte de tiers, et pour couper court à toute manœuvre illicite, on a édicté la loi du 6 avril 1897. L'article 3 de cette loi interdit la fabrication et la circulation « en vue de la vente » de vins de marcs et de vins de sucre. Il interdit aussi la « détention à un titre quelconque » de ces vins chez tout négociant, entrepositaire ou débitant de liquide ; la détention de ces vins n'est cependant pas prohibée dans le cas où elle n'a pas lieu en vue de la vente.

Cette loi rentre dans l'esprit général qui avait inspiré la loi de 1884. Elle ménage l'intérêt des vignerons et leur permet d'alimenter leur consommation de famille avec une boisson saine, à bas prix, tout en rendant impossible la circulation et l'entrée des vins de sucre dans la consommation générale. Nous examinerons, au chapitre suivant, sa portée et l'utilité de ses dispositions, nous bornant à signaler ici l'effet restrictif qu'elle apporte à la fabrication et à la consommation des vins de sucre.

Il nous reste maintenant à montrer quelles ont été les quantités de vins de sucre livrées à la consommation depuis 1884 et l'influence qu'ont pu avoir sur elles les diverses législations que nous venons d'exposer.

---

1. Pour ne pas reproduire deux fois les dispositions de la loi du 14 août 1889, qui vise à la fois les vins de sucre et les vins de raisins secs, nous renvoyons à un autre chapitre l'examen de cette loi et de l'influence qu'elle a pu avoir sur la fabrication de ces vins. Elle n'a eu, d'ailleurs, aucun effet sur les quantités de vin de sucre livrées à la consommation.

Les vins de deuxième cuvée, dont la fabrication a précédé la loi de 1884, n'ont commencé qu'en 1886 à entrer dans la consommation pour une part appréciable. L'année 1885 n'accuse qu'une production de 365.053 hectolitres : la loi de 1884, n'a pas encore eu le temps de faire sentir son effet.

Mais, dès 1886, cette production augmente sensiblement et passe à 1.359.524 hectolitres. Nouvelle augmentation en 1887 et 1888, avec un peu plus de 1.800.000 hectolitres : presque le cinquième de la consommation en franchise chez les récoltants.

En 1889, elle descend à 1.103.763 hectolitres. Il semble que, dans une année de si faible récolte (23 millions d'hecto‑litres), la fabrication de ces vins aurait dû augmenter. Peut‑être le contraire s'explique‑t‑il par un resserrement de fabri‑cation devant la faible quantité de vendange à sucrer, et aussi par ce fait que les vins de 1889, plus colorés, plus riches en alcool que ceux de 1888, se prêtaient mieux à la fabrication des piquettes[1].

En 1890 et 1891, on revient à 1.800.000 et 1.700.000 hectolitres.

En 1893, sous la double influence d'une récolte très abondante et des nouvelles dispositions de la loi du 11 juillet 1891[2], la consommation des vins de sucre descend à 1.049.056 hectolitres. En 1894, nouvelle diminution pour les mêmes causes : 942.548 hectolitres.

En 1895 et 1896, sensible augmentation, avec plus de 1.300.000 hectolitres, ce qui semble être une production normale.

En 1897, on descend à 1.049.061 hectolitres, sous l'in‑fluence de la loi du 7 avril 1897.

---

1. Il est difficile d'admettre que la loi de 1889 ait eu sur ce résultat une influence quelconque, puisque les années 1890 et 1891 accusent une aug‑mentation sensible de production de ces vins. La loi Griffe ne pouvait être efficace qu'après avoir été renforcée et complétée : c'est ce que fit la loi du 11 juillet 1891.

2. La loi du 11 juillet 1891 prescrivait des comptes distincts pour ces vins et leur tenue séparément dans les magasins.

D'un coup d'œil d'ensemble sur la période décennale, qui va de 1887 à 1896, il appert que la fabrication moyenne des vins de deuxième cuvée a été de 1.495.254 hectolitres, soit près de 4 o/o de la récolte, durant le même laps de temps.

Le degré moyen de ces vins a été de 8°6. Il est bien dans les habitudes françaises de consommer des vins de 8 à 10°; mais la moyenne de 8°6 paraîtra très élevée, si l'on considère qu'elle s'applique à des vins destinés à alimenter la consommation familiale des vignerons, et l'on peut se demander si une partie des sucres ayant acquitté les taxes réduites n'a pas été détournée de sa destination.

Le nombre des récoltants ou acheteurs de vendanges ayant sucré des vins de deuxième cuvée ou des vins de marc est passé de 33.578 en 1885 à 130.398 en 1886. De 1887 à 1896, il a été de 192.952 pour 1.507.168 récoltants de vin (chiffres moyens)[1].

Nous ferons remarquer, pour faciliter la lecture du tableau donnant les quantités de sucre utilisées avec modération de la taxe, que le nombre total des récoltants ou acheteurs de vendanges ayant sucré des vins de première et de deuxième cuvée est supérieur à celui des récoltants ou acheteurs ayant profité des facilités données par la loi. Cela tient à ce qu'un même propriétaire, demandant à bénéficier du tarif réduit, peut figurer et parmi ceux qui ont sucré des vins de première cuvée, et parmi ceux qui ont sucré des vins de deuxième cuvée, s'il s'est, en effet, livré à ces deux opérations.

Bien que nous ne considérions pas les quantités de vins sucrées en première cuvée comme constituant des quantités nouvelles mises à la disposition de la consommation, puisque le sucrage n'a pour but, dans ce cas, que de relever le degré alcoolique de vins déjà existants, nous constaterons que cette opération a été surtout pratiquée sur les vins des années 1888 et 1896, pauvres d'alcool. Ajoutons que la correction

1. V. tabl. XVI.

des moûts, quand elle est faite au hasard, n'est pas sans
danger, tant au point de vue de la qualité du vin que de sa
conservation. Mais, bien conduite, elle est très utile, soit
pour augmenter la richesse en alcool de vins très acides, ou
provenant d'une récolte imparfaitement mûre, soit pour
élever le degré de vins destinés à subir un long voyage avant
d'arriver au lieu de consommation.

De 1887 à 1891, la proportion moyenne dans laquelle on
a relevé le degré des vins de première cuvée a été de 3°8. Là
encore, on peut se demander si cette moyenne de 3°8 n'est
pas élevée et si tout le sucre a bien été utilisé suivant les
déclarations des récoltants.

Quoi qu'il en soit, le sucrage des vins de première cuvée
constitue une pratique vinicole à encourager dans certains
cas, et la fabrication des vins de deuxième cuvée, strictement
limitée aux besoins de la consommation familiale des récoltants, doit être facilitée, tout en se défendant, cependant,
contre les entreprises ingénieuses de la fraude.

§ 2. *Vins de raisins secs.* — La fabrication des vins de
raisins secs a commencé, comme celle des vins de sucre,
vers 1879-1880. Les premières fabriques s'établirent dans le
Midi, dans l'Hérault notamment. Les viticulteurs eux-mêmes
ne tardèrent pas à utiliser les raisins secs, concurremment
avec les vendanges, pour suppléer à la pénurie de leurs
récoltes. La fabrication, tant industrielle que domestique.
s'étendit bientôt, du reste, aux diverses régions où le vin est
la boisson usuelle, particulièrement au département de la
Seine et à la région de l'Est. Elle prit vite une réelle
importance sous l'influence de récoltes insuffisantes et par
l'absence même de toute législation gênante au moment où
elle naquit.

En effet, ni la loi organique du 28 avril 1816, ni la loi
de finances du 3 juillet 1846, qui a spécialement déterminé
les conditions auxquelles est soumise, dans Paris, la fabrication des cidres, n'avaient posé de règles applicables à la

fabrication des vins de raisins secs. Aussi la Régie ne put-elle prendre à son égard que des mesures incomplètes et sans sanction légale.

A défaut de dispositions législatives ou réglementaires, permettant aux Contributions indirectes de suivre l'emploi des matières et de contrôler l'importance des quantités fabriquées, les industriels pouvaient opérer à l'insu du service et soustraire à l'impôt une partie de leur fabrication. Dans l'intérieur de Paris notamment, il s'était établi des usines où la fraude se pratiquait largement. L'Administration, par sa circulaire n° 272 du 4 septembre 1879, réglementait la fabrication et la vente des vins artificiels; prescrivait l'emmagasinage séparé chez les entrepositaires, la tenue de comptes distincts; imposait l'obligation de déclarer la nature des produits expédiés et mis en vente. Mais la légalité de ces prescriptions fut contestée, et elles furent rapportées par la circulaire n° 298 du 26 août 1880.

Pour arriver à une surveillance effective, empêcher les allongements et les décharges partielles pratiquées surtout la nuit, la loi de finances du 17 juillet 1889, dans son article 12, rendit applicables aux fabriques de vins de raisins secs les dispositions des articles 235 de la loi du 28 avril 1816 et 11 de la loi du 3 juillet 1846. Cela mettait d'une façon formelle cette industrie sous la surveillance de la Régie dont les employés pouvaient à toute heure de nuit exercer leur contrôle, quand il résultait des déclarations que ces établissements étaient en activité.

D'un autre côté, la loi du 28 avril 1816 soumettait aux droits à l'entrée des villes sujettes les vendanges, les fruits à cidre ou à poiré et même les pommes et poires sèches servant à la fabrication de boissons. Mais, par suite d'une omission qu'explique facilement le peu d'importance qu'avait autrefois la préparation de boissons artificielles, les raisins secs ne figuraient pas parmi les matières premières dont il y a lieu d'assurer l'imposition ou la prise en charge. L'article 12 de la loi du 17 juillet 1889 comblait cette lacune :

à l'entrée des villes sujettes, les fruits secs destinés à la fabrication des vins étaient imposés à raison de 3 hectolitres par 100 kilos de fruits. Étaient seuls exempts de la taxe les raisins secs destinés à la consommation de table et qui sont faciles à distinguer des fruits à boisson, d'après leur qualité, leur aspect et leur mode d'emballage. C'était une porte ouverte à la fraude. Il eût mieux valu frapper de l'impôt tous les raisins secs.

En même temps qu'on prenait ces mesures fiscales, on songeait à réprimer, ou tout au moins à empêcher les fraudes commerciales dans la vente des vins. A cet effet, la loi du 14 août 1889 stipulait :

« Nul ne pourra expédier, vendre ou mettre en vente, sous la dénomination de vin, un produit autre que celui de la fermentation des raisins frais. » (Article 1er.)

« Le produit de la fermentation des marcs de raisins frais avec addition de sucre et d'eau, le mélange de ce produit avec le vin, dans quelque proportion que ce soit, ne pourra être expédié, vendu ou mis en vente que sous le nom de vin de sucre. » (Article 2.)

« Le produit de la fermentation des raisins secs avec de l'eau ne pourra être expédié ou mis en vente que sous la dénomination de vin de raisins secs ; il en sera de même du mélange de ce produit, quelles qu'en soient les proportions, avec du vin. » (Article 3.)

« Les fûts ou récipients contenant des vins de sucre ou des vins de raisins secs devront porter en gros caractères : « Vins de sucre, » « Vins de raisins secs ; » les livres, factures, lettres de voiture, connaissements, devront contenir les mêmes indications, suivant la nature du produit livré. » (Article 4.)

Enfin, l'arrêté ministériel du 19 août 1889 fixa la couleur des titres de mouvement devant accompagner ces vins.

Cette loi de 1889 fut complétée, deux ans après, par la loi du 11 juillet 1891 qui, à l'égard des vins de raisins secs, contient de nouvelles dispositions : « Ces vins seront suivis

chez les marchands en gros ou en détail et chez les entrepositaires, au moyen de comptes particuliers et distincts ;
ils devront être tenus séparément dans les magasins ».

Enfin, et pour éviter que les récoltants puissent impunément ajouter des raisins secs à leur vendange, on a créé un
moyen de contrôle sur leurs opérations mêmes. A cet effet,
les registres indiquant le mouvement des raisins secs sont
conservés par l'Administration des Contributions indirectes
et mis à la disposition de ceux ayant intérêt à les consulter.
De sorte que, si l'on achète du vin à la propriété, on a la
facilité de connaître les quantités de raisins secs reçues par
le vendeur, et si l'on a un doute sur la composition de son
vin, — en comparant sa récolte et ses ventes, — on peut faire
analyser le vin à la livraison.

Après avoir sauvegardé les intérêts de la consommation,
il restait à protéger ceux de la viticulture. Le vin de raisins
secs, en effet, grâce à un prix de revient minime et à des
droits de douane peu élevés sur la matière première, faisait
aux vins de vendanges une concurrence dangereuse. Pour
compenser ces inégalités, deux moyens s'offraient : ou bien
relever les droits d'importation sur les raisins secs, ou bien
établir un droit sur la fabrication de ces mêmes vins.

C'est à ce dernier parti qu'on s'arrêta. La loi du 26 juillet 1890 dispose dans son article 7 : « Ce produit (le vin de
raisins secs) sera frappé d'un droit de 40 centimes par degré
de richesse alcoolique jusqu'à 10°, et de 60 centimes par
degré de 10 à 15°, sans que la quantité d'alcool imposée
puisse être inférieure à 25° par 100 kilos de raisins secs.
Au-dessus de 15°, le produit de la fabrication est soumis à la
surtaxe des vins alcoolisés. » Et, pour assurer le paiement de
cette taxe, cette loi assujettissait les raisins secs à toutes les
formalités de la circulation ; obligeait quiconque voulait
fabriquer des vins de raisins secs à en faire la déclaration et
à se munir d'une licence ; soumettait les fabriques aux visites
des employés de la Régie et les plaçait sous le régime de la
permanence. Enfin, par une concession juste à la consom-

mation pauvre, elle décidait que les raisins secs destinés à l'alimentation personnelle et de famille pourraient circuler gratuitement en vertu de laissez-passer.

Le régime institué par la loi que nous venons d'analyser coupa court aux fraudes qui se commettaient dans les établissements industriels; plusieurs de ces établissements fermèrent leurs portes, et en particulier ceux qui s'étaient ouverts dans l'intérieur de Paris.

Le décret du 7 octobre 1890 précisait les détails d'application de la loi du 26 juillet 1890. Nous n'en retiendrons que l'article 2, qui, s'inspirant de l'esprit de la loi du 14 août 1889, exigeait, à l'extérieur du bâtiment principal de chaque usine, une enseigne portant en caractères apparents les mots : « Fabrique de vins de raisins secs. »

La partie fiscale de la loi du 26 juillet 1890 ne devait avoir qu'une existence éphémère. Il avait été, en effet, entendu, au moment où on la votait, que le jour où les tarifs d'importation pourraient être revisés, le droit de fabrication serait supprimé ou tout au moins remanié.

La loi de douanes du 11 janvier 1892 réalisa ces promesses. Elle élevait le droit de douane sur les raisins secs à 25 francs au tarif général et à 15 francs au tarif minimum les 100 kilos (le droit antérieur était un droit unique de 6 francs). Le droit de fabrication était considérablement réduit : on conservait toutefois une taxe légère, ayant plutôt le caractère d'une taxe de statistique que celui d'une taxe fiscale. L'article 12 de la loi du 11 janvier 1892 dispose, en effet : « L'article 7 de la loi du 26 juillet 1890 est abrogé. Il est remplacé par la disposition suivante : un droit de fabrication sera perçu chez le fabricant à raison de 1 franc par hectolitre de vin de raisins secs pris en charge. » Rien, d'ailleurs, n'était changé aux autres dispositions de la loi du 26 juillet 1890 et notamment à l'article 6 qui fixait un minimum de prise en charge au compte de fabrication, de 3 hectolitres de vin par 100 kilos de raisins secs.

Un décret du 25 janvier 1892 modifiait les articles 14 et 15 du décret du 7 octobre 1890, en ce qui concernait la tenue des comptes des matières et du compte général de fabrication.

Sous l'empire de cette nouvelle législation, les droits sur les vins de raisins secs étaient augmentés. Exemple : à la taxation au degré, un vin de 10° payait un droit de fabrication de o fr. 40 × 10 = 4 francs. Ce même vin allait payer : droits de douane, 15 francs par 100 kilos de raisins ou par trois hectolitres de vin à 10°, soit 5 francs par hectolitre ; plus un droit de fabrication de 1 franc ; ensemble, 6 francs au lieu de 4 francs. La surtaxe était égale à 50 o/o.

Avec l'accroissement de nos récoltes en 1893, la fabrication des vins de raisins secs n'avait plus de raison d'être encouragée, et l'augmentation de notre production devait chasser cette boisson artificielle. Mais nos viticulteurs, inquiets et craignant de vendre difficilement leur vin, ont demandé à précipiter ce mouvement, et la loi de douanes du 14 mars 1894 est venue leur donner un commencement de satisfaction en élevant de 25 à 40 francs, au tarif général, et de 15 à 25 francs, au tarif minimum, la taxe perçue à l'importation sur les raisins secs destinés à la fabrication du vin.

Mais cela n'a pas paru suffisant au législateur. On a attribué la mévente des vins à une fabrication de vins de raisins secs encore trop considérable ; on a fait valoir que la viticulture ne demandait pas une augmentation des droits de douane, qu'elle sollicitait seulement une protection contre la fraude ; on a montré l'insuffisance de la loi Griffe ; et de toute l'agitation faite autour de cette question est née la loi du 6 avril 1897, « loi de probité commerciale autant que de sauvegarde agricole, » au dire de ses auteurs.

D'après cette loi, la fabrication industrielle, la circulation, la vente des vins de raisins secs sont exclues du régime fiscal du vin et soumises aux droits et régime de l'alcool pour leur richesse alcoolique totale, acquise ou en puissance (article 1er).

C'est sous une forme nouvelle un retour considérablement aggravé au principe de la taxation par degré de la loi du 26 juillet 1890.

La loi du 6 avril 1897 impose la formalité de l'acquit-à-caution pour tous les enlèvements de raisins secs à boisson, qu'ils soient à destination de fabricants, marchands en gros, entrepositaires ou simples particuliers. Cet acquit-à-caution garantit le paiement du droit général de consommation à raison de 3o litres d'alcool pur par 100 kilos de raisins secs à boisson destinés aux fabricants, et le paiement du droit de circulation à raison de 6 francs par 100 kilos pour les raisins secs à boisson destinés à des particuliers pour leur consommation de famille.

Il résulte de ce qui précède que les vins de raisins secs sortant d'une fabrique acquittent au minimum 74 fr. 88 pour 3 hectolitres. Le décompte s'en établit comme suit :

Droit de douane sur 100 kilos de raisins secs au tarif conventionnel............................. Fr. 25 »

Droit de fabrication : 3 francs par 100 kilos (1 franc par hectolitre de vin)............................ 3 »

Droit de consommation sur 30 litres d'alcool pur à 156 fr. 25 par hectolitre....................... 46 88

Total des droits pour 3 hectolitres... Fr. 74 88

soit environ 25 francs par hectolitre!

M. Turrel a, du reste, dit à la tribune : « On ne peut défendre le vin naturel contre le vin artificiel que par des moyens fiscaux. Il faut que la fraude coûte si cher aux fraudeurs que ceux-ci n'aient plus la tentation d'y recourir. » Ce n'est pas la fraude seulement qu'on a supprimée, mais la fabrication même des vins de raisins secs.

Quant aux simples particuliers qui recevront des raisins secs à boisson pour leur consommation de famille, ils paieront 6 francs par 100 kilos, plus les taxes locales, lorsqu'il y aura lieu (entrée, taxe unique ou de remplacement, octroi), à raison de 3 hectolitres de vin par 100 kilos de fruit.

Il nous reste, pour terminer, à présenter les chiffres de la production des vins de raisins secs depuis 1885.

Cette production a été surtout abondante de 1885 à 1888, variant entre 2.820.000 et 2.226.000 hectolitres. La loi Griffe ne paraît pas avoir beaucoup gêné cette fabrication, puisque c'est en 1890 qu'elle atteint son chiffre maximum : 3.178.515 hectolitres. Il est vrai que ce chiffre anormal s'explique par l'infime récolte de 1889 (23.223.000 hectolitres), qui a fait de l'année 1890 la grande année des vins artificiels.

En 1891, on revient à 1.704.000 hectolitres. A partir de 1892, les nouveaux tarifs douaniers font descendre cette production à 993.513 hectolitres en 1892, et à 834.236 hecto-litres en 1893. En 1894, nouvelle baisse correspondant à une aggravation des tarifs douaniers : on ne produit, cette année-là, que 514.002 hectolitres.

En 1895 et 1896, la production se relève un peu à 758.000 et 880.000 hectolitres, se rapprochant de ce qu'elle était sous l'empire des tarifs de 1892. Peut-être faut-il chercher l'expli-cation de ce mouvement dans la fraude ingénieuse pratiquée sur une assez vaste échelle depuis 1894 : le tarif douanier de cette époque a, en effet, laissé subsister, pour les fruits comestibles, y compris les raisins secs de bouche, les anciens droits de 15 et 25 francs; on a présenté alors, à la douane, comme raisins de bouche, des raisins à boisson empaquetés avec soin en caisses ou caissettes; le supplément des frais de transport, de manipulation et d'emballage, est plus que compensé par l'écart des tarifs. L'Administration des Contri-butions indirectes a bien pris des mesures pour enrayer cette manœuvre frauduleuse, mais elles ne semblent pas avoir été très efficaces.

Les effets de la loi de 1897 ne peuvent pas encore être appréciés au point de vue qui nous occupe : cette loi n'est entrée en vigueur que le 15 août 1897. Cependant, la produc-tion des vins de raisins secs a fléchi l'année dernière à 451.422 hectolitres. Sur ces 451.422 hectolitres, près de la moitié, 222.762 hectolitres, est fournie par la fabrication industrielle comptée de novembre 1896 à novembre 1897.

D'une façon générale, la moyenne de fabrication des vins de raisins secs pour les douze années 1886 à 1897 a été de 1.571.456 hectolitres. Cette moyenne est de 2.403.029

hectolitres pour les six années de 1886 à 1891, et de 739.882 hectolitres pour les six années 1892 à 1897.

Voici, pour une période de dix années (1888 à 1897), l'importation par année des raisins secs avec les quantités de vin fabriquées :

ANNÉES	Importations	Vins fabriqués
	Kilogrammes	Hectolitres
1888	85.519.076	2.226.942
1889	96.028.171	1.826.129
1890	105.950.530	3.178.515
1891	65.028.504	1.704.446
1892	57.684.744	993.513
1893	36.623.955	834.236
1894	46.907.364	514.002
1895	10.104.209	758.114
1896	31.052.800	868.010
1897	13.068.300	451.422

Avec la loi de 1897, cette fabrication ne sera bientôt plus qu'un souvenir.

APPENDICE I.

Statistique des intermédiaires.

L'importance de la consommation des vins est encore une fois révélée par le nombre des intermédiaires chargés d'offrir ce produit au public [1].

On comptait en France — Paris excepté — en 1869 365.875 débitants; ils étaient 386.855 en 1884; 410.069 en 1889; 424.575 en 1895.

A Paris seulement, on évalue à 27.000 le nombre des débits, ce qui porterait le total à 450.000 environ; soit, en moyenne, un débit par 87 habitants!

En dépouillant les chiffres concernant la France, moins Paris, nous trouvons que les débits abonnés ont passé de

[1]. V. tabl. XVII.

39.441 en 1879 à 134.174 en 1895. Dans les deux années 1894 et 1895, ils ont augmenté de 65.816, soit plus de 95 o/o, sous l'influence des conseils de l'Administration, qui poussait à l'adoption de ce régime. Par contre, le nombre des débits exercés a diminué, dans le même laps de temps, de 67,438, pendant que les débitants rédimés passaient de 52.931 à 55.481. Ce résultat s'explique par ce fait que les débitants, en s'abonnant, c'est-à-dire en cessant d'être soumis aux exercices pour les vins, avaient le désir de se rédimer complètement de l'exercice par le paiement du droit de consommation à l'arrivée des boissons spiritueuses.

L'augmentation de la consommation de l'alcool se traduit, dans la statistique que nous examinons, par un accroissement considérable des débits rédimés ne vendant que de l'alcool : ils étaient 29.895 en 1879 et 55.481 en 1895 ! On voit chaque année se produire une nouvelle poussée de ces établissements borgnes, où l'on ne consomme que des spiritueux frelatés, dangereux pour la santé publique.

Enfin, viennent les marchands en gros, dont le rôle, sinon le nombre, est des plus importants. C'est chez eux que s'approvisionnent les consommateurs et les débitants en détail. Dans les années de récolte insuffisante, ils sont chargés de demander à l'étranger le complément nécessaire à l'intéressante consommation des masses. Leur nombre est plus stable, leur profession exigeant une expérience ancienne et des capitaux relativement importants.

Ils étaient 24.168 en 1874 ; 26.194 en 1884 ; 27.480 en 1894 ; 28,486 en 1895.

Bordeaux, à lui seul, en comptait 849 en 1897 ; ils étaient, la même année, 1.425 dans le département de la Gironde.

Nous savons de quel prix est pour les viticulteurs le concours des capitaux, des locaux et de la science de ces habiles et précieux auxiliaires. Ce ne sont pas, en effet, de simples intermédiaires plus ou moins passifs : ils sont chargés de donner à un produit brut après la récolte le fini exigé du consommateur ; c'est dans leurs caves que le vin reçoit les soins incessants qu'il réclame. Sa limpidité, sa conservation parfaite, le développement de son bouquet sont, en grande partie, l'œuvre du praticien. La moindre négligence peut amener un amoindrissement appréciable de qualité : le vin est un produit délicat, exigeant, pour atteindre son maximum de valeur, la science consommée de nos négociants.

Appendice II

Commerce du vin dans la ville de Bordeaux.

Pour faire suite à ce que nous venons de dire du rôle du commerce de gros, nous croyons devoir donner un aperçu de ce commerce à Bordeaux.

Nous devons aux deux services des Contributions indirectes et de l'Octroi des renseignements précis et détaillés sur les importants mouvements des entrepôts de vins de Bordeaux[1].

Ces renseignements sont, pour les Contributions indirectes, relevés sur les portatifs des sections d'exercice et centralisés par contrôle. Ils ne remontent qu'à 1884. Avant cette époque, les chiffres fournis ne présenteraient qu'une exactitude très relative : nous ne les avons pas cités, en raison même de leur caractère peu officiel.

L'Octroi, lui, a pu donner de 1876 à 1897 les quantités de vins placées sous le régime de l'entrepôt (mutations non comprises), celles sorties des entrepôts à destination de la France et de l'étranger, et, enfin, celles déclarées pour la consommation locale. Ces chiffres ont une valeur certaine, puisés qu'ils sont au bureau des grands-livres. Les « grands-livres », créés à Bordeaux dans une pensée de bonne administration et de contrôle, rendant à la fois des services précieux aux Contributions indirectes et au commerce, sont la tenue

1. V. tabl. XVIII et XIX.

en partie double des comptes des 849 marchands en gros[1] soumis à la licence de Bordeaux. Tous les mois, et dans tous les cas, avant d'arrêter les écritures des recensements, les sections d'exercice rapprochent leurs écritures de celles des grands-livres et rectifient les erreurs pouvant se glisser dans un travail hâtif et journalier. Grâce à ce double jeu de comptabilité, le commerce est sûr de l'exactitude des éléments de ses comptes, avantage précieux lui fournissant un moyen de contrôle et de surveillance.

Nous ferons remarquer qu'à la colonne 2 de l'état fourni par l'Octroi[2] ne figurent pas les quantités de vins qui ont fait l'objet de mutations de chai à chai, à l'intérieur. Il était inutile de les y inclure, ces quantités se traduisant dans les comptes par des inscriptions en sens inverse, prise en charge d'un côté et décharge de l'autre. On les retrouve, du reste, dans l'état présentant les sorties totales de chez les marchands en gros[3]. Si l'on déduit, en effet, de l'ensemble des sorties les quantités à destination de la France et de l'étranger, on a l'importance des mouvements par mutations.

En comparant les deux périodes décennales : 1878-1887 et 1888-1897, on trouve la situation suivante :

PÉRIODES	QUANTITÉS DE VINS (moyenne par année)		
	Placées sous le régime de l'entrepôt, mutations non comprises	Sorties des entrepôts à destination de la France et de l'Étranger	Déclarées pour la consommation locale
	Hectolitres	Hectolitres	Hectolitres
1878-1887.........	2.200.826	2.242.689	440.913
1888-1897.........	2.524.396	2.114.479	486.352
Différence en plus..	323.570	»	45.439
Différence en moins	»	128.210	»

Pendant la période de 1888-1897, comparée à la période décennale 1878-1887, il ressort aux entrées d'entrepôt une

1. Chiffre de 1897.
2. V. tabl. XVIII.
3. V. tabl. XIX.

augmentation annuelle de 323.570 hectolitres, près de 15 0/0 ; tandis que les sorties présentent une différence en moins de 128.210 hectolitres, environ 6 o/o.

Là encore nous nous trouvons en présence des effets désastreux des années de mildew. Le commerce est aussi frappé que la viticulture. De 1878 à 1887 il consomme son stock : les sorties des entrepôts pour la France et l'étranger, additionnées avec les quantités livrées à la consommation locale, — du moins avec la partie de ces quantités sortant des entrepôts, — dépassent les entrées. Il est des années, comme 1881, où nos négociants désemparés hésitent à se lancer aux achats. Les entrées, cette année-là, descendent à 1.544.800 hectolitres : c'est l'année la plus faible.

A partir de 1887, les récoltes s'améliorent comme qualité et comme quantité ; les transactions reprennent de l'activité et nous voyons quelques années, comme 1894, 1896 et 1897, où les achats s'élèvent au-dessus de ceux effectués en 1876, année succédant cependant aux brillantes récoltes de 1874 et 1875, les plus belles du siècle.

Ce sont là, en somme, de très beaux résultats, qui démontrent l'énergie, la vitalité du commerce bordelais dans sa lutte contre la série des récoltes déplorables commencée en 1879.

Mais si les entrées aux entrepôts augmentent de 15 o/o, les sorties, représentant le chiffre vrai des affaires, sont malheureusement en diminution d'environ 6 o/o. D'où vient cet état fâcheux ? Ce ne sont certainement pas les expéditions à l'intérieur qui l'ont créé : ces expéditions ont augmenté parallèlement à la consommation. Au contraire, les exportations ont baissé dans des proportions inquiétantes, ainsi que le démontrent les chiffres ci-dessous :

EXPORTATION DES VINS DE LA GIRONDE

	En fûts	En bouteilles
1881	1.078.813 hectol.	134.812 hectol.
1894	872.027 —	47.566 —
1895	651.757 —	46.782 —

Cet important mouvement rétrograde dans nos exportations est de nature à préoccuper négociants et législateur. Notre viticulture y est aussi intéressée que notre commerce : c'est une des formes de la crise agricole et de la mévente des vins. Il est déterminé, en grande partie, par les récoltes des dix-neuf dernières années, dont beaucoup ont été insuffisantes, soit par la qualité, soit par la quantité. Il sera examiné avec plus de détail au chapitre « Exportation ».

Quant aux quantités de vins livrées à la consommation intérieure, nous les voyons augmenter en suivant le mouvement ascensionnel de la population à Bordeaux et la progression croissante constatée pour l'ensemble du territoire, soit environ 10 o/o. Il y avait à Bordeaux en 1897 : 3.480 débitants de boissons.

Le tableau qui donne le total des quantités de vins sorties de chez les marchands en gros soumis à la licence à Bordeaux[1] montre l'importance des mutations effectuées de chai à chai. Nous ne croyons pas qu'il y ait une autre ville en France où ces échanges soient à la fois si nombreux et si importants. Dans un rapport de 1892, l'inspecteur sédentaire des Contributions indirectes estimait à 70.000 le nombre des mutations délivrées, pour 2.577.644 hectolitres de vin; soit, par expédition, une moyenne d'environ 36 hectolitres. Ce mouvement considérable correspond à un besoin de notre commerce. Chaque négociant a, pour ainsi dire, un stock personnel, indépendant de celui de ses concurrents; il ne peut avoir ni tous les crus ni toutes les années dans ses caves. Bordeaux peut être comparé à un grand chai à compartiments divers. Les récoltes des crus, par année, se trouvent centralisées dans les mêmes maisons. Il est impossible que chaque maison ait un assortiment suffisamment varié pour répondre aux besoins de la clientèle; de là, nécessité d'échanges incessants entre les entrepositaires. Cette concentration des récoltes par chai se prête, du reste,

1. V. le tabl. XIX.

admirablement aux soins multiples qu'elles réclament : elles sont surveillées avec attention, suivies avec sollicitude et discernement par un commerce universellement renommé pour son habileté à donner au vin son maximum de valeur marchande. C'est dans ce travail de mise à point que le négociant prête un concours précieux au viticulteur. Quoi qu'on en ait dit, leurs intérêts sont communs, leur but identique, leur tâche différente.

Le propriétaire, en donnant à sa vigne les soins multiples qui assurent la récolte, en surveillant la vinification, en veillant à la première évolution du vin, prépare le travail du négociant ; mais il n'a ni les locaux, ni les connaissances spéciales qui donnent le fini au vin, ni les relations qui en provoquent l'écoulement. Les moyens d'action lui font défaut ; l'intermédiaire, dans ce cas, est indispensable.

Les vins, du moins ceux de la Gironde, ne se consommant ni en sortant du pressoir, ni dans un rayon restreint, nécessitent plusieurs années de soins, d'ouillages, de soutirages, sans compter des locaux suffisants pour emmagasiner plusieurs récoltes, le vin exigeant un logement commode, à température constante. Le concours du producteur et du négociant s'impose : ils se complètent naturellement.

Dans ce commerce spécial des vins fins, délicat entre tous, le négociant lui-même est obligé de faire appel aux lumières des courtiers dont l'expérience et les facultés spéciales permettent de classer la valeur et les mérites des crus divers.

Un coup d'œil sur le mouvement des affaires se complète logiquement par le relevé des quantités de vin formant le stock des marchands en gros à Bordeaux au moment de l'arrêté des comptes de fin d'année. Nous donnons ce relevé pour une période de dix ans, de 1888 à 1897[1].

On remarque que la moyenne du stock est de 2.120.486 hectolitres, chiffre sensiblement égal à celui des sorties des entrepôts à destination de la France et de l'étranger dans

---

1. V. tabl. XIX.

la même période (2.114.479 hectolitres). Ces approvisionnements de chai représentent donc les besoins d'une année.
Ils indiquent aussi, par leur importance, la multiplicité des
soins que le vin réclame avant de passer à la consommation.

Il a été délivré, en 1897, à Bordeaux-ville : 399.072 acquits-
à-caution et 204.296 congés, soit plus de 600.000 expéditions !
Ces chiffres disent l'importance du commerce qui nous
occupe.

APPENDICE III

Commerce des vins mousseux de Champagne.

Après avoir donné quelques renseignements statistiques
sur le mouvement des vins à Bordeaux, il nous a paru intéressant de jeter un coup d'œil rapide sur le commerce des
vins mousseux de Champagne.

La Chambre de commerce de Reims a fait dresser un
tableau[1] présentant le mouvement des vins mousseux de
Champagne expédiés à l'étranger et en France, ainsi que les
mutations effectuées de négociant à négociant dans le département de la Marne.

L'impression qui se dégage de l'examen de ce tableau est
des plus encourageantes.

Les expéditions à l'étranger ont suivi une marche
progressive, interrompue seulement de 1892 à 1895 : elles
ont passé de 7.450.298 bouteilles, dans la période décennale
de 1851-1860, à 17.986.644 bouteilles, dans la période
1881-1890. Ce mouvement est d'autant plus remarquable
que la moyenne des quantités récoltées dans la Marne n'a
guère varié depuis 1867 : elle était de 319.765 hectolitres de
1867 à 1871 ; de 390.391 hectolitres, de 1872 à 1881 ; et de
326.693 hectolitres de 1886 à 1895.

1. V. tabl. XX.

Les expéditions faites en France ont progressé, mais lentement, de 1851 à 1890 : elles étaient de 2.551.541 bouteilles de 1851 à 1860, et elles n'ont atteint que 3.215.596 bouteilles de 1881 à 1890. A partir de 1891, ce mouvement commercial se développe sensiblement : il double, ou presque, et il se chiffre par 6.204.115 bouteilles en 1896-1897, année où il atteint son maximum d'intensité.

Les mutations entre caves des négociants sont de 9.915.178 bouteilles dans la période décennale 1871-1880; elles descendent à 6.069.007 bouteilles dans la période suivante 1881-1890. Elles diminuent encore dans les six dernières années, tombant à 3.402.293 bouteilles en 1894-1895. Elles sont loin d'avoir l'importance qu'elles accusent à Bordeaux : les besoins commerciaux ne sont plus les mêmes.

Le stock des vins en bouteilles dans les caves de Champagne augmente d'une façon sensible et continue : il passe de 22.698.902 bouteilles, en 1851-1860, à 111.181.681 bouteilles, en 1896-1897, suivant une progression plus forte que le mouvement global des affaires. Il y a dans ces caves des vins en bouteilles pour parer pendant quatre ans aux demandes de la consommation. C'est peut-être beaucoup : les pertes d'intérêt des sommes engagées, les frais de garde, de soins, augmentant sensiblement le premier coût de la marchandise. Nous avons vu qu'à Bordeaux le stock est sensiblement égal aux ventes d'une année à l'extérieur.

En résumé, le commerce des vins mousseux de Champagne est en pleine prospérité. La marche ascendante se continue d'année en année, favorisée par la qualité exceptionnelle des vins. Les caves sont largement approvisionnées; elles peuvent pourvoir aux demandes causées par le développement continu de la consommation, et il n'y a aucune crainte à concevoir sur l'avenir de cette branche importante de notre commerce national.

CHAPITRE III

MOYENS PROPRES A DÉVELOPPER

LA

CONSOMMATION DU VIN

Nous nous sommes efforcé de démontrer que la consommation du vin pouvait et devait augmenter en France. Reste à examiner les moyens à mettre en œuvre pour arriver à ce résultat. Cette question a toujours, à juste titre, préoccupé le législateur. Les viticulteurs, les commerçants n'y sont pas moins intéressés.

De là une série de mesures déjà votées ou en projet, émanant de l'initiative parlementaire ou privée, se complétant les unes les autres, et que nous devons examiner successivement.

Section I. — Mesures fiscales tendant a la diminution
ou a la suppression
des droits sur les boissons hygiéniques.

Nous visons sous ce titre :

1° La loi du 19 juillet 1880, diminuant les droits de circulation, d'entrée et de détail ;

2° Le projet de loi voté par la Chambre des députés, supprimant tous les droits sur les boissons hygiéniques, projet amendé par le Sénat, qui a laissé subsister le droit de circulation;

3° La loi du 29 décembre 1897 relative à la suppression des taxes d'octroi sur les boissons hygiéniques.

Notre intention n'est pas de présenter un commentaire de ces projets ou de ces lois, mais simplement d'examiner leur but et l'esprit dans lequel ils ont été conçus. Tous ont pour objectif d'atténuer les entraves à la circulation des boissons hygiéniques, de les dégrever, d'en encourager la consommation, en restreignant celle de l'alcool. L'intérêt de l'hygiène publique semble avoir été la préoccupation dominante du législateur; les nécessités budgétaires ont été reléguées au second plan, bien qu'on se soit appliqué à en tenir compte. Il y a là, au point de vue qui nous occupe, un progrès certain, une promesse pour un avenir prochain. Tout fait prévoir que, sous peu, les boissons hygiéniques, affranchies en partie d'une réglementation fiscale touffue, gênante, surannée, pourront aborder, grâce à une importante modération des taxes, tous les marchés français, même les plus éloignés des centres producteurs, à des prix accessibles à la masse des consommateurs.

Voyons ce qu'on a fait à cet égard et ce qui reste encore à faire.

§ 1. — La loi du 19 juillet 1880 a été le premier pas dans la voie des dégrèvements, mais elle n'a touché en rien à notre législation fiscale.

L'explication de sa genèse nous oblige à remonter à 1871. Après les désastres de la guerre franco-allemande, le législateur dut trouver des ressources immédiates pour payer l'indemnité de guerre et mettre un peu d'ordre dans les finances de l'État : une part en fut demandée à l'impôt sur les boissons, et la loi du 1er septembre 1871 doubla les droits de circulation sur les vins. Plus tard, la loi du 30 décembre 1873 créa un demi-décime en plus sur les impôts et produits de toute nature déjà soumis aux décimes par les lois en vigueur.

Les droits de circulation, d'entrée, de détail, subirent cette surtaxe. La France supporta sans fléchir ces surcharges d'impôt. Ses ressources contributives, sa vitalité, s'affirmèrent par des excédents de budget importants sur les exercices 1877, 1878 et 1879.

On se décida alors à modifier les taxes frappant les vins. La loi du 19 juillet 1880 dispose : le tableau des classes des départements pour la perception des droits de circulation et d'entrée sur les vins est modifié comme suit : il n'est rien changé à la composition de la 1re classe; les départements rangés précédemment dans les 2me et 3me classes forment la 2me classe nouvelle; la 4me classe devient la 3me (article 1er). Les droits de circulation, d'entrée et de détail sont réduits d'un tiers (articles 3 et 4). Les tarifs de taxe unique seront revisés eu égard à la fixation nouvelle des droits d'entrée et de détail (article 5).

Telle a été l'économie de cette loi.

La viticulture se trouvait aux prises avec le phylloxera; le mildew apparaissait; on avait récolté, en 1879, 25.769.552 hectolitres seulement; le prix du vin s'élevait. Le législateur voulut évidemment venir en aide aux vignerons : il espérait qu'une diminution des taxes amènerait une augmentation des quantités de vin consommées. On doit, certes, applaudir à ces intentions, mais il est permis de se demander dans quelle mesure elles ont été remplies par les faits.

En 1879, les quantités atteintes par l'impôt sont de 28.891.473 hectolitres; elles descendent à 26.378.296 hectolitres en 1880, pour remonter à 28.590.376 hectolitres en 1881 et redescendre, en 1882, à 27.609.893 hectolitres[1].

Nous avons déjà expliqué que la consommation avait surtout la production pour régulateur. Un abaissement de taxe minime ne saurait avoir d'influence sur son développement. L'impôt se confond avec le prix de la marchandise, et, pour que ce prix soit influencé, la décharge de taxe doit être

1. V. tabl. IX.

sensible; sans cela, la réforme manque son but. Une des bizarreries de cette loi était d'imposer des obligations plus dures aux marchands en gros, tout en essayant d'affranchir partiellement les vins (articles 8, 9, 10) : le bénéfice du dégrèvement était ainsi en partie compromis par des entraves nouvelles aux transactions et, par suite, à la facile circulation du vin.

Quelle était, d'ailleurs, l'importance du dégrèvement et quelles en ont été les conséquences?

En 1880, la valeur du vin chez les marchands en gros était de 54 francs l'hectolitre. En réduisant d'un tiers les droits de circulation, soit de 50 centimes à 1 franc l'hectolitre, on abaissait le prix du vin de 1 à 2 o/o, ce qui faisait de 1 à 2 francs par barrique. Cette diminution était à peu près double dans les villes sujettes au droit d'entrée; mais n'oublions pas que les quantités de vin atteintes par le seul droit de circulation sont les plus importantes. Quant aux vins consommés dans les débits, le dégrèvement était plus sensible. Le prix moyen des vins vendus en détail en 1880 était de 74 fr. 34. Le droit étant ramené de 18 fr. 75 à 12 fr. 50 o/o de la valeur, le dégrèvement était de 6 fr. 25 pour 100 francs. En appliquant ce dégrèvement au prix moyen de vente, on trouve qu'il est égal à 4 fr. 65 par hectolitre, moins de 5 centimes par litre. Il est à craindre que cette réforme n'ait profité qu'aux marchands en gros et aux débitants.

Les droits frappant les vins en 1879 donnaient au Trésor 185.963.000 francs pour une consommation de 28.891.473 hectolitres. En 1881, une consommation de 28.590.376 hectolitres ne donnait plus que 139.720.786 francs. On avait consommé en moins 301.097 hectolitres, et l'État voyait ses recettes diminuer de 46.242.214 francs. Si, cependant, on tient compte de la part de taxes afférente aux 301.097 hectolitres, la réforme de l'impôt se chiffre encore par une perte annuelle de 44 millions de francs pour nos finances, soit environ 750 millions de francs depuis 1880!

D'un autre côté, si l'on considère que ce dégrèvement de

44 millions par an porte sur une consommation moyenne de 28.700.000 hectolitres, on voit que la modération de l'impôt n'est que de 1 fr. 50 par hectolitre.

Ni la production ni la consommation n'ont pu se ressentir d'une si minime diminution. L'État seul en a souffert. La mesure, inspirée cependant par un sentiment très juste des nécessités actuelles, a été mal concertée, incomplète. On a trop fait, si l'on considère les nécessités budgétaires, et trop peu pour venir en aide à la viticulture et au consommateur.

§ 2. — Le dégrèvement de 1880 avait les inconvénients de toutes les demi-mesures : il n'atteignait pas son but. De plus, la loi de 1880 laissait subsister notre système général d'impôt sur les vins, avec tous ses inconvénients, toutes ses entraves. Peu à peu, la conviction s'est faite que les intérêts bien compris de notre viticulture et de notre consommation nationale ne trouveraient une protection efficace que dans un remaniement profond de notre régime fiscal.

De là est née toute une série de projets tendant à la diminution, ou même à la suppression des taxes frappant les boissons hygiéniques. Nous sommes loin des hésitations de 1880.

Nous n'avons pas la prétention de juger en quelques lignes notre système fiscal ; nous nous plaçons simplement ici au point de vue du développement à donner à la consommation des boissons saines. Or, il est indéniable que les mille formalités irritantes et gênantes du régime actuel, nécessaires peut-être pour assurer la rentrée de l'impôt, ne soient, avec des taxes élevées, une gêne considérable à la diffusion du vin.

Nous citerons, à l'appui de nos dires, deux exemples pris dans nos lois fiscales. Le principe qui, en vue d'établir une proportion dans l'impôt, divise les départements en trois classes pour la perception des droits de circulation et d'entrée sur les vins, — principe très défendable, — n'en arrive pas moins à gêner l'introduction du vin dans des départements où il serait d'autant plus nécessaire que l'éloignement de ces derniers des centres viticoles les livre aux ravages des boissons alcooliques. Le mal n'est cependant pas ici très grave : les droits (1 franc, 1 fr. 50 et 2 francs) n'étant pas de nature à surcharger de beaucoup le premier coût du vin et les frais de transport.

La question change, si nous jetons les yeux sur le tableau des taxes perçues sur les vins au profit de l'État et des Communes dans les villes sujettes à la taxe unique. Nous avons ici le chiffre total des charges qui grèvent le vin, et cela pour les villes d'une population nombreuse constituant, comme nous l'avons vu, des centres très importants de consommation de vin et d'alcool.

Voici, à titre de document, ce que paie l'hectolitre de vin à l'État et à la Commune dans les villes où les droits atteignent les plus hauts chiffres :

Lille	F. 21 91		Boulogne-sur-mer.	F. 13 96
Paris	18 87		Lyon	13 94
Armentières	18 »		Saint-Pierre-les Calais.	13 33
Dunkerque	16 71		Dieppe	13 25
Le Havre	16 28		Saint-Quentin	12 50
Rouen	16 28		Laval	12 35
Amiens	15 80		Douai	12 35
Brest	15 46		Elbœuf	12 35
Rennes	15 16		Tourcoing	12 28
Roubaix	14 87		Arras	12 02[1]
Caen	13 96			

Les richesses de notre sol ne peuvent se répandre dans les masses, le budget de l'État et des Communes les guettant pour les frapper de droits qui en doublent presque le prix. Déplorable système atteignant cruellement les producteurs déjà si malheureux des campagnes, compromettant l'alimentation des classes pauvres en les privant d'une boisson saine, nécessaire, et en les livrant aux dangers des spiritueux.

1. Tableau des droits. Contributions indirectes, n° 117 E. Service général (avril 1894).

De pareilles taxes ont un caractère prohibitif, souvent signalé à l'attention du législateur.

Depuis 1888, plusieurs projets de réforme de l'impôt des boissons ont été déposés devant le Parlement : les uns avaient pour but de conserver, en l'améliorant, notre régime fiscal tel qu'il fonctionne depuis 1816 ; les autres, plus radicaux, voulaient démolir cet antique édifice.

Au nombre des premiers, nous signalerons celui que présentait, en 1888, le Gouvernement par l'organe de M. Tirard, ministre des finances. L'exposé des motifs s'exprime ainsi : « Les boissons hygiéniques sont considérées comme nécessaires à l'alimentation : il faut les mettre à la portée de tous les consommateurs. La réalisation de ces vœux n'entraîne pas forcément la suppression de l'impôt. Il suffit que les tarifs élevés qui, dans beaucoup de cas, frappent les vins et les cidres, soient sensiblement abaissés ; que le droit de détail soit supprimé, et que, par suite, la répartition de l'impôt soit plus équitablement établie. » Comme conséquence de ce principe, le Gouvernement, considérant : 1° que le droit de circulation constitue un tarif léger dont profitent seuls les consommateurs aisés s'approvisionnant par quantités relativement élevées ; 2° que le droit de détail n'atteint pas seulement la consommation superflue du cabaret, mais frappe en même temps les ventes intéressantes par petites quantités constituant, dans les villes, l'approvisionnement des ménages modestes, — proposait la fusion des droits de détail et de circulation et leur conversion en un droit général de consommation, le même pour toutes les classes de consommateurs (3 francs pour le vin et 80 centimes pour le cidre). On remaniait aussi la tarification de la taxe unique en ne créant que deux classes : la première comprenait les villes de 4.000 à 10.000 habitants et payait 4 francs pour les vins et 2 francs pour les cidres ; la deuxième comprenait les villes de plus de 10.000 habitants et établissait pour elles une taxe de 5 francs pour les vins et de 2 fr. 50 pour les cidres. Paris seul payait une taxe de remplacement abaissée à 8 francs pour les vins et à 4 francs pour les cidres. Le projet était complété par un doublement des licences et par un article disant que les Communes ne pourraient établir sur les vins des tarifs supérieurs aux maxima indiqués au tableau ci-après, à moins d'y être autorisées par un décret, si ces tarifs n'excédaient pas le double de ces maxima, et par une loi, s'ils dépassaient cette limite :

Au dessous de 10.000 âmes........   1 franc par hectolitre de vin.
De 10.000 âmes et au-dessus.....   2   —   —

Plus tard, le Gouvernement reprenait ces mêmes idées dans un nouveau projet présenté à la Chambre des députés par M. Ribot, ministre des finances, le 14 mai 1895.

L'exposé des motifs s'exprimait ainsi : « Il est universellement admis que la réforme doit avoir pour objectif principal un dégrèvement aussi large que possible des boissons alimentaires, et que ce dégrèvement doit porter de préférence sur les tarifs les plus élevés : droit de détail dans les campagnes, taxe unique ou de remplacement dans les villes, de manière à corriger l'inégalité du système actuel, à assurer une plus équitable répartition des charges et à ouvrir par le développement de la consommation des débouchés nouveaux à la production. »

Ce projet supprimait toutes les taxes existantes et les remplaçait par un droit général de consommation que M. Ribot présentait ainsi : « Nous aurions voulu effacer les inégalités du système actuel en établissant pour ce droit de consommation un tarif uniforme sur toute l'étendue du territoire ; mais les nécessités budgétaires nous auraient entraîné à vous proposer, dans ces conditions, un tarif qui vous aurait paru exagéré à l'égard des consommateurs, qui ne supportent actuellement que le simple droit de circulation. » De tout temps le législateur a établi, — peut-être à tort, — au point de vue des tarifs, une distinction très marquée entre les consommateurs des villes et ceux des campagnes. On

proposait pour le droit de consommation un tarif gradué :
2 francs pour les vins dans les campagnes et dans les localités d'une population inférieure à 10.000 âmes; au-dessus de 10.000 âmes, un tarif majoré proportionnellement, non pas à la population, mais au montant des taxes qui y sont actuellement perçues et variant de 2 fr. 50 à 4 fr. 50. M. Ribot terminait ainsi : « Nous ne nous dissimulons pas que le tarif de 2 francs constitue pour les vins dans les campagnes une légère aggravation à l'égard des consommateurs qui s'approvisionnent en gros, mais cela n'empêche pas la réalisation du but poursuivi, car, à côté du consommateur riche ou aisé qui achète son vin en barrique et qui subira une augmentation bien minime (1 demi-centime ou 1 centime par litre de vin), il y a le petit consommateur qui supporte aujourd'hui le droit de détail et dont les charges seront considérablement allégées. » Ce projet prévoyait un dégrèvement de 64 millions sur les vins. L'assiette des taxes dans les villes au-dessus de 10.000 âmes manquait d'unité et de simplicité.

Les deux projets de MM. Tirard et Ribot, que nous avons exposés avec quelque détail, étaient inspirés par un sentiment bien net des nécessités actuelles : faciliter la consommation du vin pour créer des débouchés à la viticulture et combattre les progrès de l'alcoolisme. Mais ils avaient le tort d'augmenter le droit de circulation et de maintenir le droit d'entrée. Ils auraient eu, c'était à craindre, tous les inconvénients de la loi du 19 juillet 1880 : perte certaine pour le Trésor, sans grand profit ni pour le producteur ni pour le consommateur. Des réformes de ce genre peuvent avoir, nous le reconnaissons, des avantages budgétaires, en ce qu'elles ne touchent que d'une main légère à un instrument fiscal ayant fait ses preuves, mais au point de vue d'une amélioration économique dans la consommation des masses, elles nous paraissent insuffisantes.

En 1888, la Commission du budget, chargée d'examiner le projet de loi de finances, présentait un projet de réforme de l'impôt des boissons supprimant tous les droits perçus actuellement par l'État sur les vins, cidres, poirés, hydromels et vinaigres.

Cette idée de dégrèvement intégral a fini par triompher, et la Chambre des députés, tout en adoptant, le 14 mai 1895, le principe de dégrèvement contenu dans le projet du Gouvernement présenté par M. Ribot, bouleversait radicalement le projet lui-même en rejetant tous les droits sur les boissons hygiéniques. Le Sénat s'est rangé de l'avis de la Chambre, mais a maintenu un droit général de circulation (séance du 12 novembre 1896). Il n'a pas voulu que le vin, véhicule de l'alcool, pût circuler librement, alors qu'on allait demander un supplément de ressources aux boissons spiritueuses.

Le 23 janvier 1897, M. Salis, au nom de la Commission du budget de 1895, développait devant la Chambre un rapport tendant à l'adoption définitive du projet tel qu'il était sorti des délibérations du Sénat. La Chambre n'a pas repris l'examen de la question, et la réforme de l'impôt des boissons est encore ajournée.

Néanmoins, ce projet marque fortement les intentions du législateur guidé par l'opinion publique, et l'on peut espérer que les principes qu'il consacre ne tarderont pas à passer dans la législation positive.

Nous n'avons, nous, à juger ce projet qu'au point de vue de ses effets sur la consommation des vins en France. Quant à savoir si, au point de vue fiscal, cette réforme est bonne, si le trou creusé dans nos budgets par le dégrèvement des boissons hygiéniques est comblé par les ressources nouvelles proposées, si l'alcool doit être et peut être l'instrument de la réforme, ce sont autant de graves et difficiles problèmes en dehors de notre cadre.

Ce que nous devons rechercher, c'est le but, l'esprit, les résultats possibles d'une telle réforme.

Le but est clair et précis. M. Salis s'exprimait ainsi à la Chambre, le 23 janvier 1897 : « La question, telle qu'elle est posée aujourd'hui, telle qu'elle a été résolue par le Sénat et par votre Commission du budget, d'accord avec le Gouvernement, nous paraît de nature à faire accepter le projet, parce qu'il renferme diverses mesures qui donnent pleine et entière satisfaction aux défenseurs de la moralité et de l'hygiène, parce qu'il atténue les lourdes charges qui pèsent sur les petits, les humbles, sur la masse des consommateurs, parce qu'enfin il permettra de doubler la consommation d'une boisson saine, fortifiante, éminemment française, qui permettra à l'ouvrier, à nos populations agricoles, de prendre de nouvelles forces pour se livrer à leur rude et pénible labeur, sans ruiner, sans détruire leur organisme par l'absorption d'alcool, de produits frelatés qui les vouent fatalement à la folie, à la mort. » Plus loin, M. Salis faisait cette pénible constatation : « Depuis un certain nombre d'années, le vin, le vin généreux et vivifiant de France, n'est plus consommé par le travailleur comme consommation courante, comme boisson hygiénique habituelle. La raison en est dans la surélévation des droits énormes qui grèvent cette marchandise à l'entrée des villes et dans sa circulation sur notre territoire. »

M. de Verninac, rapporteur de la Commission chargée par le Sénat d'examiner le projet adopté par la Chambre, s'exprimait ainsi au Sénat, le 2 mars 1896 : « On appelle communément le vin, le cidre, la bière, des boissons hygiéniques, et, malgré les doutes qu'ont élevés à cet égard certains savants qui avaient affaire, sans doute, à des produits frelatés, le devoir des pouvoirs publics est de favoriser le développement de la consommation de ces produits, incontestablement utiles, sinon indispensables, à l'alimentation des travailleurs. Est-il politique, est-il humain de conserver des droits qui, bien souvent, s'élèvent à un chiffre égal ou supérieur à la valeur du produit frappé ?... Ces taxes arrêtent la consommation et poussent à la fabrication de vins artificiels... Faciliter par une législation équitable et rationnelle la consommation des boissons hygiéniques et assurer par là même aux producteurs, particulièrement aux vignerons, si gravement atteints par le phylloxera, un débouché de plus en plus large à leurs récoltes, c'est le plus efficace encouragement que l'on puisse donner à la reconstitution de notre vignoble. »

La pensée est toujours la même, qu'elle soit exprimée par M. Tirard, par M. Ribot, par M. Salis ou par M. de Verninac : créer des débouchés au vin, substituer cette boisson saine à l'alcool meurtrier dans la consommation des masses.

Le projet de loi voté au Sénat consacre ces principes. Il supprime le droit d'entrée, le droit de détail, et ne soumet plus les boissons hygiéniques qu'à un droit général de circulation dont le taux est fixé à 1 fr. 50 par hectolitre pour les vins et à 75 centimes par hectolitre pour les cidres, poirés et hydromels (article 13).

Le tarif des licences des marchands en gros, débitants de boissons, brasseurs est porté au double. Les débitants et marchands en gros de boissons à Paris sont assimilés pour la déclaration et le payement de la licence aux débitants et aux marchands en gros des autres villes (article 14).

Telle est, au point de vue qui nous occupe, l'économie de ce projet ; nous ne parlons pas de la partie concernant les détaxes d'octroi, parce qu'elle a fait l'objet d'une loi à part, celle du 29 décembre 1897.

Cette malheureuse réforme du régime des boissons a pu être comparée à un rocher de Sisyphe que toutes les législatures qui se succèdent roulent de session en session sans pouvoir arriver à une solution positive. C'est qu'on a toujours pensé qu'elle devait se suffire à elle-même, et tous les moyens proposés pour combler le vide produit au budget (suppression du privilège des bouilleurs de cru, surélévation des licences, augmentation des droits sur l'alcool) ont soulevé des objections graves, des obstacles sérieux provenant de la surexcitation naturelle d'intérêts régionaux menacés et contraires. Il est, en effet, difficile de donner satisfaction aux vœux des producteurs, des consommateurs, des commerçants et aux exigences toujours grandissantes du Trésor public. Certains producteurs, du reste, se trouveront atteints par la suppression de ce qu'on a appelé le privilège des bouilleurs de cru. La suppression de ce privilège aura pour conséquence, qu'on le veuille ou non, l'exercice des bouilleurs de cru, et cet exercice aura quelque chose de pénible, pouvant plus tard créer quelques embarras. Quoi qu'il en soit, l'accord semble s'être fait dans les milieux parlementaires pour considérer comme indispensable la modification des taxes actuelles.

Le droit de détail et le droit d'entrée sont, en effet, généralement condamnés.

Le *droit de détail* crée une inégalité entre la consommation de gros et celle de détail. Il n'atteint pas seulement la consommation du cabaret; il frappe tous les vins dans les villes rédimées. Il est proportionnel, non à la valeur du vin, mais à son prix de vente, c'est-à-dire à une valeur où entrent à la fois le premier coût d'achat, les frais de transport, quelquefois les droits d'entrée et d'octroi, les frais généraux du débitant, son bénéfice légitime, le droit de détail lui-même, de sorte que cette taxe représente, non 12,50 o/o de la valeur initiale du vin, mais bien 25 à 30 o/o de cette valeur. C'est exorbitant, d'autant plus que la clientèle des débits se compose en partie de ceux qui sont obligés, soit à cause de l'exiguïté de leur logement, soit faute d'avances suffisantes, de se procurer au jour le jour et au fur et à mesure de leurs ressources et de leurs besoins les quantités de vin nécessaires à leur alimentation. Dans les villes rédimées, le droit de détail n'est plus un élément moralisateur contre les cabarets, il constitue une augmentation d'un droit général unifié. Il se cumule avec le droit d'entrée qui est, lui-même, une surcharge injustifiée pour les consommateurs des villes.

Ce *droit d'entrée* repose, en effet, sur une conception fausse : les populations urbaines n'ont pas plus d'aisance que les populations rurales. Elles touchent, il est vrai, des salaires plus élevés, mais le prix général des choses croît avec l'importance des agglomérations.

Sur le *droit de circulation*, les opinions sont plus divisées. On a dit, en faveur du dégrèvement intégral proposé par la

Chambre, que le droit de circulation ne se justifie que par son antiquité : la raison le condamne. Le vin est, comme le pain et la viande, un objet de première nécessité, et, à ce titre, il doit être franc d'impôt. « Il est, sans doute, un véhicule de l'alcool, a dit M. Déandréis ; mais personne n'a jamais réclamé un droit de circulation sur le maïs, le blé, les pommes de terre, qui contiennent aussi de l'alcool en puissance. » L'argument n'est pas sans réplique. En laissant de côté les considérations qui militent en faveur de son maintien au seul point de vue des intérêts budgétaires, en écartant l'objection tirée de la nécessité de remplacer la somme qu'il produit par une surtaxe sur l'alcool, on peut justifier ce droit par des considérations économiques.

La Chambre accordait bien un « droit de regard » à l'Administration des Contributions indirectes sur les boissons circulant en franchise, mais ce serait là un droit tout platonique au point de vue fiscal, si les agents se bornaient à arrêter les marchandises dans l'unique but de vérifier leur composition chimique.

Le Sénat a voulu maintenir le droit de circulation pour des raisons d'hygiène publique que M. Salis, dans son rapport, exposait ainsi : « La suppression complète de tous droits sur les boissons hygiéniques établirait une immunité absolue sur les produits frelatés, dont la production s'élève actuellement au quart de la consommation. Nous affirmons que les vins de raisins secs, les coupages et tous les vins de fabrication, contre lesquels des lois de protection ont été votées par le Parlement, n'étant plus soumis à aucune surveillance, échapperaient de ce fait même à toute garantie et à tout contrôle. Supprimer tout impôt sur les vins, ce serait supprimer du même coup les mesures que, par une série de lois récentes, le Parlement a édictées en vue de prévenir et de réprimer les falsifications ; ce serait ouvrir la porte à des abus sans nombre, aussi préjudiciables aux commerçants qu'aux intérêts de la viticulture. »

On peut ajouter que le droit de circulation, à condition

d'être peu élevé, sera sans grande influence sur le prix du produit et, par suite, sur sa consommation.

Ce droit, très critiqué au Sénat et à la Chambre par les représentants des régions méditerranéennes, a été, au contraire, défendu par la Société d'agriculture de la Gironde, qui a émis le vœu, dans sa séance du 25 novembre 1895 : « Que le droit de circulation soit maintenu pour les vins, mais réduit à un chiffre unique de 1 franc par hectolitre, ce chiffre paraissant équitable au double point de vue de la rémunération des services de la Régie et de l'intérêt des viticulteurs. » Sauf en ce qui concerne la quotité de la taxe, des producteurs français expérimentés pensent donc comme le Sénat. Ils voient aussi dans ce droit un moyen efficace d'assurer la surveillance de la Régie au point de vue de la provenance du vin, le titre de mouvement constituant un véritable certificat d'origine.

Le principe de l'unité du droit de circulation pour toute la France n'a pas été combattu. Les transports sont assez rapides pour permettre, même à des vins inférieurs, de longs voyages sans crainte d'altération. Mais on a discuté davantage le tarif de 1 fr. 50 proposé par le Sénat. Cette discussion ne semble pas avoir un grand intérêt ; elle porte sur des chiffres s'éloignant peu les uns des autres et aucun de ceux proposés en dernier lieu ne trouble l'économie de la réforme.

Le dégrèvement, tel qu'il a été voté, profiterait-il réellement au consommateur ? On a soutenu la négative et M. Boulanger, sénateur, premier président à la Cour des Comptes, dans un article publié par la *Revue politique et parlementaire* (mars 1897), s'est fait le champion de cette opinion. Il se place, d'ailleurs, à un point de vue exclusivement fiscal : « Les droits sur les boissons ont été l'objet de vives attaques. Chaque fois qu'on les a courageusement défendus, ils ont triomphé des coalitions formées contre eux et de leur prétendue impopularité. Mais ils ont rencontré, dans ces derniers temps, deux adversaires particulièrement redoutables. Les premiers sont les débitants, devenus légion, et qui ont un intérêt manifeste à la suppression des taxes dont ils doivent recueillir en grande partie les bénéfices, et dont l'influence politique est considérable. Les seconds sont les producteurs de vins du Midi, qui mènent une campagne farouche en faveur des mesures propres à relever les prix de vente et qui espèrent trouver dans la suppression de l'impôt une cause de majoration à leur profit. »

Et, après avoir rompu une lance en faveur du droit de détail et de l'exercice, M. Boulanger soutient que le dégrèvement ne profitera qu'aux producteurs et aux intermédiaires : « Le dégrèvement profitera au producteur et au commerce, mais il ne profitera pas du tout aux masses entre lesquelles se répartissent les consommations populaires. Ces masses ne bénéficieront d'aucun abaissement de prix et n'augmenteront pas leurs achats. La chose est évidente. En effet, les consommations populaires sont faites par les ouvriers, les journaliers, les manœuvres, les petits employés, par tous ceux, en un mot, qui n'ont pas le moyen d'acheter directement leur vin en futaille aux récoltants et aux marchands en gros. C'est la consommation de détail dans le débit, ou à emporter hors du débit. Or, le litre de vin ainsi vendu ne subira aucune réduction. L'expérience en a été faite plusieurs fois et elle a coûté assez cher au Trésor pour qu'on s'en souvienne. » Et M. Boulanger rappelle le dégrèvement de 1880.

Il fait, de plus, remarquer que le remplacement des taxes supprimées sera tout entier supporté par les départements ne profitant du dégrèvement ni comme consommateurs, ni comme producteurs, c'est-à-dire « les départements qui boivent de l'alcool, qui n'ont pas les faveurs de la culture devenue si rémunératrice de la vigne ».

Et il ajoute que le développement de la consommation du vin dérivera tout naturellement de l'augmentation des récoltes, maintenant que la reconstitution des vignes est très avancée ; « le dégrèvement du droit de détail n'y sera pour rien : ce sera la conséquence naturelle de l'abondance des récoltes et de la loi de l'offre et de la demande. »

M. Salis avait prévu ces objections lorsqu'il disait dans son rapport : « C'est là une erreur à laquelle il est facile de répondre en montrant l'exemple des sucres, des huiles et autres produits alimentaires dont le dégrèvement a profité dans une large mesure aux consommateurs, aux producteurs et au Trésor public. Nous sommes convaincus que, lorsque le consommateur apprendra que les deux Chambres ont voté un dégrèvement considérable, il sera le premier à réclamer à son vendeur le bénéfice de la loi, et comme, de plus, la concurrence se dressera violente, acharnée, on peut être certain que le dégrèvement s'opérera au grand profit du consommateur et du producteur. »

M. G. Desbats, dans un article paru dans la *Revue politique et parlementaire,* en réponse à l'article de M. Boulanger, n'a pas de peine à démontrer que, sur la vente au litre, la concurrence forcera le débitant à faire profiter le consommateur du dégrèvement; que dans les ventes jusqu'à 25 litres, sur lesquelles était perçu le droit de détail, le dégrèvement, ne fût-il que de 5 centimes par litre, sera assez important pour ne pas être retenu par le débitant; que, sur les ventes dans les villes rédimées, le dégrèvement sera considérable, et, la taxe unique étant perçue à l'entrée des villes, c'est-à-dire acquittée le plus souvent par le consommateur lui-même, celui-ci saura parfaitement faire le départ entre la valeur commerciale de la marchandise et le droit qui la frappe. D'ailleurs, M. Boulanger exagère en considérant le dégrèvement comme une pâture jetée à l'appétit ou plutôt à la convoitise des débitants et des producteurs du Midi. Le dégrèvement est demandé par la viticulture tout entière, qui en a besoin : le prix moyen du vin a baissé; les frais de culture ont augmenté; les exportations ont diminué par suite de tarifs prohibitifs à l'étranger; les droits qui frappent les vins en France ne permettent pas leur entier écoulement : de là une mévente générale et une crise aiguë dont le remède est dans un dégrèvement sérieux. »

Le dégrèvement sera-t-il sérieux et de nature à influencer la consommation, comme le prétend M. G. Desbats et comme le nie M. Boulanger? Pour répondre à cette question, nous devons faire appel à la statistique. Il y a eu, en 1895, 34.142.303 hectolitres de vin atteints par les diverses taxes. Si ces vins avaient payé le droit voté de 1 fr. 50 par hectolitre, ils auraient donné 51.213.454 francs. Ils ont acquitté, en réalité, 159.389.345 francs; le dégrèvement aurait donc été de 108.175.891 francs.

Sur quoi aurait porté ce dégrèvement?

Certainement pas sur les 23.634.404 hectolitres de vin qui ont supporté le droit de circulation, puisqu'une grosse partie de ces vins a été taxée à 1 franc et 1 fr. 50, d'après les tarifs en vigueur, et qu'ils auraient tous payé 1 fr. 50 avec la taxe projetée.

La réforme aurait donc porté sur les 10.507.899 hectolitres frappés des droits de détail, d'entrée, de taxe unique et de remplacement, ce qui aurait donné un dégrèvement de plus de 10 francs par hectolitre! Nous sommes loin de la maigre réforme de 1880 qui, en portant sur tous les droits, était inefficace.

En éclairant la situation avec des chiffres, il n'est pas permis de dire que le consommateur ne bénéficiera d'aucun abaissement de prix et que la vente, rendue plus légère, plus facile, ne recevra pas une impulsion vigoureuse.

On peut, cependant, se demander si une des parties du projet, celle qui est relative à l'augmentation des licences, n'est pas malheureuse et de nature à empêcher le dégrèvement de produire son plein effet. M. de Verninac, dans son rapport, considérait comme équitable de faire payer aux commerçants, et en particulier aux débitants, la rançon d'une réforme dont ils seront les premiers à profiter. D'après M. Boulanger, les licences subiraient une augmentation de 7.600.000 francs, ce qui est peu pour chacun, si l'on songe qu'il y a environ 440.000 débitants, ceux de Paris compris, et 28.486 marchands en gros.

Le Syndicat national du commerce en gros des vins et spiritueux de France, réuni en congrès, à Paris, en mai 1897, s'est élevé contre l'accroissement des licences, exposant que si les charges des marchands en gros et des débitants se trouvent accrues sous cette forme, il ne leur sera plus loisible de faire bénéficier le consommateur des dégrèvements consentis sur les vins.

C'est un plaidoyer *pro domo sua* forçant un peu la note. Il n'en est pas moins permis de regretter que des considérations fiscales n'aient pas permis d'aller jusqu'à la suppression complète des licences des débitants ne vendant que du vin. Pour favoriser les achats au jour le jour des masses pauvres, il serait à désirer que le vin, tenu en surveillance dans ses déplacements, fût rendu complètement libre dès qu'il est arrivé à sa destination et assimilé aux autres denrées alimentaires dont la vente n'est soumise ni à aucune formalité ni à aucun impôt spécial. Le vin se vendrait alors chez tous les marchands de comestibles, comme l'huile, le vinaigre, le lait, les légumes, le charbon, etc. Il y aurait, dans ce cas, une séparation si nette entre les deux régimes, celui du vin et celui de l'alcool, une si grande facilité d'approvisionnement, que, la concurrence et la diminution du prix aidant, le vin pénétrerait partout et l'usage en deviendrait général.

On a souvent réclamé, contre l'alcoolisme, la limitation des cabarets par la nécessité de l'autorisation préalable; l'augmentation des licences; la défense aux boutiquiers vendant de la fruiterie, de l'épicerie, d'y adjoindre le débit des alcools. Ces deux dernières mesures étant considérées comme très bonnes pour arrêter la consommation de l'alcool, il est assez naturel de croire que des mesures contraires seraient excellentes pour faciliter la consommation du vin.

§ 3. — Les nécessités budgétaires n'ont malheureusement pas permis d'aller jusqu'à la suppression des licences des débitants de vin. Le motif invoqué a, d'ailleurs, une certaine valeur. On a considéré, à la Chambre et au Sénat, que la suppression des droits d'octroi sur les boissons hygiéniques devait être la conséquence forcée de la réforme de l'impôt des boissons. Or, pour remplacer dans les budgets communaux les ressources provenant aujourd'hui des droits d'octroi sur les vins, cidres et bières, il a fallu songer à des taxes de remplacement : la création de licences municipales est une des ressources prévues.

Sans examiner si la création de ces licences municipales, s'ajoutant aux licences perçues par l'État, — qui s'ajoutent elles-mêmes à la patente, — serait une innovation heureuse, nous en accepterions le principe par la nécessité d'aboutir à la réforme projetée. La part des communes est considérable dans les charges qui grèvent le vin (83.973.251 francs en 1895), et, si l'État était seul à faire abandon de ses taxes, le dégrèvement serait incomplet.

Aussi, la suppression des taxes d'octroi sur les boissons hygiéniques est-elle intimement liée à la réforme des boissons.

L'article 15 du projet de loi voté par le Sénat disait : « A partir de la promulgation de la présente loi, il ne pourra plus être établi de taxes d'octroi sur les vins, cidres, poirés et hydromels, et sur les bières, dans les villes où il n'en existe pas aujourd'hui, et ces taxes, dans les villes où elles existent, ne pourront pas être surélevées. Dans ces dernières, les taxes ne pourront, dans aucun cas, excéder pour les vins le montant du droit d'entrée (décimes compris), précédemment perçu pour le compte du Trésor et supprimé par la présente loi. » A Paris, spécialement, le maximum des droits d'octroi était fixé à 4 francs pour les vins. L'article 16 de ce même projet autorisait les communes à remplacer les ressources supprimées par l'établissement de licences communales et de taxes directes.

D'accord avec le Gouvernement, la Commission sénatoriale ne reproduisit pas ces dispositions et la question des droits d'octroi fut détachée du projet. Cette question a, du reste, passé par des phases diverses. La Commission du Sénat s'est trouvée en présence de deux votes de la Chambre : l'un, de juillet 1895, se bornant à un dégrèvement partiel des taxes d'octroi sur les vins, cidres et bières ; l'autre, de novembre 1895, prévoyant la suppression complète et obligatoire de ces mêmes taxes et la suppression facultative des autres taxes d'octroi. Le Sénat adoptait, en juin 1897, sur le rapport de M. Bardoux, un projet aboutissant à la réduction obligatoire des droits sur les boissons hygiéniques. Entre temps, en novembre 1896, la Chambre, sur le rapport de M. Guillemet, adoptait un projet tendant à la suppression complète de ces droits. En octobre 1897, M. Guillemet, pour faciliter l'accomplissement de la réforme, concluait à l'adoption pure et simple du texte du Sénat. La Chambre adoptait, dans sa séance du 19 novembre 1897, un contre-projet de M. Georges Berry, ce qui annonçait de sa part l'intention de faire disparaître du projet sénatorial l'obligation qu'il imposait aux communes de réduire leurs taxes d'octroi sur les vins, cidres et bières, dans les limites fixées. Renvoyé à la Commission, ce projet, après entente avec le Gouvernement, est revenu à la Chambre, maintenant pour les municipalités l'obligation de réduire à des maxima déterminés les droits d'octroi sur les boissons hygiéniques. Ce nouveau texte, discuté à la Chambre, dans la séance du 3 décembre 1897, et au Sénat, le 21 décembre 1897, est devenu la loi du 29 décembre 1897.

L'article 1er de la nouvelle loi stipule : « Les communes sont autorisées à supprimer leurs droits sur les boissons hygiéniques (vins, cidres, poirés, hydromels, bières et eaux minérales) à partir du 31 décembre de l'année qui suivra celle au cours de laquelle la présente loi sera promulguée. »

Une loi du 9 mars 1898 a autorisé l'application anticipée de la loi du 29 décembre 1897. Article unique : « Les communes qui procéderont avant le 31 décembre 1898 à la revision de leurs tarifs d'octroi sur les boissons hygiéniques, conformément à la loi du 29 décembre 1897, pourront établir les taxes de remplacement dans les conditions déterminées par les articles 4 et 5 de cette loi. Elles bénéficieront également, au cas de dégrèvement total, des dispositions des articles 6 (§ 3) et 9 de la loi du 29 décembre 1897. »

A défaut de suppression totale, les communes seront obligées d'abaisser les droits existants, dans la limite du tarif prévu à l'article 2.

Art. 2. — Dans les communes qui continueront à imposer les boissons hygiéniques, les droits ne pourront excéder le tarif suivant :

POPULATION	VINS EN CERCLES ET EN BOUTEILLES	
De moins de 6.000 âmes............ F.	0 55	par hectol.
De 6.001 à 10.000 —	0 85	—
De 10.001 à 15.000 —	1 15	—
De 15.001 à 20.000 —	1 40	—
De 20.001 à 30.000 —	1 70	—
De 30.001 à 50.000 —	2 »	—
De 50.001 et au-dessus..............	2 25	—
Paris......................	4 »	—

La loi prescrit ensuite une série de mesures ayant pour but de remplacer les ressources supprimées; puis elle décide, article 8 : « A partir de la promulgation de la présente loi, il ne pourra plus être établi des taxes d'octroi sur les vins, cidres, poirés et hydromels, sur les bières et les eaux minérales dans les villes où il n'en existe pas aujourd'hui, et ces taxes, dans les villes où elles existent, ne pourront pas être surélevées. Toutefois, dans des cas exceptionnels, sur la demande des Conseils municipaux et en vertu de décrets rendus en Conseil d'État, les communes dont les tarifs actuels sur les boissons hygiéniques n'atteignent pas le maximum prévu par la présente loi, peuvent être autorisées à le porter à ce maximum. »

Comme on le voit, cette loi a pour objectif la suppression totale des droits d'octroi sur les boissons hygiéniques. Mais, par prudence et afin de ménager la situation des budgets municipaux, on se borne à prescrire un dégrèvement partiel des droits lorsque les municipalités ne croient pas devoir en voter la suppression complète.

La loi va même plus loin, en ce sens qu'elle permet aux communes, si les taxes de remplacement fournissent un revenu supérieur à celui des droits supprimés, d'employer l'excédent au dégrèvement d'autres objets soumis aux droits d'octroi.

C'est un premier pas dans la voie que prévoyait M. Frédéric Passy lorsqu'il disait à la Chambre des députés (séance du 26 janvier 1888) : « Le véritable et peut-être le seul remède contre l'alcoolisme est de ne pas refuser à ceux qui ont besoin de soutenir et de réparer leurs forces des boissons saines et économiques. De plus, ce serait évidemment là un acheminement vers la suppression de ces octrois qui, à ne les considérer qu'au point de vue des gênes qu'ils apportent à la circulation des personnes, des entraves qu'ils font peser sur l'industrie et le commerce, des fraudes qu'ils entretiennent, des mauvaises habitudes qu'ils propagent dans la population, sont un des ferments de désordre et de désorganisation sociale le plus incontestable. »

Nous n'avons pas à faire ici le procès ou l'apologie des octrois et avec eux des taxes indirectes. Leur suppression pose des problèmes budgétaires difficiles à résoudre, et les communes sont d'autant plus perplexes que les taxes de remplacement seraient souvent bien plus lourdement senties par le contribuable. On comprend parfaitement que le législateur ait hésité à prendre une mesure radicale; mais le principe du dégrèvement sur les boissons hygiéniques s'est imposé à tous et n'a pas été discuté. M. Bardoux, rapporteur de la Commission du Sénat, disait (séance du 3 juin 1897) : « Les vignerons ont dépensé des centaines de millions pour reconstituer leurs vignobles. Les marchés extérieurs sont fermés à l'exportation des vins ordinaires. Il y a grand intérêt à élargir le marché intérieur. »

La suppression ou la diminution partielle des droits d'octroi sur les boissons hygiéniques s'imposait comme corollaire de la réforme de l'impôt des boissons ; or, on est arrivé à ce résultat bizarre qu'on a fait passer l'accessoire avant le principal, la loi sur les octrois avant la loi modifiant le régime des boissons. C'est une anomalie. L'économie de l'ensemble du projet en est troublée.

À notre point de vue spécial : l'amélioration de la situation des producteurs de vin et le développement de la consommation de ce produit, la réforme des taxes d'octroi, seule, n'est qu'un premier pas, bien timide, dans la voie qui devrait mener à la détaxe générale, absolue, considérée, il est vrai, comme un idéal très difficile à atteindre. Si les communes étaient seules à abandonner leurs taxes sur les boissons hygiéniques, la mesure serait incomplète, insuffisante, déplorable ; elle mériterait les reproches qu'on a faits à la loi de 1880 : les municipalités se priveraient d'une ressource fort difficile à remplacer, avec la conscience de n'être utiles ni à la viticulture ni au consommateur [1].

En effet, si nous considérons encore ici les données de la statistique, nous remarquerons, dans le tableau des villes soumises à la taxe unique, que les droits sur les vins perçus pour le compte des communes sont de 11 francs à Lille, de 10 fr. 62 à Paris, de 10 francs à Armentières, de 6 francs à Lyon, de 5 fr. 28 au Havre ; dans toutes les autres villes (il y en a 209 percevant des taxes d'octroi sur les vins), ces taxes sont de 50 centimes à 5 francs par hectolitre.

Indépendamment de 209 villes à taxe unique, il y a 223 communes soumises au droit d'entrée qui acquittent des taxes d'octroi sur les vins s'élevant de 20 centimes à 5 francs par hectolitre, sauf 4 villes du département du Nord qui paient : Bailleul, 8 fr. 20 ; Avesne, 7 francs ; Hazebrouck et Saint-Amand, 6 fr. 76 [2].

Ajoutons que 8 villes à taxe unique et 57 villes sujettes

---

1. V. G. Périé, *Rapport au Conseil municipal de Bordeaux sur la suppression de l'Octroi*. Bordeaux, 1898.

2. Tableau des droits. Contributions indirectes. N° 117 E. Service général (avril 1894).

au droit d'entrée n'ont pas d'octroi, ou n'imposent pas le vin.

Le tableau suivant, dressé pour 20 villes et qu'on pourrait développer plus amplement sans le rendre plus probant, vient à l'appui de notre thèse. Nous prenons, parmi les 47 villes de France les plus importantes d'après le chiffre de leur population, les 10 où la consommation du vin est la plus considérable et les 10 où elle l'est le moins :

VILLES		DROITS actuellement perçus			DROITS qui seraient perçus avec le dégrèvement tel qu'il résulte de la loi du 29 décembre 1897			DROITS qui seraient perçus avec le dégrèvement de 1897, en y ajoutant le droit de circulation de 1f 50 prévu par la réforme des boissons		
		pour l'État	pour la commune	TOTAL	pour l'État	pour la commune	TOTAL	pour l'État	pour la commune	TOTAL
		Francs	Francs	Francs	Francs	Francs	Francs	Francs	Francs	Francs
	Paris........(1)	8 25	10 62	18 87	8 25	4 »	12 25	1 50	4 »	5 50
10 villes où la consommation du vin est la plus considérable	Lyon..........	7 94	6 »	13 94	7 94	2 25	10 19	1 50	2 25	3 75
	Marseille......	5 50	5 »	10 50	5 50	2 25	7 75	1 50	2 25	3 75
	Bordeaux......	5 42	2 40	7 82	5 42	2 25	7 67	1 50	2 25	3 75
	Saint-Étienne .	7 66	3 30	10 96	7 66	2 25	9 91	1 50	2 25	3 75
	Toulouse......	4 39	2 40	6 79	4 39	2 25	6 64	1 50	2 25	3 75
	Nice	5 50	5 »	10 50	5 50	2 25	7 75	1 50	2 25	3 75
	Nancy..........	6 73	3 »	9 73	6 73	2 25	8 98	1 50	2 25	3 75
	Reims.........	8 25	2 40	10 65	8 25	2 25	10 50	1 50	2 25	3 75
	Limoges.......	6 96	3 20	10 16	6 93	2 25	9 21	1 50	2 25	3 75
	Nantes........	7 97	3 52	11 49	7 97	2 25	10 22	1 50	2 25	3 75
10 villes où la consommation du vin est la moins importante	Roubaix.......	10 07	4 80	14 87	10 07	2 25	12 32	1 50	2 25	3 75
	Rennes........	11 »	4 16	15 16	11 »	2 25	13 25	1 50	2 25	3 75
	Saint-Quentin.	7 50	5 »	12 50	7 50	2 »	9 50	1 50	2 »	3 50
	Lorient........	7 50	3 »	10 50	7 50	2 »	9 50	1 50	2 »	3 50
	Boulogne-s/Mer	9 80	4 16	13 93	9 80	2 »	11 80	1 50	2 »	3 50
	Cherbourg.....	7 80	3 60	11 40	7 80	2 »	9 80	1 50	2 »	3 50
	Calais.........	6 50	4 16	10 66	6 50	1 15	7 65	1 50	1 15	2 65
	Caen.........	9 80	4 16	13 96	9 80	2 »	11 80	1 50	2 »	3 50
	Dunkerque....	9 80	6 91	16 71	9 80	2 »	11 80	1 50	2 »	3 50
	Tourcoing.....	8 12	4 16	12 28	8 12	2 »	10 12	1 50	2 »	3 50

On a calculé, lors de la discussion au Sénat (séance du 3 juin 1897, rapport de M. Bardoux), que le dégrèvement dans les communes à octroi des départements atteindrait 16.025,000 francs et pour Paris 36.481.000 francs, soit au

1. Tableau des droits. Contributions indirectes. N° 117 E. Service général (avril 1894).

total 52.506.000 francs sur l'ensemble des boissons hygié niques. Ce serait bien pour Paris, mais insuffisant par ailleurs. Le rapport de M. Guillemet (séance de la Chambre du 19 novembre 1897) estime, que si toutes les communes usaient de la faculté qu'on leur donne de supprimer leurs droits sur les boissons hygiéniques, le dégrèvement atteindrait 103.690.000 francs.

La différence entre l'appréciation de M. Bardoux et celle de M. Guillemet vient de ce que le premier effectue ses calculs sur l'application des tarifs prévus par la loi de 1897 et que le second admet le dégrèvement total.

Quoi qu'il en soit, les deux réformes se pénètrent, se complètent mutuellement, et elles ne seront efficaces que lorsqu'elles fonctionneront simultanément.

SECTION II. — MESURES LÉGISLATIVES TENDANT A ENTRAVER
LA FABRICATION ET LA CIRCULATION
DES VINS ARTIFICIELS ET A RÉPRIMER LES FALSIFICATIONS.

§ 1. *Entraves à la circulation et à la fabrication des vins artificiels.* — Nous avons exposé avec quelque détail la situation que des lois successives ont faite à la fabrication et à la consommation des vins artificiels. Si nous revenons ici sur cette question, c'est pour examiner d'une façon plus précise les opinions et les vœux de la viticulture à l'encontre de ces vins et étudier de plus près dans quelle mesure le législateur a dû entraver la circulation et la fabrication des boissons artificielles pour encourager et protéger la consommation du vin naturel.

Sans parler des dispositions plus ou moins directes prises par la loi à cet effet (augmentation des taxes de douanes sur les raisins secs, droits à la fabrication, mesures administratives, etc.), nous nous bornerons à dégager le but et l'effet des deux principales lois nées de cette idée de protection : loi du 14 août 1889, dite loi Griffe, et loi du 6 avril 1897.

Il suffit de parcourir les documents parlementaires pour voir dans quel esprit ces lois ont été faites et avec quels arguments s'est instruit le procès des vins artificiels.

Le but de ces lois prohibitives est net : supprimer le plus possible la production des vins factices.

Les idées de protection ont pris depuis quelques années un développement saisissant. Au point de vue agricole, on a inscrit au budget des sommes de plus en plus importantes pour subvention à certaines cultures. Au point de vue douanier, on a protégé la production nationale contre la concurrence des produits agricoles étrangers. La vigne et le vin ont, eux aussi, bénéficié largement de ce mouvement économique, et nous avons déjà vu la part prise par l'État à la reconstitution de nos vignobles, sous forme de dégrèvement d'impôt foncier et de subventions diverses, et aussi l'augmentation des droits de douane sur les vins et sur les raisins secs. La loi de 1889 et celle de 1897 se rattachent logiquement à un système législatif consacré par de nombreux votes du Parlement.

La viticulture, très éprouvée par sa lutte acharnée, coûteuse, contre les maladies de la vigne, s'est amèrement plainte de ne pas trouver un écoulement facile et rémunérateur de ses vins. Elle a été portée — et l'exagération était manifeste — à rejeter sur le commerce une part de la responsabilité de cette situation, l'accusant de préférer, en vue d'un gain rapide et facile, les vins exotiques à ceux de la vigne de France. Mais c'est surtout aux vins artificiels et aux fraudes qu'ils encouragent qu'elle attribue sa situation difficile. Elle leur reproche de concurrencer déloyalement les produits naturels de nos vignobles, de couvrir des manœuvres contraires à l'hygiène publique et à l'intérêt général des consommateurs.

Peut-être est-elle trop portée à attribuer à cette seule cause la crise où elle se débat. Une série d'années de faible valeur au point de vue de la qualité, le resserrement de nos débouchés à l'étranger, une tendance indéniable de la consommation à rechercher le bon marché par suite de la diminution générale du revenu, le tout coïncidant avec les nécessités d'une lutte ruineuse contre de multiples maladies et un renchérissement des frais de production, sont autant de facteurs qu'on ne saurait négliger.

On a aussi quelque peu exagéré les chiffres de la production des vins artificièls.

M. du Périer de Larsan, dans son rapport au nom de la Commission chargée d'examiner la proposition de loi de M. Turrel, origine de la loi de 1897, s'exprimait ainsi : « La récolte annuelle est de 30 à 35 millions d'hectolitres ; en tenant compte de 1.500.000 à 1.800.000 hectolitres exportés, la différence entre la consommation (en moyenne 45 millions d'hectolitres) et la production, est de 15 millions d'hectolitres au moins, qui n'est comblée que d'une façon restreinte par l'importation. »

M. de Verninac, dans son rapport au Sénat, faisait le calcul suivant :

Consommation	45.000.000	d'hectolitres
Exportation	2.000.000	—
Total	47.000.000	—
Production moyenne de 1886 à 1895.	30.000.000	—
Importation	6.000.000	—
	36.000.000	hectolitres

« Les 11 millions de différence, le quart de la consommation annuelle, représentent la production des boissons artificielles indûment décorées du nom de vin. »

Et, enfin, M. Brousse comptait « 3 millions d'hectolitres de vins de raisins secs déclarés à la Régie et payant les droits ; 2 millions d'hectolitres de vin de deuxième et troisième cuvée surchargés de sucre et de glucose ; de 5 à 7 ou 8 millions d'hectolitres de vins de raisins secs produits en fraude. Ces 7 millions d'hectolitres de vins artificiels fabriqués à proximité des grands centres s'écouleraient rapidement étant sous la main, et 7 millions d'hectolitres de vins naturels formant un trop plein resteraient dans les celliers du récoltant! »

Si l'on veut bien se reporter au tableau général de la production, du commerce et de la consommation, tel que nous l'avons établi d'après les documents officiels, on verra combien les chiffres cités par M. de Verninac et par M. Brousse s'éloignent de la vérité.

Et, d'abord, MM. du Périer de Larsan et de Verninac portent la consommation à 45 millions d'hectolitres; c'est inexact : la moyenne des quantités de vin atteintes par l'impôt dans la période décennale 1886-1895 a été de 28.795.000 hectolitres, et les quantités de vins consommées en franchise chez les récoltants ont été, dans le même temps, de 9.859.074 hectolitres en moyenne. Les importations dans la même période ont atteint 9.510.000 hectolitres et non 6 millions d'hectolitres.

En s'appuyant sur ces bases certaines, officielles, les calculs de l'honorable sénateur devraient être refaits comme suit :

Consommation....	38.654.074	hectolitres
Exportation.......	2.032.400	—
	40.686.474	—
Production	30.517.000	—
Importation.......	9.510.000	—
	40.027.000	hectolitres

Moyennes décennales 1886-1895

Les calculs de M. Brousse ne sont pas moins fantaisistes : il estime qu'on fabrique de 8 à 11 millions d'hectolitres de vins de raisins secs. C'est pousser un peu loin l'obsession !

Nous avons reçu en France, de 1888 à 1897, une moyenne annuelle de 54.796.785 kilos de raisins secs avec lesquels on a fabriqué 1.335.532 hectolitres de vin, d'après la statistique

du ministère des finances. Nous sommes loin des 8 à
11 millions de M. Brousse. Du reste, ce qui démontre l'inanité
des calculs de M. Brousse, c'est qu'on aurait fabriqué, s'ils
étaient exacts, des vins en employant seulement 5 kilos de
raisins secs par hectolitre.

La fabrication des vins artificiels, vins de sucre et vins de
raisins secs, ressort à 3.249.000 hectolitres, chiffre moyen,
de 1886 à 1895; cela résulte des documents statistiques
fournis par le ministère des finances.

Même ramenée à ces proportions exactes, il est certain que
la consommation de ces vins gêne l'écoulement facile d'une
partie de la récolte et constitue pour les vignerons une
concurrence suffisamment accentuée. Bien que la cause des
vins naturels ait été défendue avec des arguments trop
souvent exagérés, elle n'en est pas moins intéressante et
digne d'attention. Il nous reste à voir comment elle a fini par
triompher et à examiner d'une façon impartiale les défauts et
les avantages de la législation qu'elle a inspirée. A-t-on
résolu, à cette occasion, le difficile problème de sauvegarder
l'intérêt général, tout en donnant satisfaction à de légitimes
intérêts particuliers?

La loi du 14 août 1889, dite loi Griffe, dans le but de
restreindre l'importance de la fabrication des vins de raisins
secs et des fraudes auxquelles elle donnait lieu, prescrivait
d'indiquer au consommateur la nature du produit livré et
interdisait la vente sous la dénomination de « vin » de tout
autre produit que celui provenant exclusivement de la
fermentation des raisins frais. Les mélanges de vin naturel
avec des vins de sucre ou des vins de raisins secs devaient
être livrés comme vins de sucre ou de raisins secs.
Cette loi exigeait des mentions apparentes sur les récipients
contenant ces derniers vins, ainsi que sur les factures, livres,
lettres de voiture, connaissements, et prescrivait l'emploi
de titres de mouvement de couleurs spéciales. A la simple
vue des fûts ou des titres les accompagnant, on devait
être fixé sur la nature du liquide transporté.

Rarement loi a soulevé plus de critiques acerbes et fondées. On peut les résumer de la façon suivante :

1° « Si la loi avait pour objet de forcer le producteur et les marchands de vin à indiquer au consommateur, soit la nature du vin, soit, s'il s'agit de coupages, les éléments dont il se compose, on pourrait la trouver difficile à appliquer, vexatoire à un certain degré, mais utile. Or, elle ne vise que les vins de sucre et les vins de raisins secs. Pourquoi ceux-là et pas les autres? On leur impose pour circuler une étiquette, comme on hisse un drapeau jaune sur certains lieux pestiférés. » (M. Millerand, Chambre des députés, 13 juillet 1889.)

Les vins de raisins secs s'obtiennent en restituant au raisin l'eau que la dessiccation lui a fait perdre, après l'avoir soumis à un broyage qui équivaut à l'écrasage de la vendange. Il est abusif d'affirmer que forcément interviennent d'autres procédés dans la fabrication de ces vins. L'hygiène n'est pas en cause : en 1882, une Commission composée de MM. Brouardel, Debrisay, Chatin, adressait un rapport au ministre de l'agriculture et du commerce où il était dit : « Les vins de raisins secs ne renferment pas d'autres principes que ceux existant dans le vin de vendange, seule la proportion de ces principes diffère... L'hygiène est désintéressée dans la question du mélange des vins de raisins secs aux vins naturels ou de vendange. Il y a difficulté grande, pour ne pas dire impossibilité, à déterminer la proportion des mélanges. » M. Girard, directeur du laboratoire de Paris, prétend bien reconnaître ces mélanges; mais, outre qu'il est contredit par nombre de sommités scientifiques, il ne peut être le chimiste de tout le monde en France et beaucoup de ses affirmations ont été contestées et ont fourni de nombreuses raisons de douter de son infaillibilité.

2° L'industrie de la fabrication des vins de raisins secs est une industrie licite, qui s'est créée à une époque où la viticulture n'était plus à même de fournir à la consom=

mation. La proscrire, c'est s'exposer à un mal pire que celui qu'on invoque : en cas de mauvaise récolte, ces vins seront remplacés dans la consommation par des vins étrangers, ou le consommateur devra perdre l'habitude du vin.

3° La circulation des fûts avec les empreintes exigées augmentera la défiance du public et produira le plus mauvais effet sur les étrangers qui visiteront nos villes : de là, diminution de consommation et diminution d'exportations.

4° On place les commerçants sous la menace d'une condamnation à l'amende ou à la prison pour avoir reçu ou gardé chez eux un vin contenant un mélange qu'ils sont dans l'impossibilité de reconnaître. Or, le mélange sera toujours possible chez le propriétaire. M. Peytral proposa bien un amendement qui, d'ailleurs, ne fut pas adopté ; il était ainsi conçu : « Les détenteurs de vins, propriétaires ou commerçants, qui recevront des raisins secs, sucres ou autres produits fermentescibles, devront les prendre en charge et en justifier l'emploi à raison de leur richesse alcoolique. » C'était là l'organisation d'un exercice spécial dont la mise en pratique aurait été impossible. Le commerçant peut bien garantir la pureté de ses vins fins; mais, pour ses vins communs, il ne peut savoir s'ils contiennent pour partie des produits autres que des vins de vendange. On ne peut pourtant pas les empêcher de se servir de vins d'importation, ou de vins provenant de départements où l'on pratique soit le sucrage, soit la fabrication de vins de deuxième cuvée.

5° On dit bien qu'ils pourraient se mettre à l'abri de toute responsabilité en exigeant du propriétaire récoltant une déclaration de garantie. Outre que cette exigence rendrait les transactions plus difficiles, le propriétaire assez peu scrupuleux pour ajouter à sa vendange des vins de sucre ou de raisins secs n'hésitera pas à fournir un faux certificat, et le négociant, doublement trompé par son vendeur, sera déclaré seul malhonnête.

6° Quelle utilité y a-t-il à faire inscrire sur les récipients la nature du vin mis en circulation, avec des titres de mouvement de couleur? On ne peut pas dire que cela constituera une déclaration officielle permettant de poursuivre les délinquants devant les tribunaux, les déclarations exigées sur les livres et factures constituant des déclarations suffisamment authentiques pour éclairer la justice. Pour reconnaître une différence quelconque entre les vins purs de vendange, les vins de raisins secs et les vins de sucre, le service de surveillance ne dispose d'aucun moyen pratique. En cas de soupçon, il devra prélever des échantillons et les soumettre à des opérations délicates de laboratoire.

7° La vie privée du consommateur n'est pas respectée, puisque l'empreinte que portent les fûts livre à l'indiscrétion publique la nature de ses achats et son genre de vie.

8° Si les vins naturels sont bon marché, comme on le prétend, et à la portée de la consommation populaire, comment se fait-il qu'on ne les achète pas? C'est vraisemblablement que l'intermédiaire trouve, à des conditions de prix encore inférieures, des vins qu'il vend plus facilement. Il est difficile d'imposer à la consommation, par des mesures législatives, ce qu'elle ne veut pas pour une raison ou pour une autre.

9° Il n'y a aucune corrélation entre le prix moyen du vin chez le récoltant et l'augmentation ou la diminution de la fabrication des vins artificiels :

VINS DE SUCRE ET DE RAISINS SECS produits par les fabricants et les particuliers	PRIX MOYEN DU VIN DE VENDANGE chez le récoltant
	Francs
1885...... 2.637.555 hectolitres	37 87
1886...... 4.179.646 —	40 20
1887...... 4.547.197 —	35 98
1888...... 4.055.007 —	30 41
1889...... 2.929.892 —	31 55

10° Les lois existantes étaient suffisantes pour atteindre la fraude. Les tribunaux ne se sont jamais déclarés désarmés.

L'article 423 du Code pénal, les lois de 1851 et 1855 sont toujours en vigueur pour réprimer la fraude sur la qualité de la chose vendue et la falsification des boissons.

A toutes ces objections on répondait :

1° La loi n'interdit pas la fabrication de vins artificiels; elle veut seulement qu'on les vende sous leur vrai nom, à leur vrai prix, et non pas comme vins naturels et aux prix de ces derniers, après les avoir coupés avec des vins exotiques.

2° Le vin de raisins secs pur n'existe pas : pour livrer en gros le vin de raisins secs à 10 ou 12 francs l'hectolitre, il faut faire une série de cuvées, parfois en fraude, et pratiquer des lavages avec addition de glucose, de matières amylacées, de fruits secs, et cela n'échappe pas à l'analyse. Si, réellement, le vin de raisins secs pur existe, et si l'on ne peut le découvrir dans les mélanges, le fabricant n'a rien à craindre; mais on pourra frapper les liquides vineux contenant des matières absolument étrangères au vin. Les vins artificiels ne contiennent pas tous les éléments constitutifs du vin, qui font de ce liquide un aliment réparateur : la loyauté commerciale exige que le fabricant indique qu'il fournit un vin incomplet et insuffisamment nutritif.

3° Le commerçant est sauvegardé de fraudes possibles, chez le propriétaire, par la règle générale de la garantie : qu'il exige une attestation que le produit vendu et livré est du vin naturel. La loi ne punit que le délit commis sciemment; sa bonne foi le mettra à couvert. Dailleurs, les honnêtes gens sont en majorité chez les propriétaires récoltants; que le commerce s'adresse à eux.

4° La loi n'a pas pour but de soutenir la cause du vin cher. Le vin naturel propre à la consommation populaire peut être vendu à des prix de bon marché le rendant accessible à tous. Le vin commun des pays vignobles rendu à Bercy vaut 26 francs l'hectolitre. Il est revendu 70, 80 et 90 centimes par les débitants. Or, le droit d'entrée surélève le prix du litre de 18 centimes; le vin revient donc à 44 centimes, tous droits payés. L'intermédiaire pourrait se contenter de cet écart; il est trop exigeant en cherchant à doubler ou tripler ses bénéfices par l'addition de vins factices. Mais le vin naturel ne titre que de 8 à 10°, et cela ne suffit pas pour pratiquer le mouillage en vue de la vente en détail.

5° Il ne faut pas sacrifier le vignoble et laisser nos viticulteurs si éprouvés exposés à voir tous les ans une partie de leur récolte rester en cave à cause de la libre fabrication d'énormes quantités de vins falsifiés.

Le commerce protesta contre la loi de 1889, et l'Administration des Contributions indirectes, elle-même, signala par son organe officieux, le *Journal des Contributions indirectes*, les impossibilités matérielles d'application soulevées par cette loi.

Le Syndicat des débitants de Paris et de la banlieue eut vite fait de trouver le moyen de rendre cette loi inefficace. Après avoir porté par la voie de l'affiche à la connaissance de la population parisienne les dangers que courait tout débitant par suite de l'impossibilité où il était d'indiquer si le vin livré à la consommation contenait ou non du vin de raisins secs ou de sucre, il engageait tous les débitants à afficher dans leur établissement un tableau ainsi conçu : « Tous les vins vendus ici sont factices. »

Malgré les affirmations téméraires de M. Girard, la chimie dut se déclarer impuissante à distinguer les mélanges, et, la Chambre syndicale du Commerce des vins en gros du département de la Seine ayant soumis à l'examen du laboratoire municipal de Paris des échantillons dans la plupart desquels on avait fait entrer en quantité variable des vins de raisins secs, les analyses donnèrent des résultats étranges, prouvant jusqu'à l'évidence l'impossibilité d'appliquer la loi [1].

En fait, elle ne l'a jamais été. Et, cependant, elle s'inspirait de considérations justes et honnêtes.

Pour arriver au même but, on a proposé divers autres

1. *Rapport de la Chambre syndicale du Commerce des vins en gros du département de la Seine,* reproduit dans le *Journal des Contributions indirectes* du 4 août 1889.

moyens. Les uns, partant de ce point de vue qu'en réalité les vins de raisins secs ne présentent d'inconvénients bien réels qu'autant qu'ils sont préparés avec addition de glucose ou de matières étrangères au raisin, ont demandé de proscrire simplement l'emploi dans la préparation du vin de toute autre matière que des raisins frais ou secs. D'autres ont proposé de ne permettre la fabrication des vins d'imitation et en général de toute boisson factice que dans les années de mauvaises récoltes, en subordonnant cette fabrication temporaire à une autorisation administrative. D'autres, enfin, et parmi eux M. Griffe, convaincu de l'inanité de son œuvre, ont demandé à renforcer la loi de 1889; de là est sortie la loi du 11 juillet 1891, dont l'exposé des motifs mérite d'être cité *in extenso.*

« La loi du 14 août 1889 ayant pour objet de prévenir et de réprimer les fraudes dans la vente des vins n'est pas observée. Les vins de raisins secs fabriqués dans les 278 fabriques qui existent en France, dont 56 aux environs de Paris, servent comme jadis aux coupages des produits livrés à la consommation sous le nom de vin et au prix du vin. Il est vrai que ceux qui bénéficient de cet état de choses accusent les propriétaires récoltants de falsifier eux-mêmes leur récolte. Et, soucieux de leur propre responsabilité, comme ils ne peuvent reconnaître, disent-ils, les « mélanges », puisqu'aucun procédé scientifique n'existe pour les constater, ils croient se couvrir en indiquant, par des affiches apposées dans les débits de vin, que les vins livrés à la consommation sont factices.

» C'est à peu près le seul résultat qu'ait produit jusqu'ici la loi du 14 août. Le moyen d'obtenir l'application de cette loi, c'est de suivre le raisin sec, afin de savoir, d'abord, qui l'emploie, d'éviter ainsi les accusations injustes et d'établir les responsabilités.

» L'emploi des raisins secs est licite, sans doute, mais il ne doit pas demeurer occulte. Il en est de même du sucrage des vendanges et des marcs.

» Les acheteurs et les consommateurs ont intérêt à savoir

ce qu'ils achètent et ce qu'ils consomment. Ce ne sont pas les propriétaires récoltants qui peuvent redouter la lumière. On les accuse injustement : ils ont intérêt, pour éviter le discrédit, à ce que ce qui est occulte aujourd'hui devienne patent. »

Pour arriver au but qu'on se proposait, la loi nouvelle prescrivait, comme nous l'avons vu, de suivre les vins de raisins secs chez les marchands en gros et en détail et chez les entrepositaires, au moyen de comptes particuliers et distincts; de tenir séparément ces vins dans les magasins, et elle organisait, en même temps, le droit de recherche pour contrôler, au besoin, les opérations des réceptionnaires de raisins secs.

Cette seconde loi Griffe n'était pas beaucoup plus pratique que la première. Elle n'a eu qu'un effet très relatif, surtout à l'égard des négociants établis dans les entrepôts de Paris. Ces derniers pouvaient toujours apurer leur compte de vins de raisins secs en introduisant sous cette dénomination des vins de vendange dans l'intérieur de Paris, où les formalités à la circulation ne sont pas observées. Ils se réservaient ainsi le moyen d'expédier des vins de raisins secs sous la dénomination de vin de vendange.

De plus, il subsistait encore ceci : tandis que la fabrication industrielle était enserrée dans des liens étroits et que les raisins secs destinés aux fabrications ménagères dans l'intérieur des villes sujettes supportaient les droits d'entrée, la fabrication des vins de raisins secs par les simples particuliers en dehors des lieux sujets échappait à toute surveillance et à tout impôt. Non seulement on pouvait, dans les fermes, préparer pour la consommation du personnel des vins qui ne payaient aucun droit, mais les récoltants peu scrupuleux, de véritables industriels propriétaires ou locataires de quelques arpents de vignes, pouvaient, en recevant des raisins secs sous des noms supposés, fabriquer impunément des quantités considérables de vins artificiels qu'ils versaient comme vins de vendange dans la consommation.

Devant l'inefficacité de ces lois successives, la viticulture a demandé à nouveau protection et secours au législateur. Et si nous avons insisté sur la loi Griffe, bien qu'il s'agisse d'un texte défunt, c'est que la plupart des considérations qu'on avait fait valoir en 1889 ont été reprises en 1897 avec plus de force encore et avec autant d'exagération. Et cela bien que la fabrication des vins artificiels ait subi une diminution très marquée. Il est vrai que des phénomènes économiques nouveaux se sont fait jour depuis 1893, date à laquelle nos récoltes ont recommencé leur cours normal, et c'est surtout à l'avilissement des prix qu'est due la nouvelle campagne qui a abouti au vote de la loi du 6 avril 1897.

Le prix moyen chez le récoltant, qui était de 37 fr. 88 de 1880 à 1889, est tombé à 29 fr. 32 de 1890 à 1897, descendant à 25 fr. 10 en 1893, à 23 fr. 80 en 1894 et à 24 fr. 97 en 1897.

Aussi, M. du Périer de Larsan (Rapport cité) résumait-il de la façon suivante la triste situation de la viticulture nationale :

« D'un côté, et sans parler des fléaux qui proviennent de l'intempérie des saisons, tels que la gelée, la grêle, la coulure, le vigneron doit, depuis quarante ans, soutenir une lutte incessante contre une multitude de maladies cryptogamiques et d'invasions d'insectes qui tendent à anéantir ses récoltes, qui les réduisent toujours et qui lui imposent des frais de culture à peu près doubles de ce qu'ils étaient il y a seulement vingt-cinq ans. D'autre part, ses vins, concurrencés par des liquides fabriqués, tués par le bas prix de ceux-ci, restent souvent invendus et ne lui causent que des dépenses d'entretien excessives. Vient un moment où, ne pouvant plus les conserver dans ses chais trop étroits, ou bien pressé par les dettes qu'il a pu contracter, le malheureux est obligé de les livrer à des prix qui sont inférieurs à ceux qu'obtenaient ses prédécesseurs il y a cinquante ans, alors que les frais de culture étaient le quart ou le tiers à peine de ce qu'ils sont aujourd'hui et que l'argent avait plus de valeur. »

A ce tableau quelque peu noirci, on pourrait opposer que

la diminution du prix du vin est peut-être tout simplement un effet de l'augmentation des récoltes et quelquefois une conséquence de leur médiocre qualité : de 1860 à 1869, le prix moyen a été de 28 francs; il s'est tenu à 29 francs de 1870 à 1879; ce n'est que pendant la triste période de 1880 à 1889 qu'il s'est élevé à 37 fr. 88. Mais, de 1890 à 1897, il revient à son ancien taux de 29 francs et il ne descend au-dessous de 30 francs qu'en 1893.

La production des vins de sucre et des vins de raisins secs a diminué parallèlement : elle était de 4.015.028 hecto-litres de 1887 à 1891; elle n'était plus que de 2.092.705 hecto-litres de 1892 à 1896. On peut se demander, devant ce résultat, s'il est bien exact de prétendre, avec M. du Périer de Larsan, « que c'est le vin artificiel qui régit le cours des vrais vins. »

Quant aux stocks énormes qui s'accumuleraient dans les caves, cela a pu se produire chez quelques propriétaires du Médoc, d'ailleurs mauvais vendeurs et qui ont été ruinés par leur entêtement, mais cela est absolument inexact pour l'ensemble des vins et l'ensemble de la France.

Il n'en reste pas moins vrai que la viticulture souffre, et si l'on peut porter remède à une partie de ses souffrances, en sacrifiant les vins artificiels, il est difficile d'hésiter. D'autant plus que, toute question d'hygiène mise à part, — et il est indéniable que ces vins ne présentent aucun danger pour la santé publique, — on peut reprocher aux vins artificiels de servir à éluder les dispositions législatives sur le mouillage. En effet, la loi du 24 juillet 1894 interdit le mélange de l'eau au vin. Or, si un vin de sucre ou un vin de raisins secs à bas degré alcoolique destiné à se mêler à du vrai vin ne constitue pas une boisson malsaine, il n'en sert pas moins à opérer un mouillage déguisé. La loi ne vise dans sa lettre que le mélange de l'eau, mais son esprit est évidemment d'interdire le mélange au vrai vin de n'importe quel liquide destiné à l'affaiblir, à le dénaturer. Avec du vin artificiel à 3 ou 4°, mélangé au vin, la loi est tournée. Nous ne parlons pas ici

des mélanges faits avec des liquides dangereux; d'autres
lois que nous examinerons plus loin les répriment.

La fraude par mouillage avait appelé l'attention de l'Administration des Contributions indirectes, comme en fait foi
la circulaire 88 du 20 février 1894 :

« Par des mouillages et d'autres opérations clandestines,
sucrage, alcoolisation, certains entrepositaires établis à proximité des centres de production et plus spécialement à proximité de vignobles renommés réussissent à accroître, dans des
proportions considérables, les quantités de vins en leur possession. Pour couvrir les excédents que feraient apparaître
ces opérations, ils lèvent au vignoble des acquits-à-caution
énonçant comme expéditeurs des propriétaires dont on
emprunte le nom à leur insu ou des individus ne possédant
pas de vignes, ou même des personnages purement imaginaires. Il va sans dire qu'aucune quantité de vin n'est mise
en mouvement et que l'acquit seul est envoyé au négociant
destinataire. Non seulement ces acquits-à-caution servent à
régulariser le compte du négociant, mais encore ils deviennent entre ses mains des certificats d'origine qui lui servent
à tromper le consommateur sur la qualité des vins qui lui
sont vendus. »

La Régie va un peu loin dans la critique de l'acquit fictif;
elle sait cependant que ce titre de mouvement passe dans ses
mains dès que le transport est censé effectué; il n'a jamais
servi et n'a jamais pu servir à tromper le consommateur sur
la qualité des vins vendus. Du reste, le mouillage était surtout pratiqué par des négociants vendant à d'autres négociants. C'est encore là une manifestation des exagérations
regrettables que nous avons signalées à propos du rapport
de M. de Verninac; elle est indicative de l'état des esprits et,
à ce titre, elle nous a paru bonne à relever.

Des mesures administratives furent prescrites pour éviter
autant que possible l'emploi de ces titres fictifs, notamment
la vérification sérieuse des déclarations par les buralistes, etc.

La loi du 24 juillet 1894 faisait bien du mouillage une

fraude, même quand il était connu de l'acheteur; mais elle était impuissante à empêcher le mouillage détourné au moyen de vins artificiels.

Il n'a jamais, d'ailleurs, été question de supprimer la consommation familiale de ces boissons, — ce qui prouve, entre parenthèses, combien l'hygiène est désintéressée dans la question, — et les divers projets de loi, la loi de 1897 elle-même, ne visaient que la fabrication industrielle en vue de la vente par quantités importantes. Réduite à ces proportions, la guerre aux vins factices se comprend fort bien. Ces vins n'étant jamais livrés au public sous leur vrai nom, par suite de l'impuissance de la loi Griffe, certains esprits ont vu dans ce fait un manque de probité commerciale. On hâte la disparition d'une industrie qui, utile au moment des minimes récoltes, a rendu, à cette époque, le précieux service d'empêcher l'élévation par trop considérable du prix de vente et de permettre ainsi à la classe des travailleurs de conserver l'habitude de la boisson nationale. Le retour des récoltes normales aurait fatalement amené sa disparition, comme la pénurie du vin en avait amené l'éclosion. La viticulture impatiente a voulu accélérer le jeu normal de ces phénomènes économiques : la loi du 6 avril 1897 n'a pas eu d'autre but.

Pour arriver à ce résultat, on pouvait soit interdire d'une façon directe la fabrication, la circulation et la vente des vins artificiels; soit amener indirectement cette fabrication à disparaître en soumettant ces vins au régime de l'alcool, ce qui était un retour aggravé, sous une forme nouvelle, au principe de la taxation par degré de la loi du 26 juillet 1890.

C'est de la première de ces idées que s'inspirait le projet de M. Turrel, déposé le 11 mars 1896; c'est à la seconde que se rattacha la Commission chargée d'examiner cette proposition de loi, et c'est celle qui a triomphé dans le texte définitif. On a semblé craindre la brutalité apparente de la suppression directe des fabriques de vins factices et des demandes possibles d'indemnité pour cette expropriation radicale. Au fond, le résultat était identique, mais la formule plus habile.

On ne faisait, du reste, que reprendre un ancien projet : dès le 6 juillet 1883, le Comité consultatif des Arts et Manufactures, dans une décision approuvée par les deux ministres du commerce et des finances, émettait l'avis que les vins de raisins secs et les vins de sucre fussent soumis, tant au point de vue des douanes que des taxes intérieures, au régime de l'alcool.

On peut résumer comme suit les dispositions principales — celles qui nous intéressent — de la loi du 6 avril 1897 : la fabrication industrielle, la circulation et la vente des vins de raisins secs ou autres vins artificiels (à l'exception des vins de liqueur et mousseux et des vins de marc et de sucre régis par l'article 3), sont exclus du régime fiscal des vins et soumis aux droits et régime de l'alcool pour leur richesse alcoolique totale acquise ou en puissance ; — les raisins secs à boisson ne peuvent circuler qu'en vertu d'acquits-à-caution garantissant le paiement du droit général de consommation à raison de 3o litres d'alcool par 100 kilos, s'ils sont à destination des fabricants, et le paiement des droits de circulation à raison de 6 francs par 100 kilos, s'ils sont à destination des particuliers pour leur consommation de famille ; — la fabrication et la circulation en vue de la vente des vins de marc et des vins de sucre sont interdites. La détention à un titre quelconque de ces vins est interdite à tout négociant, entrepositaire ou débitant de liquide. Cette détention est cependant permise quand elle n'a pas lieu en vue de la vente ; — la circulation des boissons de marc, dites piquettes, provenant de l'épuisement des marcs par l'eau, sans addition d'alcool, de sucre ou de matières sucrées, est autorisée si ces boissons sont à destination de particuliers pour la consommation familiale ; elles ne sont soumises qu'à un droit de circulation de 1 franc par hectolitre.

La loi traite séparément : d'un côté, la fabrication industrielle, la circulation, la vente des vins artificiels ; de l'autre, la détention, la fabrication familiale de ces mêmes vins, la circulation des raisins secs qui servent à les fabriquer, la circulation des piquettes qui assurent la consommation des classes pauvres dans les campagnes. Sévère pour les premières, elle est pleine de sollicitude pour les secondes.

L'application du régime de l'alcool à la fabrication industrielle, à la circulation, à la vente des vins de raisins secs, c'est la mort sans phrase pour cette industrie. On a protesté au sein du Parlement contre cette expropriation sans indemnité d'une classe de citoyens exerçant une industrie licite, ayant même rendu des services, et l'on a voulu y voir une mesure révolutionnaire aussi hardie que certaines idées collectivistes. On a répondu que les intérêts particuliers devaient s'incliner devant l'intérêt général de la viticulture tout entière ; qu'on avait déjà voté des lois sur les maïs étrangers, d'où suppression des grandes distilleries françaises de grains, alors qu'il s'agissait d'un produit pur de toute tare ; que les fabricants pouvaient, d'ailleurs, avoir intérêt à rouvrir leurs fabriques dans les années de disette.

Quoi qu'il en soit, la mesure est radicale. Nous sommes loin des moyens détournés et inefficaces de la loi Griffe. Au lieu de jeter le discrédit sur le vin, tant à l'étranger qu'en France, et de provoquer une défiance fâcheuse dans l'esprit du consommateur, on supprime nettement la possibilité de fabriquer des vins de raisins secs et l'on permet au vrai vin de reprendre sa place exclusive dans la consommation nationale.

Nous avons eu la curiosité de demander si les fabriques de vins de raisins secs établies aux environs de Paris avaient cessé leurs opérations. Il nous a été répondu de Bercy qu'elles avaient essayé de se maintenir, mais sans succès. Une des plus importantes, établie à Ivry-Port, a adressé à sa clientèle, le 1er décembre 1897, une circulaire dans laquelle elle commentait l'application de la loi du 6 avril 1897. Elle disait que, les vins de raisins secs étant placés sous le régime de l'alcool, la vente de ces vins avait paru sinon impossible, du moins sans intérêt. Cette appréciation, exacte pour la vente en province où les droits de l'alcool sont excessifs comparativement aux droits du vin, ne l'était pas pour Paris, puisque les vins de raisins secs jusqu'à 7° paient, avec les droits de l'alcool, une taxe moins élevée que les autres vins acquittant les seuls droits sur les vins. Les droits sur les vins sont, en effet, de 18 fr. 87 par hectolitre; tandis qu'une boisson alcoolique à 7° ne paierait que 18 fr. 63, l'alcool acquittant des taxes générales et locales de 266 fr. 05 par hectolitre d'alcool pur.

Il semble, d'ailleurs, que la nécessité de vendre en conformité des lois, sous la dénomination de vins de raisins secs, un coupage dans lequel ce vin entre pour une part, ait déterminé les intermédiaires à s'en tenir au seul vin de vendange. Cependant, on a fabriqué, pour rendre inefficaces les dispositions de la loi, des piquettes de raisins secs en vue de leur introduction dans Paris. Ces piquettes de 4 ou 5°, n'acquittaient qu'un droit de 10 fr. 64 ou de 13 fr. 30; ce qui était évidemment contraire au vœu du législateur.

En vue de faire cesser une anomalie contraire au bon ordre et à l'esprit de la loi du 6 avril 1897, le Gouvernement a déposé un projet de loi (Chambre des députés du 23 décembre 1897, annexe n° 2935) qui a pour but de compléter l'article 1er de la loi de 1897 par une disposition en vertu de laquelle les vins de raisins secs, quel qu'en soit le degré, ne pourront être soumis à des droits moindres que ceux qui frappent les vins naturels.

La disparition de la fabrication industrielle des vins de raisins secs ne nous émeut pas plus que de raison. Mais on peut se demander si ces mesures radicales ne nuiront pas à la consommation pauvre — par suite intéressante — de nos villes et de nos campagnes.

La loi de 1897 impose la formalité de l'acquit-à-caution pour tous les enlèvements de raisins secs à boisson, qu'ils soient à destination de fabricants, marchands ou simples particuliers, et elle réduit le droit général de consommation à 6 francs par 100 kilos pour les raisins secs destinés à des particuliers pour leur consommation de famille. On justifie ce droit de 6 francs en disant : 100 kilos de raisins secs peuvent donner 3 hectolitres de vin artificiel à 10° et l'on applique le maximum des droits de circulation afférents aux vins, soit 2 francs par hectolitre.

On a fortement critiqué et la quotité du droit et les formalités de l'acquit-à-caution. Le droit, venant s'ajouter à la taxe de douane de 25 francs par 100 kilos, constitue, en somme, un impôt de 31 francs sur 3 hectolitres de vin à bas prix destiné à la consommation des classes pauvres; il est permis de trouver cet impôt excessif; il représente 40 o/o de la valeur des raisins secs. Quelques-uns ont vu dans la formalité de l'acquit une gêne pour la petite consommation, mais l'Administration a fortement insisté pour conserver ce moyen de contrôle, qui lui permet de surveiller la fraude de plus près.

Les critiques les plus vives émanent, d'ailleurs, de ceux qui trouvent la loi insuffisamment sévère. On est allé jusqu'à prétendre que la fabrication familiale de vin de raisins secs n'existait pas; que l'ouvrier n'avait ni le temps ni le moyen de faire du vin et qu'il achetait la boisson nécessaire à ses besoins au jour le jour et repas par repas; qu'aujourd'hui cette fabrication ne pouvait être que frauduleuse, les raisins secs au prix où ils sont ne pouvant être employés qu'à faire des piquettes pour couper le gros vin et tourner la loi du mouillage; qu'en encourageant cette fraude, sous le couvert de la consommation familiale, on verrait s'organiser autour des fabriques et des exploitations viticoles de prétendus consommateurs qui recevraient des vins de raisins secs et les feraient passer à la propriété ou à la fabrique.

La crainte d'une fraude possible, et dans tous les cas peu importante, que l'Administration pourra ou prévenir ou réprimer très rapidement, puisqu'elle connaîtra la destination définitive de tous les raisins secs qui passeront la frontière, ne devait pas être de nature à priver la classe pauvre d'une boisson saine, à bas prix. Quant à nier l'existence de cette même consommation familiale, c'est une exagération manifeste : l'emploi des raisins secs est très répandu dans les campagnes des départements petits producteurs; ce produit sert à la préparation de piquettes.

Il nous a paru intéressant de rechercher ce que le petit consommateur a payé les raisins secs depuis 1891. Les chiffres que nous publions sont extraits des livres d'un épicier de la Dordogne. En pratique, c'est chez l'épicier et non chez le négociant en gros que le consommateur s'approvisionne. Nous avons choisi le département de la Dordogne parce que nous le connaissons bien, qu'il est placé à une distance moyenne des ports d'importation et que nos campagnes, de plus en plus pauvres, remplacent le vin par des piquettes de fruits frais ou secs mélangés à des raisins secs pour hâter et faciliter la fermentation. Les 100 kilos de raisins secs ont coûté, pris en gare de Bordeaux :

1891. août......F.	53 les 100 kilos.		1895. mars .....F.	45 les 100 kilos.	
décembre...	47	—	octobre.....	47	—
1892. janvier......	45	—	1896. mai.........	49	—
juin........	43	—	juillet.......	45	—
1893. février......	54	—	1897. janvier......	52	—
mai........	51	—	septembre...	70	—
1894. juin........	32	—	1898. janvier......	72	—
			avril........	72	—

A ces prix, il faut ajouter 15 francs par 100 kilos, représentant les frais de transport et le bénéfice de l'intermédiaire. Actuellement, nos ouvriers agricoles paient 90 centimes le kilo de raisins secs. Si l'on en faisait du vin à 10°, ce vin coûterait 30 francs l'hectolitre, plus cher qu'un bon vin naturel. Aussi, les raisins secs ne sont-ils employés que mélangés à des fruits, pommes, prunes, cerises, pour la fabrication de boissons de famille. A ce point de vue, l'impôt qui grève ce produit peut être trouvé un peu dur. Mais il est difficile de tout concilier : d'empêcher la préparation industrielle du vin de raisins secs, de supprimer les fraudes, tout en donnant les facilités les plus larges à la consommation des travailleurs.

On jugera la valeur de la loi nouvelle à la pratique. S'il est démontré que tous les raisins secs entrés en France reçoivent une destination régulière, qu'ils sont réellement utilisés pour la consommation pauvre, on pourra demander une réduction notable des taxes, et il sera juste de l'accorder.

Après s'être occupée des vins de raisins secs, la loi de 1897 réglemente les vins de marc et les piquettes, continuant par là la préoccupation du législateur de limiter, ou plutôt de supprimer la fabrication commerciale de ces boissons. En effet, l'article 2 de la loi du 14 août 1889 disait : « le produit de la fermentation des marcs de raisins frais avec addition de sucre et d'eau; le mélange de ce produit avec le vin dans quelque proportion que ce soit, ne pourra être expédié, vendu ou mis en vente que sous le nom de vin de sucre. » Ces dispositions ont été modifiées et complétées par l'article 1ᵉʳ de la loi du 11 juillet 1891, disant : « Le produit de la fermentation des marcs de raisins frais avec de l'eau, qu'il y ait ou non addition de sucre, le mélange de ce produit avec le vin, dans quelque proportion que ce soit, ne pourra être expédié, vendu ou mis en vente que sous le nom de vin de marc ou vin de sucre. » On remarquera, en lisant les deux textes, que la loi de 1889 avait omis d'indiquer quelle dénomination légale devaient recevoir les boissons qui proviennent d'un simple trempage des marcs sans addition de sucre, et que l'on désigne, en général, sous le nom de *piquettes*. L'article 1ᵉʳ de la loi de 1891 répare cet oubli en donnant à ces piquettes la dénomination légale de vins de marcs, et elle les range dans la même catégorie que les vins de sucre, quant aux formalités auxquelles sont soumises leur expédition, leur vente ou leur mise en vente.

Limiter la fabrication commerciale des vins de sucre et leur mélange aux vins ordinaires était très bien sans doute, mais on se demanda s'il ne fallait pas aller plus loin et limiter cette fabrication chez le récoltant lui-même. Un tarif réduit de sucrage, justifié sous l'empire de certaines circonstances, peut, à certains moments, n'avoir plus de raison d'exister. Beaucoup de vignobles reconstitués sont en plein rapport. Depuis 1893, les récoltes ont sensiblement augmenté, et, cette année-là, l'abondance du vin produisit un avilissement considérable des prix. On se plaignit de la difficulté d'écouler la récolte. De nombreuses sociétés agricoles et viticoles (dans la Gironde, notamment, la Société des agriculteurs et l'Association syndicale des viticulteurs-propriétaires) émirent des vœux tendant à la suppression de la réduction de taxe accordée aux sucres employés dans les vendanges.

On a objecté que cette suppression, utile peut-être dans certains départements gros producteurs, aurait de moins heureux effets dans certaines régions où la reconstitution des vignobles n'est pas encore assez généralisée pour qu'on puisse renoncer à l'appoint fourni par le sucrage; il y a aussi des départements où, le phylloxera n'ayant sévi que tardivement, l'œuvre de la reconstitution est à peine commencée, et il paraît équitable de laisser aux vignerons de ces pays le moyen d'améliorer et d'augmenter leurs récoltes. De plus, si le sucrage des vins de première cuvée peut devenir inutile dans les bonnes années, avec des vins bien constitués, la fabrication par sucrage des vins de marc reste intéressante, car ces vins sont destinés à la consommation de famille des récoltants pour lesquels ils constituent une boisson saine et à bon marché, leur permettant de livrer à la vente la totalité de leurs vins de première cuvée. On ajoute, enfin, qu'il n'y a qu'à laisser faire le temps. La diminution de cette fabrication, sensible depuis 1893, coïncidant avec un relèvement du rendement des vignes, ira grandissant si les récoltes normales persistent quelques années : l'abondance chassera tout naturellement cette boisson que la pénurie du vin a seule lancée dans la consommation.

Le Gouvernement semblait avoir opté pour la première des deux opinions que nous venons d'exposer et, pensant qu'il n'y avait plus nécessité à maintenir en leur entier des dispositions qui, dans l'esprit du législateur, avaient un caractère exceptionnel et transitoire, il présentait, le 27 janvier 1894, un projet de loi ainsi conçu : « Le droit sur les sucres employés avant fermentation des vins et cidres, dans les conditions déterminées par la loi du 29 juillet 1884, est porté à 40 francs par 100 kilos de sucre raffiné. Les quantités de sucre à employer pour relever le degré alcoolique des vins ne peuvent dépasser 15 kilos par 3 hectolitres de vendange ; les quantités à employer pour la fabrication des vins de sucre ne peuvent dépasser 25 kilos pour la même quantité de vendange. »

Ce projet a été repris dans des termes identiques lors de la discussion de la réforme de l'impôt des boissons en 1895. L'article 40 du projet voté à la Chambre dans la séance du 6 juillet 1895 contenait cette même disposition, qui fut également adoptée en première lecture au Sénat le 2 juillet 1896.

M. de Verninac, rapporteur au Sénat, disait : « Ce qui préoccupe tout le monde, c'est moins la facilité à donner pour constituer des boissons à côté du vin que les précautions à prendre pour empêcher ces boissons de faire au vin une concurrence désastreuse. Le sucrage des vins de deuxième cuvée n'est plus nécessaire. Il l'est encore dans certaines régions, dans l'Est, en Bourgogne, pour les vins de première cuvée, mais dans ces régions les vins ont assez de valeur pour qu'on puisse sucrer, même au plein droit... En pratique, le vin de sucre, au lieu de servir à la consommation personnelle du récoltant, est devenu un objet de commerce et remplace le vrai vin dans la consommation générale. »

Aucun de ces projets n'a été transformé en loi positive.

Lors de la discussion de la loi du 6 avril 1897, on a dit que les véritables ennemis de la viticulture n'étaient pas les vins de raisins secs, dont la fabrication était en décroissance marquée, mais bien les vins de marc et de sucre. On a même proposé de limiter la détaxe sur les sucres destinés aux boissons vineuses, aux seuls sucres employés, soit pour relever sans addition d'eau le degré alcoolique des vins de première cuvée, c'est-à-dire des moûts de raisins frais, soit pour corriger leur verdeur lorsque, par suite d'une température estivale insuffisamment chaude, les vins naturels menaçaient d'être trop faibles ou trop verts.

Cette solution extrême n'a pas été consacrée par le texte définitif, qui s'est borné à interdire la fabrication et la circulation en vue de la vente des vins de marc et des vins de sucre. (Article 3.)

On a, d'ailleurs, énergiquement protesté contre cette inter-diction. On a fait remarquer qu'on défendait ainsi à un petit cultivateur de tirer de sa récolte tout le parti possible; qu'on le privait arbitrairement du bénéfice d'une vente peut-être nécessaire dans les mauvaises années ; qu'on poussait invinci-blement le producteur à la fraude, car, pour écouler ses vins de deuxième cuvée, il les mélangerait aux premiers vins, et, la science ne fournissant pas le moyen pratique de reconnaître le mélange, le commerçant acheteur se verrait exposé à commettre un délit par le seul fait de la détention de ces vins, sans compter que le mélange pourrait être agrémenté de vin de raisins secs, le propriétaire, en sa qualité de simple particulier, pouvant toujours recevoir des raisins secs au droit réduit de 6 francs les 100 kilos; qu'en admettant que le propriétaire ne se livrât pas à ces mélanges, il chercherait toujours à tirer parti de ses marcs et qu'il ferait de l'alcool pour sa famille et ses ouvriers, au grand détriment de l'hygiène; qu'on empêcherait l'usage très répandu de vendre les vins de deuxième cuvée au voisinage, ou même de les échanger contre d'autres produits, comme du blé, par exemple, au moment des moissons ou des fauches; qu'on arriverait à ce résultat bizarre qu'un négociant-propriétaire pourrait faire boire à ses très nombreux ouvriers des vins de marc, alors qu'un petit cultivateur ne pourrait en tirer aucun profit, son personnel agricole étant restreint ou nul, et toute vente lui en étant interdite.

A tout cela on peut répondre que la fraude ne pourrait être rendue impossible qu'en interdisant complètement la fabrication familiale de ces vins. Outre que cette interdiction serait pratiquement malaisée à faire observer, on ne peut véritablement pas priver le vigneron, sa famille, ses ouvriers, d'une boisson saine et les condamner à boire de l'eau, sous prétexte que l'eau est la boisson hygiénique par excellence!

Dans une lettre adressée au Président des syndicats de vins et spiritueux en gros, M. Larcher, président du Syndicat national, s'exprimait ainsi : « La loi nouvelle ne paraît pas devoir arrêter la fraude. L'expérience du passé rend sceptique à cet égard. La réglementation à outrance sur les vins depuis quinze ans a rendu plus difficiles les opérations du commerce régulier. A-t-elle réussi à décourager les fraudeurs? Il est permis d'en douter, puisqu'on a recours aujourd'hui à des rigueurs nouvelles. »

Sans méconnaître la part de vérité que contiennent ces paroles, on peut les trouver quelque peu pessimistes. Le commerce sera peut-être amené à redoubler de précautions dans ses achats, mais la fraude, circonscrite à une fabrication forcément limitée, sera sans grand danger pour les intérêts de la viticulture.

Toujours pour favoriser la consommation pauvre et faciliter l'écoulement des produits secondaires chez le vigneron, la loi de 1897 permet la circulation des piquettes à destination des particuliers et lui applique un droit réduit de 1 franc par hectolitre. Cette boisson, dans beaucoup de régions, sert à rétribuer le travail des ouvriers agricoles, ou bien est échangée sur place contre d'autres produits. Elle mérite à cet égard d'être favorisée. Mais cette faveur pourrait causer des abus, si ces transactions prenaient le caractère de spéculations commerciales. Aussi l'Administration des Contributions indirectes, dans sa circulaire n° 226 du 12 août 1897, décide : « Sans prétendre fixer une ligne de démarcation rigoureuse au point de vue de la teneur en alcool entre la piquette et le vin proprement dit, il y aura présomption de fraude si les produits expédiés comme piquette titrent plus de 4°. »

Telle qu'elle est, la loi nouvelle, avec ses défauts et ses imperfections, n'en porte pas moins un coup fatal à la fabrication des vins artificiels, et il n'est pas téméraire d'espérer que des récoltes normales rendront inutiles les quelques fraudes qu'elle n'aurait pu empêcher. Elle constitue une mesure puissante pour le développement de la consommation du vin naturel; la viticulture y puisera un appui efficace et un encouragement.

§ 2. *Lois répressives des falsifications.* — A côté des vins factices, il y a les vins falsifiés; comme à côté des traitements tendant à améliorer, à conserver les vins, il y a les opérations illicites. L'hygiène publique est ici directement intéressée. Aussi le législateur a-t-il dû prendre des mesures pour interdire le mélange au vin de toute substance dangereuse et empêcher même l'addition de toute matière étrangère dont la présence peut servir à couvrir une fraude ou à tromper l'acheteur.

La falsification des denrées alimentaires est prévue et punie par l'article 423 du Code pénal; mais la tendance actuelle, devant des procédés de fraude de plus en plus variés, est de réglementer chaque produit par des lois spéciales. C'est ainsi que le Parlement a voté la loi du 14 mars 1887 sur la vente des beurres et celle du 4 février 1888 sur la vente des engrais; qu'on a maintes fois signalé les fraudes commises sur les huiles, les graisses, le miel, la chicorée, les semences, etc., et demandé de nouvelles lois répressives. Ce mouvement d'opinion est si accentué qu'un projet de loi a été déposé au Sénat le 22 octobre 1895 tendant à réunir en une loi unique la réglementation des fraudes dans les ventes des marchandises et à laisser à des règlements d'administration publique le soin de tracer des règles particulières pour certaines substances exigeant des dispositions et des méthodes spéciales d'examen et d'analyse. On réunirait aussi dans une réglementation uniforme les diverses manœuvres qui constituent la tromperie ou la tentative de tromperie sur la nature des marchandises, sur leur qualité, sur leur provenance, sur leur composition et teneur en principes utiles, sur leur salubrité.

On remarquera qu'à cet égard la législation du vin est à peu près complète. Nous l'avons en partie exposée précédemment ; il ne nous reste à examiner ici que les lois sur la salubrité de ce produit.

La loi du 14 août 1889 contient la définition implicite du *vin* dans son article 1er : « Nul ne pourra expédier, vendre ou mettre en vente, sous la dénomination de vin, un produit autre que celui de la fermentation des raisins frais. Il serait peut-être plus exact de le définir comme M. Ch. Blarez (*Dictionnaire encyclopédique des sciences médicales*, 5e série, tome III, 2e partie, p. 624) : « Le produit de la fermentation du jus de raisin arrivé à maturité. » Un raisin frais, insuffisamment mûr pour une cause quelconque, oïdium, mildew, grêle, etc., pourrait donner un vin dans lequel les rapports entre l'alcool et l'extrait sec ne seraient pas conformes aux moyennes acceptées par certains chimistes.

On considère comme une falsification toute addition de substances étrangères faites dans des conditions non prévues par la loi, non sanctionnées par un antique usage, ou bien faites dans le but de donner au produit des qualités superficielles qui sont de nature à lui procurer une pseudo-valeur réelle.

Il est assez curieux de constater que faire l'historique des falsifications du vin, ce serait en même temps faire l'historique de nos mauvaises récoltes et des maladies de la vigne.

L'oïdium (1852-1856) a amené la coloration artificielle ; le mildew (1881-1886) a provoqué le salicylage, le mouillage, le vinage, le sucrage, le mélange aux vins de raisins secs. Quant au plâtrage et au salage, ils ont existé de tout temps.

Ce sont les défauts mêmes de nos vins, leur mauvaise qualité temporaire, la faible quantité de nos récoltes qui ont stimulé l'ingéniosité dans l'art de corriger artificiellement les défauts de la nature, les défaillances de nos vignobles. Ces falsifications, si énergiquement et si justement dénoncées, ont donc, d'une façon générale, correspondu à une sorte de besoin de la marchandise elle-même. Quelques-unes, du reste, qui se bornaient à modifier les vins avec les matières mêmes qui entrent dans la composition de ces derniers, étaient inoffensives. Ce n'est pas à dire qu'il faille les encourager, car si leur emploi, à certaines époques critiques de notre production vinicole, a été sollicité par la propriété elle-même, comme le vinage, le sucrage, leur généralisation finirait par lancer dans la consommation des vins ne constituant qu'un aliment insuffisant, médiocre boisson alimentaire, peu riche en principes nutritifs et toniques.

Le grand danger vient de ce que les sophistications s'enchaînent les unes les autres : le mouillage amène la coloration artificielle et réciproquement; l'addition d'eau, de piquettes, de vins de deuxième cuvée, provoque le vinage, et, inversement, le vinage détermine les mélanges de produits secondaires. Lorsqu'on a ajouté au vin de l'eau, des piquettes, de l'alcool, des colorants, il peut être nécessaire d'en augmenter le poids en extrait sec et d'en assurer la conservation incertaine : de là l'emploi de vins plâtrés, de glycérine et d'acide salicylique.

Pour empêcher tout cela, la loi et la chimie se sont donné la main. Si, malheureusement, les méthodes scientifiques d'analyse n'ont pas dit leur dernier mot et si les véritables savants sont encore d'une extrême réserve dans certains cas, il n'en est pas moins acquis aujourd'hui que toute manœuvre dangereuse pour la santé publique, ou même simplement de nature à porter un tort appréciable aux intérêts de l'acheteur ou du consommateur, peut être décelée par la chimie.

Nous n'entrerons pas, faute de connaissances spéciales, dans l'examen des manipulations défendues; nous nous bornerons à indiquer rapidement l'état de la question au point de vue juridique, en disant quelques mots sur chacune des principales falsifications.

1° *Coloration artificielle*. — Nous avons vu que l'usage des colorants artificiels était né dans les années malheureuses d'oïdium. En effet, la loi du 5 mai 1855, étendant aux boissons les dispositions de la loi du 27 mars 1851 sur la falsification des denrées alimentaires, avait surtout pour objectif d'arrêter l'emploi des colorants artificiels. Une circulaire ministérielle du 18 octobre 1876 en fait foi : après avoir rappelé que la coloration artificielle s'opère de deux manières, soit au moyen de vins de coupage, soit par l'emploi de diverses substances tinctoriales ne possédant aucune des propriétés du principe colorant fourni par la grappe, elle spécifie que le premier de ces deux modes de coloration ne peut entraîner aucune poursuite; l'exposé des motifs de la loi de 1855 disait, en effet : « Il n'est point entré dans la pensée du Gouvernement de réprimer les opérations qui consistent, soit à couper les vins de diverses provenances et de diverses qualités pour donner satisfaction au goût public et au besoin du bon marché, soit à imiter, par diverses combinaisons, les vins étrangers; le second des modes de coloration, seul, constitue par lui-même une falsification qui doit être réprimée indépendamment de toute tromperie de la part du vendeur. » En 1855, on visait surtout la fuchsine qui, à cause de sa puissance tinctoriale et de la modicité de son prix, tendait à remplacer toutes les autres teintures dans la coloration des vins.

Tous les colorants artificiels ne constituent pas, d'ailleurs, une falsification toxique. Si les dérivés du goudron de houille (fuchsine, rouges et violets d'aniline) constituent des matières dangereuses, la plupart des colorants végétaux (baies de sureau, de troène, d'airelle, mûres noires, cassis, framboises, mauves noires, etc.) sont inoffensifs. Mais comme ces matières colorantes sont en général ajoutées pour masquer des mouillages, ou la conservation précaire de la marchandise vendue, la loi du 11 juillet 1891 décide, dans son article 2 : « Constitue la falsification des denrées alimentaires prévue et réprimée par la loi du 27 mars 1851 toute addition au vin, au vin de sucre ou de marc, au vin de raisins secs, *de matières colorantes quelconques.* »

C'est net : tous les colorants sont défendus par la loi.

2° *Mouillage.* — C'est la pratique frauduleuse la plus

répandue, surtout dans les villes qui ont des taxes locales élevées. Un mouillage modéré de vins naturellement riches en alcool ou chargés d'extrait sec est toujours délicat à démontrer; mais les fraudeurs n'en usent guère avec modération. Cette fraude tombe sous le coup des lois des 27 mars 1851, 5 mai 1855 et 24 juillet 1894. Cette dernière loi décide que, s'il s'agit de vin additionné d'eau, les pénalités édictées par l'article 423 du Code pénal et la loi du 27 mars 1851 sont applicables, même dans le cas où la falsification par addition d'eau est connue de l'acheteur.

On a voulu mettre un terme à des pratiques abusives nées à la suite de la loi Griffe. Tous les débitants de Paris affichaient dans leur débit que les vins vendus chez eux étaient des vins factices, plus ou moins additionnés d'eau. Le Parquet avait admis que, dans ces conditions, il n'y avait pas tromperie; que le délit disparaissait. Les débitants pouvaient donc mouiller à leur aise et ils le faisaient largement.

Rappelons à titre de curiosité, que les négociants en gros de plusieurs grandes villes de France demandèrent, en 1880, — s'appuyant sur l'insuffisance des récoltes, — à être autorisés à mouiller des vins d'Espagne trop alcooliques et trop chargés en couleur pour être vendus en nature à leur clientèle habituée depuis longtemps à faire usage de vins français plus légers. Ils disaient que les petits vins avec lesquels ils pratiquaient les coupages leur faisaient défaut et ils assimilaient la faculté qu'ils réclamaient à celle dont ils jouissaient d'opérer des coupages avec des vins de raisins secs et des piquettes où l'eau entrait dans des proportions indéterminées.

L'Administration refusa, s'appuyant sur ce que les employés ne pouvaient pas reconnaître et approuver dans leurs actes et par leur présence ce que la loi réprouve et interdit comme une falsification. Mais elle laissa faire, allant jusqu'à accepter les déclarations d'additions d'eau, et jusqu'à transiger pour les frais les procès-verbaux rapportés pour excédents constatés après ces mouillages.

Devant de très nombreuses protestations, sur l'avis des

ministres du commerce, de l'agriculture et des finances, les Contributions indirectes firent connaître, le 3 mars 1883, que les additions d'eau qu'elles avaient tolérées implicitement depuis quelque temps étaient et demeuraient formellement interdites.

Cette sage mesure fermait une porte ouverte à d'autres falsifications plus dangereuses pour la santé publique; mais elle devait, pour avoir un effet appréciable, se compléter logiquement par la défense de mélanger au vin des piquettes et des vins de deuxième cuvée, et par les mesures administratives propres à supprimer les acquits fictifs.

3° *Salicylage*. — L'addition d'acide salicylique au vin qui a pour but, soit d'arrêter la fermentation et de conserver aux vins leur saveur sucrée, soit d'enrayer leurs maladies et d'assurer leur conservation en cours de route ou de consommation, a donné lieu à de retentissantes polémiques. Les opinions les plus contradictoires ont été émises, et pendant qu'on discutait, en présence des malheureuses années de mildew, 1882 et suivantes, l'usage de cet agent était toléré. Le Conseil d'hygiène de France en proscrivit complètement l'emploi en février 1884.

La loi du 11 juillet 1891 confirme cette interdiction dans son article 2, qui fait tomber sous le coup de la loi du 27 mars 1851 toute addition au vin « de produits tels que les acides sulfurique, chlorhydrique, nitrique, salicylique, borique ou autres analogues ».

Le législateur a craint que l'emploi répété de l'acide salicylique, même à petites doses, dans de nombreuses denrées alimentaires ne finît par être un danger pour la santé publique.

4° *Vinage*. — Rappelons pour mémoire que le vinage en franchise était accordé à tous les viticulteurs par l'article 91 de la loi du 28 avril 1816; que l'article 21 du décret du 17 mars 1852 en limita l'usage à sept départements : les Pyrénées-Orientales, l'Aude, l'Hérault, le Gard, les Bouches-du-Rhône, le Var et le Tarn, et qu'enfin l'article 5 de la loi du 8 juin 1864 refusa toute franchise aux alcools versés sur les vins qui ne doivent pas sortir de France. Le vinage des vins d'exportation a toujours été permis.

Cette pratique consiste dans l'addition d'alcool aux vins, soit qu'on veuille relever le titre alcoolique d'un vin trop faible, soit qu'on ait pour but d'obtenir des vins suralcoolisés, tels que madère, porto, jerez, etc. Pour ces derniers vins d'une consommation exceptionnelle, il constitue un mode normal de fabrication; pour les vins de consommation courante, on le proscrit comme étant l'origine et la cause des autres falsifications, le corollaire presque obligé du mouillage. On le redoutait surtout sous l'ancien tarif de douane, lorsque les vins exotiques pouvaient entrer vinés jusqu'à 15°9, en ne payant qu'une taxe de 2 francs par hectolitre.

D'un autre côté, on a souvent très énergiquement réclamé, sous l'influence de récoltes mauvaises, comme en 1882, la faculté pour le vigneron de viner en franchise, ou tout au moins à tarif réduit, le vinage ayant pour effet de fortifier des vins faibles, d'en assurer la conservation en leur permettant de mieux résister aux transports et aux maladies. Mais, par crainte d'abus, cette tolérance n'a pas été accordée, l'amélioration du vin pouvant être obtenue par d'autres procédés.

La loi du 24 juillet 1894, renchérissant sur le droit commun, décide que les pénalités prévues par l'article 423 du Code pénal et la loi du 27 mars 1851 seront applicables même dans le cas où la falsification par addition d'alcool sera connue de l'acheteur. Elle annonce aussi qu'un décret, rendu sur l'avis du Comité consultatif des Arts et Manufactures, déterminera les caractères auxquels on reconnaît les vins suralcoolisés. Ce décret, rendu sur un avis émis par le Comité des Arts et Manufactures dans ses séances des 26 juin et 13 novembre 1895, est intervenu le 19 avril 1898 (*Journal officiel* du 3 juin 1898). Il stipule : « Les vins rouges pour lesquels le rapport de l'alcool à l'extrait réduit est supérieur à 4,6, et les vins blancs pour lesquels ce rapport est supérieur à 6,5 sont présumés suralcoolisés. Toutefois, cette présomption pourra être infirmée lorsque la comparaison des différents éléments constitutifs des vins, leur dégustation, les conditions de leur fabrication, le lieu de leur provenance, permettront d'établir qu'ils proviennent exclusivement de la fermentation de raisins frais. »

Beaucoup de chimistes, d'ailleurs, estiment que l'addition d'alcool au vin ne présente aucun inconvénient, quand elle est faite au moment de la fermentation des moûts; elle n'offre un danger que lorsqu'elle est faite avec de mauvais alcool et au delà d'une certaine proportion, 3 à 4 o/o; le danger vient alors des principes toxiques contenus dans des alcools mal rectifiés.

Il pourra cependant arriver que nos vignerons aient des vins mal constitués, de conservation douteuse, soit par suite de mauvaises conditions climatériques, soit pour cause de maladies cryptogamiques; ne pourront-ils, dans ce cas, brûler une partie de leur récolte pour sauver le reste? Faudra-t-il qu'ils ajoutent un désastre à un autre désastre, ou qu'ils s'exposent aux rigueurs de la loi? Ne seront-ils pas les maîtres de fabriquer leurs vins suivant les nécessités découlant de l'inclémence des saisons et en leur donnant l'addition d'alcool qui en assurerait la conservation, la vente et le transport? Peut-être, dans ce cas, trouveront-ils que la loi de 1894 est bien sévère.

5° *Plâtrage.* — Encore une falsification sur laquelle les chimistes, les hygiénistes, les médecins ont été et sont encore très partagés. La pratique du plâtrage a été générale dans le Midi de la France et de l'Europe, et le législateur, devant les dissensions des savants à son sujet, a pris une mesure mixte. Une première circulaire ministérielle du 21 juillet 1858 accordait immunité complète aux vins plâtrés. Une seconde circulaire du 27 juillet 1880, écrite après avoir pris l'avis du Comité consultatif d'Hygiène publique de France, ne tolérait que dans la limite maxima de 2 grammes par litre la présence du sulfate de potasse dans les vins, soit qu'elle résultât du plâtrage des moûts, du mélange du plâtre ou de l'acide sulfurique au vin, soit qu'elle résultât du coupage des vins non plâtrés avec des vins plâtrés.

La loi du 11 juillet 1891 a consacré législativement cette limite maxima. Elle exige, de plus, que les fûts ou récipients contenant des vins plâtrés en portent l'indication en gros caractères, et que la même indication se retrouve sur les livres, factures, lettres de voiture, connaissements.

6° *Salage*. — Nous ne ferons que le mentionner, la loi du 11 juillet 1891 considérant la présence du chlorure de sodium comme une falsification dans le cas seulement où elle dépasse 1 gramme par litre. On a voulu éviter des poursuites contre certains vins qu'on a coutume, dans quelques régions, de saler légèrement pour les éclaicir et leur donner plus d'éclat. Les vins provenant des bords de la mer contiennent naturellement du sel marin, mais en petites proportions.

Nous laissons de côté les falsifications relatives à la fabrication des vins de sucre et de raisins secs, ayant eu l'occasion de commenter les lois qui les concernent. Notons cependant que la loi du 14 août 1889, article 7, dispose : « Toute addition au vin, au vin de sucre, au vin de raisins secs, soit au moment de la fermentation, soit après, du produit de la fermentation ou de la distillation des figues, caroubes, fleurs de mowra, clochettes, riz, orge et autres matières sucrées, constitue la falsification de denrées alimentaires prévue par la loi du 27 mars 1851. »

On voit par tout ce qui précède qu'on n'a pas toujours été d'accord pour décider si telle ou telle pratique constituait une falsification. Des additions, des mélanges justement proscrits aujourd'hui, licites en d'autres temps, ont parfois permis l'écoulement de vins qui auraient été perdus sans cela.

Nous n'avons fait, d'ailleurs, que signaler quelques-unes des principales manipulations défendues : l'historique et l'étude technique des falsifications ne rentrant pas dans notre sujet.

Nul plus que nous n'est d'avis de réprimer toute sophistication nuisible à la santé publique; mais nous sommes obligé de reconnaître qu'on a souvent fort exagéré le nombre, l'importance, les dangers de pratiques mal connues des savants et pas du tout du public; qu'il en est résulté une méfiance fâcheuse du consommateur et un prétexte à calomnier nos vins à l'étranger.

M. Émile Viard (*Traité général des vins et de leurs falsifications*, Paris, 1884, p. 312 et 313) était de cet avis. Il disait : « Je crois qu'on a beaucoup exagéré la présence des falsifications dans les vins en laissant de côté d'autres produits aussi intéressants pour la consommation, et bien plus falsifiés. Dans tous les vins que j'ai eus à essayer, j'ai constaté ce fait que les vins fraudés provenaient presque tous de l'étranger ou des détaillants; les vins qui provenaient des propriétaires ou des marchands en gros étaient presque tous indemnes... Ma complète indépendance, mon énergie à prohiber la fraude me permettent de relever ce qu'il y a d'injuste dans les attaques dont sont victimes depuis quelques années les négociants en vins. Des analyses publiées par différents laboratoires, il semble résulter que tous les vins seraient fraudés, et l'étranger a exploité singulièrement cette situation, au grand détriment de notre commerce. »

Les « moyennes » chères à certains laboratoires ont eu, à cet égard, la plus déplorable influence, leur allure scientifique étant de nature à impressionner les masses ignorantes. On ne saurait croire combien d'erreurs, d'exagérations, on a publiées à ce sujet. Pour donner un exemple de cet état d'esprit fâcheux, nous détachons quelques extraits d'un journal cependant sérieux, *les Débats,* qui contenait, dans son numéro du 22 mars 1883, sous la rubrique *Revue des sciences,* un réquisitoire complet contre nos vignerons et nos commerçants. On y lisait : « On commence à altérer le vin dès la mise en cuve pour le clarifier et le rendre apte à se conserver. Au soutirage du vin, on ajoute le collage à l'albumine, à la gélatine, au sang, au lait... souvent on y mêle un peu d'alun pour relever le goût... On le coupe, c'est-à-dire qu'on mélange différents crus dans le but de lui donner une composition moyenne se rapprochant des vins adoptés comme types. On le mouille et on le falsifie en y introduisant de la litharge, oxyde de plomb, dans le but de combattre l'acidité; de l'alcool de grains, pour augmenter la teneur en alcool, de la fuchsine qui renferme quelquefois de l'arsenic; de l'acide sulfurique, de l'acide tartrique pour aviver la teinte, acidifier le goût; enfin, des matières colorantes, cochenille, orseille et surtout des sels d'aniline. »

On ne peut que protester énergiquement contre des allégations si étrangement fausses.

Mais ces manifestations n'en sont pas moins de nature à troubler le consommateur, à lui inspirer une certaine répulsion pour sa boisson habituelle et à lui en faire restreindre l'usage. A ce point de vue, elles sont profondément regrettables : elles nuisent à la viticulture, en plaçant ses produits sous le coup d'une suspicion imméritée.

La statistique suivante, empruntée au *Compte rendu général de l'Administration de la Justice criminelle en France et en Algérie* (années 1891 à 1894), montre combien sont rares les délits pour falsification des vins.

Fraude dans la vente des vins.

(Lois des 14 août 1889 et 11 juillet 1891)

	1891	1892	1893	1894
Affaires poursuivies, citation directe.........	45	58	45	24
Affaires poursuivies, après instruction.......	26	1	2	1
Acquittés....................................	18	15	10	12
Condamnés à l'amende seulement..........	67	53	47	17
Condamnés à un emprisonnement de plus d'un an....................................	1	»	»	»
Condamnés à un emprisonnement d'un an et moins................................	2	»	»	»
Condamnés auxquels l'article 463 du Code pénal a été appliqué....................	36	30	23	17

On voit qu'il n'y a eu, en 1894, — c'est la dernière statistique publiée, — que 25 affaires et 29 accusés. 12 de ces accusés ont été acquittés; 17, condamnés à l'amende, ont tous bénéficié des dispositions de l'article 463 du Code pénal. On peut donc dire qu'il n'y a pas eu, en 1894, une seule falsification dangereuse constatée chez nos 250.000 débitants. N'est-ce pas là un fait remarquable? Ne devrait-il pas inspirer pleine confiance et chasser le doute de l'esprit du consommateur?

Section III. — Moyens administratifs en vue de réduire les frais de transport.

Une des préoccupations les plus constantes de la viticulture a été de solliciter des Compagnies de chemins de fer des réductions dans les tarifs appliqués au transport des vins.

Faciliter la circulation, l'échange d'un produit, c'est en préparer la diffusion. L'offrir aux acheteurs avec des prix diminués est un des meilleurs moyens d'en développer la consommation. Nos lignes de fer avaient des barêmes trop élevés; il était nécessaire d'en obtenir la revision.

On faisait valoir, par exemple, pour appuyer les demandes dans ce sens, qu'un vin expédié de Carcassonne à destination de Bordeaux payait, en tarif réduit, par wagon complet, 21 francs les 1.000 kilos, et 36 francs s'il partait de Perpignan; tandis que les vins d'Espagne, embarqués dans un des ports de la Méditerranée, — Huelva, Alicante ou Valence, — n'avaient à supporter qu'un fret de 16 à 18 francs les 1.000 litres ou les 1.100 kilos environ. La différence était très sensible.

Il y avait là un phénomène économique des plus favorables aux vins étrangers. Dans certains cas, avant la loi nouvelle des douanes, le droit de 2 francs par hectolitre perçu à la frontière ne compensait même pas la différence de transport, de sorte que le port de nos vins du Midi était plus élevé que le fret et les taxes de douanes réunis frappant les vins d'Espagne. Un tonneau de vin venant d'Oran ou d'Alger avait 16 francs de fret à payer et 36 francs lorsqu'il était originaire des Pyrénées-Orientales.

Ces anomalies, préjudiciables à la viticulture nationale, étaient la conséquence de la création, heureuse, du reste, de lignes de vapeurs entre l'Algérie, l'Espagne et la France. Les transports par mer, rapides, sûrs et peu coûteux, présentaient des facilités qui poussaient à négliger nos vins du Midi et à les remplacer par des vins d'Espagne et d'Algérie.

Des réclamations, d'ailleurs fondées, se produisirent de tous côtés; on protesta avec énergie contre les fameux tarifs dits de pénétration : ces tarifs, établis après entente entre les Compagnies françaises et espagnoles, arrivaient à ce résultat anormal de créer une sorte de régime de faveur pour les vins introduits en France, favorisant ainsi la production étrangère. On fut écouté, et les Compagnies créèrent quelques tarifs spéciaux, entre autres celui du 20 octobre 1896 permettant de recevoir à Bordeaux des vins de Carcassonne, Béziers, Perpignan, etc., à 18 francs les 1.000 kilos pour les expéditions de vins en fûts de 7.000 kilos au moins. Paris, en vertu du même tarif, ne paie que de 28 à 29 francs pour les vins de la même origine.

En ce moment, les vins du Midi se dirigeant sur Bordeaux ou sur Paris ne sont guère plus grevés de frais de transport que les vins embarqués dans un des ports de la Méditerranée, — Espagne ou Algérie, — à destination d'une de ces deux villes.

On a ainsi fort heureusement corrigé une inégalité très préjudiciable à notre viticulture nationale en même temps qu'on facilitait, d'une façon générale, la circulation du vin en France.

Nous donnons, à titre de renseignement, les tarifs de quelques transports.

	LIEUX D'ORIGINE	PORT pour PARIS les 1.000 kilos	PORT pour BORDEAUX les 1.000 kilos	»	»	OBSERVATIONS
	Pour un poids minimum de 7.000 kilos (Tarif du 20 octobre 1896) :					
VOIE DE FER	Carcassonne....	28 70	18 »			Au-dessous de 7.000^k on paie par 1.000^k à destination de Bordeaux :
	Béziers.........	28 90	18 ».			de Carcassonne.......F. 36 30
	Perpignan......	29 70	18 »			de Béziers.............. 44 70
	Nîmes.........	27 90	26 25			de Perpignan.......... 48 20
		FRET pour PARIS les 1.000 litres	FRET pour BORDEAUX les 1.000 litres	FRET pour CETTE les 1.000 litres	FRET pour MARSEILLE les 1.000 litres	
VOIE MARITIME	Alger..........	30 »	17 »	8 »	8 »	
	Oran..........	30 »	16 »	8 »	8 »	
	Bône..........	30 »	18 »	10 »	8 »	
	Valence........	30 »	18 »	7 »	10 »	
	Alicante.........	30 »	18 »	8 »	10 »	
	Huelva.........	30 »	18 »	12 »	15 »	
		PORT par HECTOLITRE	PORT par HECTOLITRE			Ce tarif s'applique à l'hectolitre, vin logé en fûts ou en barriques, plein et vide, assurance comprise.
VOIE DE FER ET VOIE DE MER	Huesca.........	7 40	5 65			
	Cenicero.......	6 10	4 90			

Section IV. — Mesures dues a l'initiative privée.

Il y a, enfin, à côté des mesures fiscales, législatives et administratives, quelques mesures dues à l'initiative privée qui concourent aussi au développement du commerce, de la circulation et de la consommation du vin. A ce titre, elles sont bonnes à encourager.

Une des plus utiles et des plus ingénieuses consiste dans le « colportage des vins », avec ou sans l'aide des wagons-réservoirs. Des négociants, ayant le sentiment des besoins de la consommation, se sont dit qu'en portant dans les campagnes, au moment des travaux pénibles, fauches ou moissons, des vins qui seraient mis en vente, dans les gares, après avis donné quelques jours à l'avance, on placerait la marchandise sous la main du consommateur par petites quantités au prix du gros; que ces facilités seraient de nature à déterminer non des achats importants, mais des séries de petits achats portant le vin dans les fermes les plus reculées. Et le système a été appliqué sur une assez vaste échelle, donnant d'excellents résultats. Des quantités importantes de vins à bas prix s'écoulent par ce procédé, déchargeant la propriété de produits qui pourraient devenir une gêne et permettant, d'un autre côté, à nos ouvriers agricoles de s'approvisionner au fur et à mesure de leurs ressources et de leurs besoins. Des prix bas sont indispensables au fonctionnement de cette heureuse innovation. Ce n'est, d'ailleurs, qu'à cette condition qu'on peut espérer alimenter la grosse consommation rurale.

S'il est bon, dans l'intérêt de la viticulture, de placer le vin à la portée du consommateur, il a semblé aussi utile de mettre en contact dans le même but les négociants et les propriétaires pour qu'ils pussent s'entretenir de leurs communs besoins, se voir, se connaître; étudier ensemble les vins à vendre, les déguster, les classer, les juger; préparer, conclure des transactions.

De là la création de bourses de vins dans les localités où le commerce de ce produit a une activité sérieuse. A Bordeaux, le Syndicat du commerce en gros des vins et spiritueux de la Gironde vient d'en instituer une dans les locaux de son association : il offre au public des renseignements de toute espèce. On espère ainsi rapprocher autant que possible les producteurs des acheteurs, la propriété du commerce.

Citons, enfin, comme moyen de répandre l'usage de certains vins, l'habitude de les vendre sous des noms indicatifs de leur origine, noms qui constituent de véritables marques demandées par le consommateur. C'est ainsi que les vins de Champagne, de Bourgogne, de Bordeaux jouissent d'une préférence marquée; on les retrouve sur toutes les tables avec, cependant, des qualités bien diverses.

L'écueil de ces appellations génériques, c'est la tendance à vendre sous le couvert de la marque des vins d'une autre origine, de qualité inférieure, à prix avili.

Ce danger s'est surtout manifesté à l'occasion des vins de la Gironde. On peut difficilement apprécier l'énorme quantité de soi-disant « bordeaux » qui entrent dans la consommation.

Aussi les viticulteurs girondins ont-ils fondé une association sous le titre d' « Association syndicale des viticulteurs-propriétaires de la Gironde », ayant pour but de combattre et de poursuivre les fraudes sur les vins; de défendre l'antique et légitime réputation des vrais vins de « Bordeaux »; de ramener la consommation à leur usage, en la mettant en garde contre les vins qui n'ont pas été exclusivement récoltés dans le département; de garantir, enfin, l'authenticité des vins de la Gironde.

Le Syndicat estime que des quantités de vins doubles, triples de celles réellement récoltées dans le département, sont jetées sur le marché sous la dénomination de vins de Bordeaux. La loi de l'offre et de la demande se trouve ainsi faussée par la possibilité de mettre en vente, en quantité illimitée, une marchandise qu'on se procure partout à la place de celle demandée, dont la production est limitée.

De là, mévente et avilissement progressif des prix, à un moment où les frais de culture sont en hausse, impressionnés par la nécessité de soins multiples à donner aux vignes.

Pour remédier à cette situation, il faudrait réduire l'offre de « Bordeaux » aux quantités réellement récoltées et ramener vers ce vin la confiance du consommateur.

Pour réaliser ce double but, l'Association syndicale des viticulteurs-propriétaires de la Gironde a créé une marque spéciale, ingénieuse, difficile à contrefaire, se prêtant à un contrôle précis et rapide, qu'elle délivre à ses adhérents, tous viticulteurs, dans la mesure exacte de l'importance de leurs récoltes.

Elle espère que les consommateurs désireux de boire du vrai vin de Bordeaux exigeront de leur fournisseur, commerçant ou propriétaire, la marque de l'Association. Elle espère aussi que cette demande de produits authentiques mettra fin à la mévente des vins. Entrer dans les détails du fonctionnement de la marque; rechercher les causes spéciales de la mévente des vins girondins; discuter les problèmes qu'elle soulève au point de vue des rapports de la propriété et du commerce; apprécier l'influence possible de la marque sur les phénomènes économiques complexes qui régissent la consommation du vin, nous entraînerait à l'examen de questions locales par trop en dehors de notre sujet.

Nous avons voulu seulement signaler ici une innovation intéressante se proposant la défense directe de la production agricole, sous le régime de la loi du 21 mars 1884.

L'avenir seul dira si l'Association syndicale des viticulteurs-propriétaires de la Gironde, qui compte tirer une grande autorité morale de ce fait qu'elle ne vend rien pour son propre compte, a choisi le moyen efficace de parvenir au très louable but poursuivi.

CHAPITRE IV

IMPORTATIONS ET EXPORTATIONS

IMPORTATIONS

Section I. — Coup d'œil général sur nos importations de 1830 a 1896.

En France, pays grand producteur et grand consommateur de vin, les importations de cette boisson ont pour but de maintenir l'équilibre entre la production et la consommation ; notre mouvement d'affaires avec l'étranger, pour les achats, est déterminé par l'état plus ou moins prospère de nos récoltes. Récolte abondante, importation restreinte ; petite récolte, gros achats à l'étranger : il faut que la consommation soit approvisionnée, et comme elle ne peut l'être sur des stocks créés en vue de disettes, — puisque ces stocks n'existent pas, — il devient absolument nécessaire de recourir aux vins exotiques. Il y a bien, dans les mauvaises années de production, un resserrement de la consommation causé par l'élévation du prix moyen, mais ce resserrement, pouvant atteindre un quatorzième environ des quantités utilisées, est de peu d'importance, si òn le compare au déficit de la récolte s'élevant parfois à 3o ou 4o o/o. Sans doute, des tarifs douaniers mal compris, des tarifs de guerre ou de faveur, des vues erronées sur les meilleurs moyens de protéger la viti-

culture nationale peuvent, dans une mesure sensible, favoriser l'importation ou la limiter, ouvrir ou fermer certains
marchés de l'extérieur, mais le grand régulateur est la nécessité impérieuse de faire face aux besoins du consommateur
lorsque la récolte est insuffisante. Outre ce rôle principal
d'alimenter les besoins des masses, de leur procurer le produit dont l'usage leur est habituel, l'importation a d'autres
rôles secondaires : elle entretient les relations internationales,
les échanges de peuple à peuple; elle crée des liens d'intérêt
et d'amitié, développe la marine marchande, stimule l'initiative de nos commerçants. C'est ainsi qu'elle compense dans
une certaine mesure les maux dont elle est née.

L'activité de nos importations de vins est de date récente;
elles n'existaient pour ainsi dire pas avant 1880. Sous l'influence des désastres causés par le phylloxera et le mildew,
notre production baisse dans d'énormes proportions et cela
jusqu'en 1893. Pendant cette période malheureuse pour la
viticulture, nos importations vont atteindre leur intensité
maximum, se réglant dans leur mouvement sur le mouvement même de notre production.

De 1830 à 1839, de 1840 à 1849[1], notre commerce des
vins exotiques est à peu près nul : nous recevons seulement
de l'étranger une moyenne par an de 2.457 et de 3.474 hectolitres de vins, sur lesquels on compte 1.846 et 2.963 hectolitres de vins de liqueur, contre 467 et 372 hectolitres de vins
ordinaires.

De 1850 à 1869, les importations augmentent sensiblement. Il y a à cette époque un mouvement général du commerce extérieur qui affecte tous les produits. Les vins suivent
ce mouvement.

De 1870 à 1879, nouvelle marche en avant qui se manifeste
surtout dans les années 1878 et 1879. Les vins de liqueur,
après s'être tenus à 27.913 hectolitres de 1860 à 1869, passent à 53.519 hectolitres dans la période décennale qui suit,
et à 107.431 hectolitres dans la seule année 1879.

1. V. tabl. XXIV.

Voici, du reste, les moyennes de l'importation pendant cinquante ans, de 1830 à 1879 :

ANNÉES	VINS ORDINAIRES			VINS DE LIQUEUR	TOTAL GÉNÉRAL
	EN CERCLES	EN BOUTEILLES	TOTAL		
	Hectolitres	Hectolitres	Hectolitres	Hectolitres	Hectolitres
1830-1839	467	144	611	1.846	2.457
1840-1849	372	139	511	2.963	3.474
1850-1859	68.704	693	69.397	10.701	80.098
1860-1869	164.546	1.423	165.969	27.913	193.882
1870-1879	779.134	1.729	780.863	53.519	834.382

Jusque-là nous n'étions guère tributaires de l'étranger : nous lui demandions seulement quelques vins d'assortiment. Mais les récoltes 1879 et 1880 (25.700 et 29.700.000 hectolitres) nous obligent à chercher du vin au dehors. Notre consommation moyenne étant de 38 millions d'hectolitres, il y a à combler un déficit d'environ 12 millions d'hectolitres par an. Aussi les importations prennent-elles, dès 1880, une importance relativement considérable : elles passent brusquement à 7.220.574 hectolitres. Des maisons d'armement se créent, se développent, achètent des navires ; le commerce s'outille ; nos commissionnaires acheteurs parcourent les vignobles étrangers à la recherche de vins réunissant les qualités de goût et de neutralité exigées par le consommateur français. L'activité est grande dans nos ports. Il y eut dans cette période d'initiation bien des tâtonnements inhérents à toute entreprise nouvelle. Tout était à créer à l'étranger : il fallait y améliorer la culture de la vigne, les procédés de vinification, les soins à donner aux vins.

Nous verrons plus tard que l'Espagne et l'Italie furent les premières nations à bénéficier de ce mouvement d'affaires, mouvement qui se trouva facilité par une hausse importante du prix moyen à la vente, chez les marchands en gros. Ce prix moyen est à 40 francs en 1878 : il passe à 54 francs deux ans après, en 1880.

De 1880 à 1891 [1], l'importation continue sa marche ascendante déterminée par la pénurie des récoltes : dans cette période se placent nos tristes années de mildew. En 1883, nos importations sont de 8.980.793 hectolitres; en 1886, de 11.042.091 hectolitres; en 1887, de 12.282.286 hectolitres; en 1889, de 10.470.127 hectolitres; en 1891, de 12.280.458 hectolitres. En même temps que les importations grandissent, la consommation diminue, bien qu'elle s'alimente à une source nouvelle : la fabrication des vins artificiels.

A partir de 1891, les récoltes sont un peu moins mauvaises; les 30 millions d'hectolitres de 1891 et 1892 sont une amélioration : ils font passer les importations, en 1892 et 1893, à 9.400.136 hectolitres et 5.895.308 hectolitres. Il faut voir là aussi l'influence du nouveau tarif des douanes du 11 janvier 1892.

En 1893, nous récoltons 50 millions d'hectolitres de vin; les importations de 1894 descendent à 4.495.573 hectolitres. Mais les récoltes de 1894 et de 1895 n'ayant pas été aussi favorables, nos importations se relèvent à 6.336.519 hectolitres en 1895, et à 8.818.716 hectolitres en 1896.

Notons que la valeur de ces importations de vins a été de :

	Francs		Francs
1880	313.899.474	1892	305.627.000
1885	388.625.000	1894	144.807.000
1889	383.742.000	1896	293.921.000

De 1880 à 1896, nous avons porté à l'étranger la somme énorme de 5.775.578.000 francs. Ce n'était là qu'une partie de la perte subie par notre viticulture : elle se ruinait en même temps à reconstituer ses vignes!

Après cette revue rapide de l'ensemble de nos importations, il convient d'examiner à quels pays nous avons demandé de combler nos déficits de récolte, ainsi que les causes ayant déterminé nos choix. Nos fournisseurs principaux ont été : l'Espagne, l'Italie, le Portugal, l'Autriche, la Turquie, l'Algérie et la Tunisie.

1. V. tabl. XXV.

SECTION II. — IMPORTATIONS PAR PAYS D'ORIGINE.

1° L'*Espagne*. — Voici le détail de nos importations de ce pays, année par année, depuis 1880[1] :

	Hectolitres		Hectolitres
1880	5.112.387	1889	7.052.208
1881	5.717.938	1890	7.868.331
1882	6.233.074	1891	9.708.371
1883	6.297.377	1892	5.612.359
1884	5.189.864	1893	3.598.531
1885	5.712.890	1894	2.189.711
1886	6.425.855	1895	3.044.256
1887	7.254.829	1896	5.215.651
1888	7.898.494		

Ce relevé montre que la plus grande partie de nos achats est allée à l'Espagne. Il devait en être ainsi : la Péninsule Ibérique est notre voisine; les communications avec elle sont faciles; le réseau des voies ferrées desservait les contrées vinicoles qui se trouvaient ainsi en communication directe avec les ports de mer; les frais de transport étaient réduits : nous recevions des vins de Pasages, d'Huelva, d'Alicante, de Valence, avec des frets dont le coût était moindre que les frais de transport par chemins de fer de Béziers à Bordeaux ou à Paris; d'un autre côté, ses vins se prêtaient admirablement aux usages auxquels on les destinait : ils donnaient à nos vins la couleur, la richesse alcoolique et la tenue qui leur faisaient défaut. Le Portugal et l'Italie nous envoyaient des vins plus délicats, d'un prix plus élevé, d'un emploi limité. L'Espagne nous fournissait le vin de coupage pour nos vins communs. Ajoutons que les achats étaient plus faciles en Espagne, l'Espagnol buvant peu de vin et sa récolte étant presque entièrement libre pour les transactions.

Aussi, dès 1854, l'Espagne commence ses envois. Très

---

1. Ces chiffres sont extraits de notre tableau XXV; même renvoi pour ceux qui concernent les autres pays auxquels nous demandons des vins.

faibles d'abord, ils augmentent sensiblement vers 1873-1874. C'est seulement depuis 1880 qu'ils prennent une réelle importance. Ils atteignent leur maximum en 1891, avec 9.708.371 hectolitres, dépassant de plus de 2 millions d'hectolitres le chiffre moyen des quatre années précédentes. Ce mouvement semble anormal. Il s'explique cependant : l'année 1890 avait été une année d'abondance pour l'Espagne ; nos importateurs avaient fait des achats importants avant l'application du nouveau régime des douanes, et ils reçurent, à la fin de 1891 et dans les premiers jours de 1892, des quantités considérables de vin rentrant à l'ancien tarif. Ce vin créa un stock dans les entrepôts, qui, joint à notre belle récolte de 1893, ramena les importations de 1893 et 1894 à 3.598.531 et 2.189.711 hectolitres. Notre faible récolte de 1895 nous valut une recrudescence d'importation, et l'Espagne nous envoya, en 1896, 5.221.092 hectolitres.

Aucune convention n'a remplacé le traité de navigation et de commerce du 6 février 1882 existant entre la France et l'Espagne. Ce traité a cessé d'exister depuis le 1er février 1892. En vue d'établir un *modus vivendi* provisoire, les deux gouvernements se sont accordé réciproquement le bénéfice des tarifs les plus réduits : les marchandises espagnoles, en France, jouissent du tarif minimum français et les marchandises françaises en Espagne ont le bénéfice des tarifs conventionnels espagnols, résultant de conventions passées avec certains pays étrangers énumérés dans la loi espagnole du 30 juin 1892 (loi du budget).

La valeur des vins importés d'Espagne, commerce spécial, est de :

	Francs		Francs
1887	263.200.000	1892	184.000.000
1888	285.500.000	1893	112.900.000
1889	259.900.000	1894	73.100.000
1890	253.000.000	1895	104.300.000
1891	316.200.000	1896	172.000.000[1]

1. Tous les chiffres que nous donnons sur la valeur des vins importés des divers pays étrangers sont extraits des *Annales du Commerce extérieur,* 3e fascicule de 1897.

Soit plus de 2 milliards dans la période décennale 1887-1896!

2° *Italie.* — Importation des vins italiens, année par année, 1880-1896 :

	Hectolitres			Hectolitres
1880	1.604.302		1889	110.936
1881	1.556.269		1890	26.642
1882	808.633		1891	16.435
1883	1.932.261		1892	344.550
1884	2.173.509		1893	128.881
1885	889.558		1894	30.902
1886	1.928.453		1895	23.988
1887	2.723.606		1896	22.486
1888	1.053.937			

Les importations des vins italiens ont été toujours beaucoup plus irrégulières que celles des vins d'Espagne. La consommation italienne absorbe la plus grosse partie de la production nationale. Il n'y a pas, comme en Espagne, des stocks toujours libres qu'il faut écouler et qui seraient sans emploi si on ne les envoyait à l'étranger. Les approvisionnements y sont moins faciles, moins rapides, et les frais de transport plus élevés. Quand la récolte italienne est faible, le prix moyen se relève sous l'impulsion de la demande, qui parfois dépasse l'offre, et, dans ce cas, les vins de cette contrée ne peuvent concurrencer sur notre marché les vins des autres pays exportateurs. C'est ce qui se produisit en 1882 sous l'influence de la récolte de 1881 (17.842.494 hectolitres) et en 1885 sous l'influence de la récolte de 1884 (19.521.505 hectolitres).

Les importations d'Italie n'ont eu, d'ailleurs, une réelle importance que de 1880 à 1888 : la moyenne annuelle pendant cette période a été de 1.630.000 hectolitres. De 1888 à 1891, ces importations sont presque nulles. Leur moyenne annuelle, de 1889 à 1895, est de 97.400 hectolitres.

Cette diminution tient à ce que, depuis le 1er mars 1888, époque où le traité de commerce du 3 novembre 1881 entre les deux pays a cessé d'exister, aucune convention commerciale n'a été conclue avec l'Italie. Bien au contraire, on s'est appliqué de part et d'autre, pendant plusieurs années, des tarifs de guerre. Ces régimes d'exception, créant entre les deux peuples une irritation constante, ont heureusement pris fin en 1892, et les importations de chaque pays dans l'autre ont été placées sous le régime des tarifs généraux respectifs. En France, l'article 17 de la loi de douane du 11 janvier 1892 a abrogé la loi du 27 février 1888, frappant les importations italiennes de surtaxes particulières : 20 francs l'hectolitre pour les vins en fûts et 60 francs par 100 bouteilles; en Italie, une loi du 25 décembre 1889 a abrogé le décret royal du 29 février 1888, lequel frappait nos importations de surtaxes spéciales. Mais le prix des vins italiens, les frais divers qu'ils ont à subir, les droits de notre tarif général sont suffisamment élevés pour arrêter tout commerce de vins réellement important avec l'Italie.

Valeur de nos importations de vins italiens de 1887 à 1896 :

	Francs			Francs
1887	97.300.000		1892	10.800.000
1888	38.100.000		1893	4.100.000
1889	4.600.000		1894	1.400.000
1890	1.300.000		1895	1.100.000
1891	900.000		1896	1.200.000

3° *Portugal.* — Nos importations de vins de Portugal, de 1880 à 1896 ont été de :

	Hectolitres			Hectolitres
1880	33.887		1889	875.593
1881	262.371		1890	203.089
1882	248.936		1891	30.396
1883	327.865		1892	64.448
1884	291.392		1893	5.257
1885	890.390		1894	6.835
1886	1.430.490		1895	7.558
1887	826.341		1896	6.560
1888	1.105.648			

Ces importations ont été surtout actives de 1881 à 1889,

atteignant leur maximum en 1886, avec 1.430.490 hectolitres. Dans cette dernière année, le Portugal nous fournit en abondance des vins de qualité remarquable. Nos acheteurs parcoururent toutes les provinces, du Minho à l'Estramadura ; la Beira Alta et la Beira Baixa se firent surtout remarquer par la beauté de leurs produits.

De 1881 à 1889, la moyenne annuelle des exportations est de 695.000 hectolitres. Puis les envois baissent dans des proportions considérables, en 1890-1891 et 1892. Cette brusque diminution de nos achats venait de l'impossibilité pour le Portugal de satisfaire ses clients étrangers : la viticulture portugaise subissait, en effet, une crise violente : l'oïdium, le phylloxera, le mildew, s'étaient abattus sur ce malheureux vignoble, détruisant les vignes, altérant la qualité des vins, réduisant la récolte à d'infimes quantités à peine suffisantes pour la consommation intérieure.

Enfin, à partir de 1892, notre trafic en vins de Portugal disparaît presque complètement : c'est à peine si l'on importe de 5 à 7.000 hectolitres, dont les deux tiers en vins de Porto, vin d'un commerce tout spécial dont la demande est forcément limitée, car il s'agit là d'une consommation de luxe. Cela s'explique à la fois par le relèvement de nos récoltes, par la faiblesse de la production portugaise, à peine suffisante pour la consommation intérieure, et surtout par l'expiration, le 1ᵉʳ février 1892, du traité de commerce et de navigation conclu entre la France et le Portugal, le 19 décembre 1881. Aucune convention nouvelle n'étant intervenue, les tarifs généraux des douanes sont applicables dans chaque pays respectivement aux provenances de l'autre pays.

Valeur des vins de Portugal importés de 1886 à 1896, commerce spécial :

Francs		Francs
1886 .... 65.200.000		1892 .... 3.000.000
1887 .... 29.300.000		1893 .... 400.000
1888 .... 39.200.000		1894 .... 600.000
1889 .... 31.100.000		1895 .... 700.000
1890 .... 6.700.000		1896 .... 600.000
1891 .... 1.500.000		

4° *Autriche*. — Importation des vins d'Autriche, de 1880 à 1896 :

	Hectolitres			Hectolitres
1880...............	289.642		1889...............	422.248
1881...............	100.937		1890...............	360.528
1882...............	101.557		1891...............	203.396
1883...............	164.374		1892...............	79.397
1884...............	169.542		1893...............	8.844
1885...............	210.933		1894...............	4.551
1886...............	391.190		1895...............	4.922
1887...............	339.944		1896...............	10.986
1888...............	427.904			

Nous n'avons jamais demandé à l'Autriche qu'un faible appoint pour notre consommation. L'importation a été à son maximum en 1888-1889 : nous étions à ce moment-là en guerre de tarifs avec l'Italie. Ce pays ne peut être, du reste, que faiblement exportateur, sa récolte, d'un prix élevé, n'étant pas suffisante pour les besoins de la consommation intérieure. Il est même devenu importateur depuis que les maladies ruinent ses vignes. De plus, les régions de l'empire austro-hongrois .où notre commerce peut s'alimenter sont limitées : il n'y a guère que la Dalmatie et les îles de l'Adriatique qui puissent envoyer du vin sur nos marchés, en raison de leur voisinage de la mer. Les vins de ces contrées sont beaux et bons, mais le prix en est trop élevé pour nos emplois; il en est de même pour les vins de Hongrie.

De 1880 à 1891, nous importons une moyenne annuelle de 265.182 hectolitres; puis, à partir de 1892, nos achats diminuent pour tomber aux chiffres infimes de 4.500 à 5.000 hectolitres.

Ce résultat s'explique par une amélioration de nos récoltes et la baisse du prix moyen en France, coïncidant avec une diminution dans les récoltes austro-hongroises. Les tarifs de douane n'y sont, en effet, pour rien, car il existe entre l'Autriche et la France une convention de commerce du 18 février 1884. En exécution de cette convention, portant la clause du traitement de la nation la plus favorisée, un décret du 3o janvier 1892 a admis au bénéfice du tarif minimum français les produits austro-hongrois. Mais les vins autrichiens ne peuvent soutenir sur nos marchés la concurrence des vins espagnols dont l'importation est favorisée par un prix de revient moindre et par le change qui en diminue encore la valeur.

Valeur des vins autrichiens importés en France de 1886 à 1896 :

	Francs			Francs
1886	17.600.000		1891	6.100.000
1887	11.900.000		1892	2.400.000
1888	15.000.000		1893	200.000
1889	14.800.000		1894	»
1890	10.800.000		1895	200.000

5° *Turquie.* — Importation des vins de Turquie de 1880 à 1896 :

	Hectolitres			Hectolitres
1880	100.866		1889	193.573
1881	90.969		1890	237.886
1882	38.996		1891	271.872
1883	85.762		1892	210.853
1884	38.571		1893	127.571
1885	68.542		1894	121.224
1886	193.323		1895	154.805
1887	230.820		1896	164.393
1888	121.579			

Contrairement à ce qui s'est passé pour les pays ci-dessus examinés, nos importations de Turquie, si elles n'ont jamais été considérables, ont du moins conservé un caractère de régularité remarquable, et alors que nous n'achetions presque plus rien en Italie, en Portugal, en Autriche, nous n'avons cessé de demander quelques vins à la Turquie, même depuis 1893. En 1894 et 1895, alors que nos importations générales fléchissent très sensiblement, notre chiffre d'affaires avec la Turquie se maintient à un niveau suffisant. Nous demandons surtout des vins blancs à ce pays.

De 1880 à 1885, notre moyenne d'importation annuelle est

de 70.621 hectolitres; elle passe à 186.350 hectolitres dans la période décennale 1886-1895. L'importation des vins turcs est facilitée par ce fait que le tarif minimum leur est assuré par la loi du 29 décembre 1891 et le décret du 30 janvier 1892.

Valeur des vins turcs importés en France de 1887 à 1896, commerce spécial :

	Francs			Francs
1887	8.900.000		1892	10.900.000
1888	5.100.000		1893	7.500.000
1889	8.700.000		1894	7.800.000
1890	12.700.000		1895	10.600.000
1891	13.200.000		1896	14.400.000

6° *Algérie*. — Importation des vins d'Algérie de 1880 à 1896 :

	Hectolitres			Hectolitres
1880	17.061		1889	1.581.085
1881	10.834		1890	1.959.273
1882	9.516		1891	1.847.003
1883	83.342		1892	2.821.639
1884	187.529		1893	1.818.459
1885	320.984		1894	2.011.380
1886	487.926		1895	2.910.134
1887	760.987		1896	3.193.841
1888	1.224.628			

Nos importations d'Algérie grandissent à mesure que le vignoble de notre colonie s'étend et produit davantage. En 1880, l'Algérie avait 23.723 hectares de vignes donnant 432.580 hectolitres de vin : notre importation est, cette année-là, de 17.061 hectolitres; elle passe à 2.910.134 hectolitres en 1895, avec une récolte de 3.797.693 hectolitres. Nous consommons les trois quarts de son vin.

De 1880 à 1884, en quatre ans, nos importations suivent une marche ascendante des plus caractéristiques : elles décuplent. Le chiffre même de 1885 est plus que doublé trois ans après! A partir de 1888, notre marché étant fermé aux vins italiens, l'importation de notre belle colonie prend un nouvel essor, et, à partir de ce moment, la moyenne annuelle s'élève à 2.021.700 hectolitres.

L'Espagne et l'Algérie, depuis 1889, sont à peu près seules à combler les défaillances de notre vignoble. En 1894 et 1895, leurs envois se balancent ou à peu près. Leurs vins ne sont pas en concurrence : ils correspondent à des besoins différents. Les produits de l'Algérie, terre française, nous arrivent en franchise des droits de douane. Notre colonie a trouvé dans la culture de la vigne une ressource sérieuse. Elle sera le centre indiqué où nous continuerons d'aller chercher, si c'est utile, les vins nécessaires à combler le déficit de nos récoltes.

Valeur des vins algériens importés en France de 1886 à 1895 :

	Francs			Francs
1886............	22.000.000		1891............	55.400.000
1887............	26.700.000		1892............	84.800.000
1888............	42.900.000		1893............	51.000.000
1889............	55.400.000		1894............	56.400.000
1890............	58.900.000		1895............	88.600.000

Nous avons acheté à l'Algérie, en dix ans, 542.100.000 fr. de vin, soit, en moyenne, 54.210.000 francs par an !

7° *Tunisie.* — Importation de vins de Tunisie de 1890-1891 à 1896-1897 (l'année commençant le 1er juillet et finissant le 30 juin) [1] :

	Hectolitres			Hectolitres
1890-1891.........	12.358		1894-1895.........	80.370
1891-1892.........	31.626		1895-1896.........	136.896
1892-1893.........	49.076		1896-1897.........	47.123
1893-1894.........	37.509			

Ces vins jouissent d'un tarif de faveur. La loi du 19 juillet 1890 dispose : « Les vins jusqu'à 11°9 paient à l'entrée en France un droit de 60 centimes par hectolitre; au-dessus

---

1. Les chiffres relatifs aux importations de Tunisie (quantités et valeurs) nous ont été fournis par la Régence de Tunis, direction de l'Agriculture et du Commerce.

de 11°9, ils paient une taxe supplémentaire de 70 centimes par degré. »

Voici la valeur des vins importés de 1888 à 1896 :

	Francs		Francs
1888............	2.502	1893............	1.106.885
1889............	60.228	1894............	584.785
1890............	320.790	1895............	2.534.958
1891............	497.640	1896............	1.568.306
1892............	1.178.360		

Grâce au tarif très réduit qui leur est appliqué, les vins de la Régence peuvent lutter sur nos marchés avec les vins algériens; leur qualité relative leur permet de supporter quelques légers suppléments de frais de transport et de droits de douane.

SECTION III. — DE NOTRE RÉGIME DOUANIER ACTUEL.

De ce rapide exposé, que nous avons essayé d'éclairer à l'aide des chiffres fournis par la statistique, il résulte que nós importations ont suivi, depuis 1880, une marche ascendante, pour atteindre leur maximum de 1886 à 1891 et qu'elles ont diminué dans de fortes proportions à partir de cette époque. Le principal agent de ces fluctuations est certainement l'état même de nos récoltes : quand elles sont insuffisantes, il faut bien chercher au dehors le vin nécessaire à alimenter la consommation; quand elles sont normales, les besoins en vins exotiques diminuent ou même disparaissent. Mais on comprend sans peine que ces importations seront plus ou moins faciles selon la nature de nos relations internationales avec les pays nos fournisseurs et que nos tarifs à l'entrée en France auront sur elles une influence marquée. Enfin, le législateur, dans l'intérêt de la viticulture, doit se préoccuper de limiter nos achats à l'étranger à la stricte mesure de nos besoins et d'éviter que l'importation, au lieu de fonctionner selon le

jeu respectif de la production et de la consommation nationales, ne vienne, d'une façon continue et exagérée, jeter sur
nos marchés des vins susceptibles de constituer pour nos vins
français une concurrence désastreuse. Cet équilibre entre les
nécessités de la consommation, les intérêts du commerce et
la protection due à la viticulture est singulièrement difficile à
maintenir. Les partisans du libre-échange sont aussi nombreux que ceux du protectionnisme et les meilleurs esprits
sont divisés sur la question des traités de commerce.

Les limites de notre travail nous interdisent de donner un
aperçu même sommaire de ces controverses; aussi nous bornerons-nous à quelques réflexions plus immédiates sur notre
régime douanier actuel.

Avant la loi de douanes du 11 janvier 1892, nous avions
avec tous les pays où s'approvisionnait notre importation de
vins des traités de commerce qui leur assuraient le tarif
minimum, soit 2 francs par hectolitre de vin jusqu'à 15°9.
Il y avait bien un tarif général de 4 fr. 50 par hectolitre,
mais il n'était pas appliqué.

La loi du 11 janvier 1892 a établi sur les vins provenant
exclusivement de la fermentation des raisins frais un droit
de 1 fr. 20 par degré alcoolique et par hectolitre de liquide
jusqu'à 11° exclusivement, c'est-à-dire jusqu'à 10°9. Cette
taxe est réduite, pour le tarif minimum, à 70 centimes par
degré alcoolique et par hectolitre de liquide. Pour les vins
à partir du 11° inclusivement, les droits sont les mêmes sur
les dix premiers degrés, avec payement, par chaque degré
en sus, d'une taxe de douane égale au montant du droit de
consommation de l'alcool, soit actuellement 156 fr. 25 par
hectolitre d'alcool pur. Les vins paient donc par hectolitre
ou 70 centimes ou 1 fr. 20 par degré jusqu'à 10°, et 1 fr. 5625
pour chaque degré en sus de 10.

Les vins d'origine étrangère autres que ceux provenant
exclusivement de la fermentation des raisins frais (vins de
raisins secs, vins de sucre, etc.) sont compris par les tarifs
douaniers dans les boissons fermentées non dénommées qui

suivent, au point de vue du régime intérieur aussi bien qu'au point de vue des taxes d'importation, le régime de l'alcool. Nous ne nous occuperons pas de ces vins.

Quant aux vins ordinaires, on a substitué au droit unique frappant tous les vins jusqu'à 15°9 une échelle graduée atteignant les vins suivant leur richesse alcoolique. Il en résulte une augmentation considérable des droits, rendue sensible par le tableau suivant :

	TARIF GÉNÉRAL	TARIF CONVENTIONNEL
	Francs	Francs
Droit ancien : jusqu'à 15° par hectolitre..........	4 50	2 »
Tarif nouveau. Vin à 10° par hectolitre..........	12 »	7 »
— 11° —	13 56	8 56
— 12° —	15 12	10 12
— 13° —	16 69	11 69
— 14° —	18 25	13 25
— 15° —	19 81	14 81

Si l'on recherche quelle a pu être l'influence du système inauguré par le nouveau tarif de 1892, on s'aperçoit qu'elle a été singulièrement limitée en fait et que les conditions économiques au milieu desquelles les deux régimes ont évolué étaient toutes différentes. Cela écarte, comme impossible à trancher, la question embarrassante de suprématie.

Sous le régime des traités de commerce, l'importation jouissait des plus grandes facilités et d'un tarif réduit exceptionnellement favorable. Aussi a-t-elle pu se développer en toute liberté. La consommation française en a bénéficié à un moment où de faibles récoltes, mauvaises de qualité, l'obligeaient à recourir à l'étranger. Disons aussi, quelque téméraire que paraisse cette opinion, que la viticulture elle-même y a trouvé des avantages, pas immédiats, mais lointains : en offrant aux masses des vins à bas prix, le commerce a entretenu, conservé une clientèle qui aurait pu très bien prendre d'autres habitudes et qui se trouve prête à revenir à nos vins français.

La viticulture n'a jamais paru beaucoup touchée de cette considération, et devant ce qu'elle a cru être, un moment, la mévente de ses vins, elle a réclamé des droits protecteurs qu'on lui a accordés, non sans raison du reste. Nous avons vu dans quelles limites effrayantes ses pertes s'étaient élevées.

Le mouvement protectionniste qui nous occupe s'est produit à un moment où l'on n'avait déjà plus à redouter la concurrence des vins italiens, portugais et autrichiens : depuis 1888, en effet, nos relations commerciales avec l'Italie se manifestaient sous forme de tarifs de guerre; dès 1890, deux ans avant l'application du tarif général, le Portugal, ravagé par les maladies de la vigne, ne produisait plus assez pour sa consommation et assistait, impuissant, à une effrayante diminution de ses exportations; dès la même époque, l'Autriche limitait ses exportations à des quantités insignifiantes, devenait importatrice pour assurer les besoins de sa consommation intérieure : son admission au tarif minimum ne pouvait suffire à provoquer une exportation impossible.

Seules nos importations d'Espagne ont pu être influencées par les tarifs de 1892.

Notons aussi que notre mouvement d'importation diminuait sensiblement peu après l'application du nouveau régime; cette diminution provenait bien plus de l'état satisfaisant de nos récoltes que de l'application des nouvelles taxes. En l'absence de tous autres pays, l'Espagne et l'Algérie suffisaient à combler le déficit de nos récoltes.

Les tarifs protecteurs seraient surtout utiles si les pays producteurs revenaient à de grosses récoltes, ce qui est improbable. Pour le moment, ils ne nous protègent que contre l'Espagne et l'Italie. Ils remplissent leur but quant à l'Italie; il nous faut examiner s'il en est de même quant à l'Espagne,

L'Espagne a été, depuis 1880, notre grand fournisseur : sa

situation, la nature de ses vins, leur prix, sa consommation, toujours bien inférieure à sa production, en font un marché sûr et commode. Tant que nos récoltes ne suffiront pas à notre consommation intérieure, c'est à elle que notre intérêt nous recommandera de recourir. Mais il ne faudrait pas que ses vins pussent venir faire une concurrence désastreuse aux nôtres; nous devons nous mettre en garde contre cette éventualité. Sommes-nous suffisamment protégés par les tarifs en vigueur?

Les vins espagnols ont une moyenne alcoolique beaucoup plus élevée que les nôtres. M. H. Kehrig donne dans son *Aperçu sur l'Espagne vinicole*[1] un tableau des diverses contrées vitifères espagnoles et du degré alcoolique de leurs vins. Il cite les résultats obtenus par le laboratoire de chimie installé pour analyser les vins à l'Exposition vinicole de Madrid, en 1877, et qui avait examiné 2.955 échantillons de diverses années. De ces documents, il ressort que, dans les régions où s'approvisionne notre commerce d'importation, la grande majorité des vins accuse une richesse alcoolique de 13 à 14°, et que les vins à 15° n'y sont pas rares.

Or, notre importation, depuis la loi du 11 janvier 1892, accuse surtout de vins à 9, 10 et 11°. On a reproché, ce qui était singulièrement exagéré, aux vins espagnols à fort degré de servir de véhicule à une importation déguisée d'alcools allemands; mais que dire des vins à 9, 10, 11°, originaires de vignobles qui fournissent des vins à 13, 14 et 15°! Par crainte de l'alcoolisation, n'est-on pas tombé dans le mouillage? Nous en trouvons la preuve dans ce fait que M. Gruet, député de la Gironde, a appelé, au mois de mars 1898, l'attention de M. le Directeur général des Douanes sur les inconvénients graves résultant des errements suivis à la douane de Bordeaux à l'égard des vins exotiques reconnus mouillés. Le service autorisait l'importateur à réexporter ces vins sans condition de destination. Il arrivait que ces vins, refusés en

1. H. Kehrig, *Aperçu sur l'Espagne vinicole*, Feret et fils, Bordeaux, 1887, p. 88 et suivantes.

France, étaient dirigés sur des marchés de consommation sous la dénomination mensongère de vins de la Gironde. Pour couper court à ces manœuvres, il a été décidé que ces vins ne pourraient être réexportés qu'à destination des pays d'origine.

Il y a dans cet incident administratif l'indice de mouillages répétés à l'étranger : on se pose pour objectif d'introduire des vins à 10°9 afin de payer la taxe la plus réduite. L'Espagne seule est intéressée à cette manœuvre. Nous avons dit que l'importation accusait surtout des vins à 9, 10 et 11°; nous en trouvons la preuve dans le relevé par degré et pays de provenance des vins ordinaires importés à Bordeaux en 1894, 1895, 1896 et 1897, relevé officiel fourni par l'Administration des Douanes[1]. On remarquera :

1° Que les quantités de vins importés d'Espagne et titrant de 9 à 12° ont été sans cesse en augmentant :

ANNÉES	9°	10°	11°	12°
	Hectolitres	Hectolitres	Hectolitres	Hectolitres
1894.........	4.023	47.457	80.494	79.440
1895.........	19.528	222.167	129.656	136.690
1896.........	65.742	459.978	187.061	66.594
1897.........	88.805	448.851	217.358	142.428

2° Que les quantités de vins titrant 13, 14 et 15° ont diminué sensiblement :

ANNÉES	13°	14°	15°
1894.........	120.479	69.854	24.661
1895........	109.724	66.084	5.315
1896........	71.529	20.475	1.816
1897........	94.200	25.719	3.125

Dans cette période de quatre années, les vins à 9, 10, 11°, figurent dans nos importations d'Espagne par le port de Bordeaux pour 1.971.120 hectolitres, alors que les importations de vins à 12, 13, 14, 15°, ne s'élèvent qu'à

1. V. tabl. XXIII.

1.038.133 hectolitres. Il n'y a pas de raison pour que les vins importés par les autres ports ne présentent les mêmes particularités.

Cette situation est anormale et manifestement contraire au but poursuivi par le législateur de 1892. Elle est aussi préjudiciable à notre viticulture qui se trouve plus directement en butte à la concurrence des vins espagnols. Il n'est pas question de proscrire les vins d'Espagne, tant que nos récoltes seront insuffisantes à parer aux besoins de la consommation. Les intérêts de la viticulture sont très respectables : pas cependant autant que ceux des consommateurs. Demandons des vins à nos voisins, mais que ce soient des vins riches en couleur, à titre alcoolique élevé, nous permettant d'améliorer nos petits vins de France. Nous avons moins besoin d'un appoint quantitatif que d'un appoint qualitatif. Des vins à 9, 10 et 11° allongent notre production sans l'améliorer : ils viennent simplement concurrencer nos produits sur notre propre marché.

C'est là une des conséquences malheureuses du tarif de 1892. Si l'on juge ce tarif d'après les résultats obtenus, il semble avoir un double défaut : il n'est pas assez élevé pour les vins à degré moyen, il l'est trop pour les vins à fort degré. La taxation au degré, juste en apparence, puisqu'il semble que plus un vin est riche en alcool et plus sa valeur marchande est grande, n'a pas donné les résultats qu'on en attendait. Le remède serait peut-être dans un remaniement de nos tarifs. Il faudrait se poser pour objectif de faciliter l'importation de beaux vins, à fort degré, et de réduire celle des vins de 9 à 11°.

Un autre très grave inconvénient du tarif actuel, vient de l'état du change en Espagne. La crise des changes a commencé dans ce pays, au mois de mai 1891. Ils étaient de 2,20 au 31 décembre 1890; de 13,60 au 31 décembre 1891; de 21,50 au 30 juin 1894; de 29 au 30 juin 1897; et de 40 o/o au 1er avril 1898. On voit que le mouvement ascendant a été continu et qu'il avait son point de départ bien avant l'application des nouveaux tarifs douaniers français.

Sans entrer dans une étude, même sommaire, du change et de ses effets, sans rechercher si la politique monétaire suivie par la Banque d'Espagne est la cause réelle de cette hausse, ou s'il faut y voir, en grande partie, les conséquences des besoins d'argent créés par la guerre de Cuba, quelques remarques s'imposent au point de vue spécial auquel nous nous plaçons : l'importation des vins espagnols en France.

Deux théories contraires s'offrent à nous sur les conséquences des changes avariés.

D'après l'une, la crise des changes extérieurs, c'est-à-dire une dépréciation extérieure de la monnaie nationale, ruine les pays qui la subissent, parce qu'elle augmente, dans la proportion de la perte au change, leurs charges extérieures et qu'elle élève, à l'intérieur de leur territoire, le prix général des choses, en raison directe de la dépréciation monétaire extérieure. Par conséquent, la perte au change ne peut constituer une prime à l'exportation pour les produits naturels de ces pays, puisque, finalement, c'est le cours de l'or qui règle le prix de toutes choses, et les produits similaires des pays à circulation monétaire au pair de l'or ne peuvent subir le contre-coup de cette perte au change.

D'après l'autre, les crises du crédit extérieur et la hausse des changes sont favorables aux pays qui les subissent : elles élèvent, en effet, une barrière protectrice proportionnelle à la hausse des changes elle-même contre la concurrence intérieure des produits similaires étrangers; elles créent, en faveur des produits indigènes, une prime d'exportation également proportionnelle à la hausse des changes. Cela porte, par contre-coup, un grave préjudice aux nations à circulation monétaire au pair de l'or, en obligeant leurs produits, les produits agricoles surtout, à subir dans leur pays même une concurrence d'autant plus redoutable qu'il n'est pas au pouvoir des producteurs de modifier les

conditions économiques extérieures résultant de ce phénomène monétaire. Il est vrai que ces crises du change finissent
pas déterminer, dans les pays où elles sévissent, une
circulation exagérée de papier-monnaie qui perd peu à peu
de sa valeur intérieure. A cette seconde période, apparaît
une élévation du prix général des choses tendant à se
rapprocher de la valeur de l'or. Mais la hausse est lente à
se produire et le change reste, pendant ce temps, une
véritable prime à l'exportation, resserrant l'importation,
lésant les intérêts économiques des pays au pair de l'or.
C'est ce que M. Grenfell, gouverneur de la Banque d'Angleterre, appelait spirituellement « un droit protecteur au
rebours contre le producteur étranger »[1].

L'Espagne en est encore à la première période ; des signes
précurseurs font cependant croire qu'elle passera à la seconde,
si le change ne s'améliore pas, ce qui est actuellement improbable. L'or a complètement disparu de la circulation : il
s'achète au même prix que la monnaie française. Le papier
n'a pas encore cours forcé : on le prend même de préférence
à l'argent qui ne sert que d'appoint. Le prix général des
choses n'a pas, jusqu'à ce jour, sensiblement varié ; mais la
hausse du change tend à faire augmenter le prix des produits
du sol : céréales, vins et huiles, favorisant ainsi l'agriculture
au détriment des salariés et du Trésor. Les loyers, les salaires
n'ont pas changé ; il n'en est pas de même des objets d'alimentation qui ont subi une hausse assez forte. L'habillement
ordinaire avec les draps grossiers du pays et la cotonnade de
Barcelone n'a pas augmenté de prix, mais la valeur des
draps fins de France et d'Angleterre a suivi le mouvement
du change.

Jusqu'à ce jour, on peut dire que la hausse de l'agio en
Espagne a protégé l'industrie indigène contre la concurrence
étrangère et favorisé l'exportation des produits espagnols,
notamment celle des vins.

---

1. *La Crise des changes,* par E. Théry, 3e éd. Paris, 1894.

On s'en était déjà aperçu en 1893, et M. Méline, en soutenant cette thèse, citait l'opinion que M. Allard, économiste belge, avait exposée dans une brochure à titre sensationnel, *le Change fossoyeur du libre-échange*. M. Allard, dans ses conclusions, disait : « L'intérêt de l'Europe nous ramène à la protection. Tout porte à croire que le change a contribué à creuser la fosse où doit être enterré le libre-échange. »

Cette opinion mérite qu'on l'examine avec attention : « Qui dit libre-échange, liberté commerciale, dit aussi réciprocité, égalité de traitement. Or, quel est l'économiste ayant sérieusement étudié les conséquences réelles de la répercussion des changes sur les pays à pair de l'or, comme la France et l'Angleterre, qui oserait soutenir aujourd'hui que cette base fondamentale de la théorie libre-échangiste n'est pas irrémédiablement détruite, que l'étalon auquel viennent finalement se mesurer les échanges internationaux n'est pas altéré au détriment de certains pays, et que les nations au pair de l'or, qui commercent librement avec les nations à monnaie avariée, ne sont pas dans la situation d'un négociant qui achèterait avec de la bonne monnaie et qui vendrait contre de la monnaie de mauvais aloi[1] ? »

Le protectionnisme serait, dans ce cas, la conséquence directe des perturbations économiques provoquées par la hausse des changes. On indique, comme remède, l'abrogation des lois qui, en Europe, ont démonétisé l'argent et la circulation libre de ce métal entre les peuples. Mais comme cette solution a peu de chances d'être admise, on préconise des tarifs douaniers *ad valorem*, appliqués à chaque pays d'après la moyenne de sa perte au change. Ce système ne semble pas bien pratique. Étant donnée la mobilité des changes, le commerce international ne pourrait plus entreprendre d'opérations à terme, faute d'une base ferme pour calculer son prix de revient. On assure qu'avec un terrain aussi mouvant

1. *La Crise des changes*, par E. Théry, 3ᵉ éd. Paris, 1894, p. 98.

que celui des prix internationaux, modifiés sans cesse par le change, il est impossible de trouver une base exacte pour mesurer les droits de douane qui devront être perçus et surtout les fixer pour une période un peu longue. Ce sont évidemment là de graves inconvénients.

Au point de vue qui nous occupe (l'importation des vins espagnols en France), la hausse du change ayant rendu insuffisant le relèvement du tarif douanier inauguré en 1892, une augmentation de ce tarif semblera nécessaire à ceux qui considèrent la crise du change comme défavorable à notre viticulture.

Dès 1893, se basant sur une différence de change de 18 o/o, on avait demandé déjà d'augmenter les droits sur les vins importés d'Espagne en France. C'était au moins prématuré, car, à ce moment-là, la hausse du change ne balançait pas la différence existant entre l'ancien et le nouveau tarif.

L'erreur était facile à démontrer à l'aide de deux comptes simulés d'achat de vin à 10°9 hypothétiquement effectués en Espagne en 1891 et en 1893[1]. Le change en 1891 était à 6 o/o, il se trouvait à 18 o/o en 1893. Sur ces bases, le vin ayant une valeur de 18 pesetas (gare ou port de départ), la différence sur le change n'était que de 2 fr. 16, tandis que la différence sur les droits de douane s'élevait à 5 francs. Si l'on avait fait le calcul sur un vin à 13°, le prix de revient du vin se serait trouvé augmenté de 7 fr. 52.

Mais ce qui n'était pas vrai en 1893 l'est devenu aujourd'hui, avec un change de 40 o/o. Pour le rendre sensible, nous donnons ci-dessous un tableau qui refait les calculs ci-dessus, en prenant pour base la valeur actuelle des vins et en leur appliquant les frais moyens qu'ils supportent (frais de transport, droits de douane, etc.)

Pour l'exactitude de notre raisonnement nous sommes

---

1. Journal *la Gironde* du 21 février 1893.

obligé d'admettre que l'achat premier à la propriété n'a pas varié :

	VIN à 10°9		VIN à 13°	
	1891	**1898**	**1891**	**1898**
	Pesetas	Pesetas	Pesetas	Pesetas
Achat à la propriété..................	16 »	16 »	21 »	21 »
Transport en gare de départ et frais divers .	2 »	2 »	2 »	2 »
	18 »	18 »	23 »	23 »
Change : 6 % en 1891 = 40 % en 1898...	1 08	7 20	1 38	9 20
Valeur en francs, gare ou port de départ...	16 92	10 80	21 62	13 80
Transport à un port français............	3 »	3 »	3 »	3 »
Droits de douane......................	2 »	7 »	2 »	11 69
Prix de revient du vin à l'hectolitre......	21 92	20 80	26 62	28 49

Il résulte de ce tableau qu'un hectolitre de vin d'Espagne à 10°9 coûte au commerce d'importation, en 1898, 1 fr. 12 de moins qu'en 1891, bien qu'il acquitte à l'entrée une surtaxe de douane de 5 francs par hectolitre. Les vins à 13° supportent, eux, une augmentation qui est encore de 1 fr. 87. Pour les vins à 11°, l'augmentation des droits de douane se balance avec le change.

Qu'en dernière analyse une telle situation soit favorable ou défavorable au pays dont la monnaie est dépréciée, cela importe peu à notre raisonnement. Le change peut s'améliorer, il peut aussi s'aggraver. Le prix général des choses augmentera peut-être en Espagne de façon à équilibrer la dépréciation extérieure, c'est possible, mais cela ne s'est pas encore produit. Ce qu'il y a de certain, c'est qu'actuellement l'effet du change déjoue les calculs des protectionnistes : notre viticulture est à découvert : les vins espagnols peuvent lui faire — et lui font — une concurrence redoutable.

Les conclusions ressortant de ce qui précède peuvent se formuler ainsi : les tarifs de 1892 sont inefficaces ; leur revision s'impose ; la taxation au degré n'est peut-être pas la meilleure ; dans tous les cas, elle a poussé à la fraude et nui à notre viticulture; mieux vaudrait un tarif élevé, basé sur un change moyen, comprenant tous les vins jusqu'à 13°, même jusqu'à 14°; ce tarif supprimerait les importations de vins ordinaires ou mouillés, tout en encourageant l'impor-tation de beaux vins riches en couleur et en alcool, les seuls dont nous ayons besoin.

Le péril n'est pas grand en ce moment avec les 32 millions d'hectolitres de la récolte de 1897, mais il deviendrait grave si le change montait encore et si nous avions en 1898 une bonne récolte moyenne.

Comme complément local à ce chapitre des importations, il serait intéressant de connaître les quantités de vins exoti-ques introduites à Bordeaux afin de fixer l'origine des vins mis en œuvre par le commerce bordelais. Ces vins ont une triple origine : ils viennent de l'étranger, du Midi, de la Gironde. Quelles sont les quantités puisées à ces trois sources respectives? La Douane nous donne bien les quantités de vins exotiques importées à Bordeaux, mais elle ne saurait fournir aucune indication quant aux vins du Midi et de la Gironde. La Compagnie des chemins de fer du Midi donne, de son côté, le poids brut des vins venus à Bordeaux par l'ensemble du réseau de ses voies ferrées; dans le total figurent peut-être quelques vins de la Gironde, mais presque tous les vins arrivés en gare viennent de la Haute-Garonne, de l'Aude, de l'Hérault, du Gard, des Pyrénées-Orientales. Mais beaucoup de vins du Midi empruntent la voie du canal latéral, et toute statistique de ce mouvement par batellerie fait complètement défaut.

On pourrait arriver à une appréciation très approximative en envisageant les chiffres fournis par l'Octroi et relatifs aux quantités de vins placées sous le régime de l'entrepôt (mutations non comprises). En additionnant les importations et les arrivages en gare du Midi et en déduisant le chiffre obtenu du total des quantités entreposées, la différence repré-senterait les vins de la Gironde. Bien entendu, on n'aurait ainsi ni les quantités expédiées par le canal du Midi ni celles expédiées à Bordeaux à destination des particuliers et des débitants. De plus, on ne tiendrait pas compte des vins importés transitant à Bordeaux et allant à leur destination après paiement des taxes de douane : tous les vins importés par le port de Bordeaux ne sont pas, en effet, destinés aux négociants de cette ville.

Sous le bénéfice de ces réserves, voici, pour l'année 1897, ce que donne ce mode de calcul :

$$
\begin{array}{lr}
& \text{Hectolitres} \\
\text{Vins placés sous le régime de l'entrepôt} \ldots\ldots\ldots & 2.723.300 \\
\text{Vins importés} \begin{cases} \text{d'Algérie et de Tunisie..} & 296.652 \\ \text{des pays étrangers......} & 1.056.312 \end{cases} & 1.352.964 \\
\end{array}
$$

Vins arrivés en gare du Midi (l'hectolitre de vin logé pesant en moyenne 115 kilos ; la barrique bordelaise, qui tient 225 litres, pèse, vide, environ 35 kilos)

$$
\frac{61.224.600 \text{ kilos brut}}{115} = \qquad 532.387
$$

Vins de la Gironde..... $2.723.300 - 1.885.351 =$ 837.949

La moyenne de la récolte de 1887 à 1896 étant dans la Gironde de 2.456.385 hectolitres, le tiers de la récolte serait donc utilisé par le commerce de Bordeaux, ce qui est beaucoup.

EXPORTATIONS

Section I. — Coup d'œil général sur nos exportations de 1830 a 1896.

La France a toujours eu assez de ressources pour pouvoir distraire de sa production, même pendant les années de disette, une certaine quantité de vin destiné à son commerce extérieur.

Les vins de nos vignes, qu'il s'agisse de vins fins ou de vins ordinaires, ont acquis une réputation universelle : c'est une des gloires de notre production nationale.

Nulle part, en effet, la science œnologique n'a fait autant de progrès qu'en France ; nulle part on ne trouve autant de vins à saveur délicieuse, flattant à la fois l'œil, le goût et l'odorat. Mieux que personne aussi nous pouvons fournir des vins de consommation courante, se conservant bien et se recommandant par des qualités agréables, un léger bouquet et un degré alcoolique moyen. De plus, nous avons l'avantage d'occuper une position exceptionnelle entre les pays qui produisent et les produits qui consomment : nous sommes, pour les vins, le centre indiqué et forcé des échanges. Cela explique la vitalité de nos exportations, malgré de faibles récoltes, une consommation énorme et les besoins d'une importation considérable[1].

De 1830 à 1839, nos exportations s'élevaient à 1.208.678 hectolitres ; notre production était de 26 à 30 millions d'hectolitres.

De 1840 à 1849, la production se tient de 27 à 35 millions d'hectolitres, et l'exportation augmente : elle passe à 1.477.330 hectolitres.

De 1850 à 1859, nouvelle hausse, avec 1.767.761 hectolitres, bien que la production ne soit, dans cette période, que de 30 millions d'hectolitres.

De 1860 à 1869, sous l'influence du développement général des transactions à cette époque et des facilités toujours croissantes des moyens de transport, les exportations, aiguillonnées par des récoltes moyennes de 50 millions d'hectolitres, passent à 2.479.593 hectolitres.

Puis nous arrivons à leur plus brillante période, celle de 1870-1879, où elle atteignent 3.283.429 hectolitres. C'est aussi l'époque de merveilleuses récoltes : le vin est abondant et bon, les prix modérés.

1. V. tabl. XXVII.

Il nous a paru intéressant de donner pour cette époque exceptionnelle un tableau des exportations par pays de destination, en le faisant précéder des exportations aux deux périodes décennales précédentes et en le faisant suivre des exportations de 1880 à 1896, pour qu'on pût apprécier le mouvement de nos affaires avec nos principaux clients[1].

De 1880 à 1889, nos exportations reviennent à ce qu'elles étaient avant 1870, à 2.456.920 hectolitres, nos vignes malades ne donnant plus que 29.600.000 hectolitres de vin.

Ce mouvement de recul s'accentue à partir de 1890, et nous descendons à 1.569.109 hectolitres en 1893 pour remonter à 1.783.825 en 1896.

Les chiffres globaux de nos exportations se décomposent, par périodes, en vins ordinaires en cercles, en vins ordinaires en bouteilles et en vins de liqueur, avec indication de leur valeur totale. Nous en donnons le détail à la partie statistique[2].

Notre exportation s'exerce sur tous les genres de vin. Elle diminue sensiblement sur les vins ordinaires en cercles à dater de 1880, et cette diminution va s'accentuant surtout à partir de 1893. Le mouvement des vins en bouteilles ne suit pas la même marche : il va toujours grandissant depuis 1830, pour atteindre son maximum, non pas de 1870 à 1879, comme les vins en cercles, mais bien de 1880 à 1889. Il diminue surtout de 1892 à 1895. Une légère reprise se manifeste en 1896, provenant de ce que l'exportation des vins mousseux a augmenté de 41.952 hectolitres : cette dernière exportation est en sensible progrès.

Le *Rapport de la Commission des valeurs de douane,*

---

1. V. tabl. XXVIII. — Les éléments de ce tableau, de 1850 à 1879, sont puisés dans l'*Enquête sur le régime des boissons* (1881 - 1882), et, de 1880 à 1896, dans le Tableau général du commerce de la France. Direction générale des Douanes.

2. V. tabl. XXVII.

session de 1897, donne comme suit le détail par pays de notre exportation de vins de Champagne et autres vins mousseux :

PAYS DE DESTINATION	1894	1895	1896
	Hectolitres	Hectolitres	Hectolitres
Angleterre......................	85.019	80.631	98.911
Belgique......................	37.256	20.809	50.405
Allemagne....................	8.435	11.645	13.782
Russie........................	1.184	1.627	2.219
États-Unis....................	13.245	15.755	14.593
Autres pays....................	11.266	20.863	23.372
Total................	156.405	161.330	203.282

Le tableau suivant montre les quantités de vin exportées par le port de Bordeaux dans la dernière période décennale :

	Hectolitres		Hectolitres	
1888................	1.113.077	1894...	919.593	
1889................	1.181.257	1895...	698.343	
1890................	1.048.818	1896...	696.578	En fûts.... 637.843 / En bouteilles. 58.735
1891................	861.243			
1892................	833.317	1897...	721.588	En fûts.... 665.813 / En bouteilles. 55.775
1893................	740.180			

soit une moyenne de 881.399 hectolitres (1888-1897) sur une moyenne d'exportations totales de 1.950.626 hectolitres (1887-1896), c'est-à-dire 45 o/o environ.

Avant d'essayer de dégager les causes de l'affaiblissement de nos exportations, nous étudierons la marche de notre mouvement d'affaires en vins avec les principaux pays de destination.

SECTION II. — EXPORTATION PAR PAYS DE DESTINATION.

1° *Angleterre*. — Nous avons exporté en Angleterre[1] :

ANNÉES	VINS EN FUTS	VINS EN BOUTEILLES	TOTAL	VALEUR
	Hectolitres	Hectolitres	Hectolitres	Francs
1850-1859 moyenne..........	»	»	51.013	»
1860-1869 —	»	»	176.960	»
1870-1879 —	»	»	330.856	»
1880-1889 —	204.250	142.636	346.886	»
1890......................	212.799	132.953	345.752	59.900.000
1891......................	193.203	145.427	338.630	59.200.000
1892......................	195.474	127.492	322.966	51.300.000
1893......................	187.775	126.346	314.121	50.200.000
1894......................	181.742	115.774	297.516	68.200.000
1895......................	195.621	112.010	307.631	67.200.000
1896......................	200.042	134.793	334.835	78.200.000[2] (Provisoire)

Nos exportations en Angleterre ont une fixité étonnante : à peine ont-elles subi des écarts de 5 à 10 o/o depuis vingt-cinq ans. La meilleure année est l'année 1890, et la plus mauvaise l'année 1894. Rester stationnaire serait reculer, si l'usage du vin se développait en Angleterre; mais il n'en est pas ainsi, du moins depuis 1892 : les quantités de vin livrées à la consommation n'ont guère varié dans ces cinq dernières années[3].

Au point de vue de nos rapports commerciaux avec ce pays, les conventions de commerce et de navigation du 26 janvier 1826 et du 28 février 1882 laissent les tarifs de

1. Tableau général du commerce de la France. Direction générale des Douanes.

2. Les valeurs sont empruntées aux *Annales du Commerce extérieur*, 3ᵐᵉ fascicule de 1897; même source pour les autres pays.

3. V. tableau des importations et de la consommation des vins en Angleterre; tabl. XXVI.

douane en dehors de leur action : ils restent sous l'empire de la législation intérieure de chaque pays. En France, le traitement de la nation la plus favorisée a été accordé aux produits anglais par une loi du 27 février 1882. En outre, la loi du 29 décembre 1891 a autorisé le Gouvernement français à maintenir ce traitement, en accordant aux produits anglais le bénéfice du tarif minimum à partir du 1er février 1892, mesure réalisée par le décret du 30 janvier 1892. En Angleterre, les provenances de tous les pays indistinctement sont soumises au même tarif des douanes.

Ce tarif est le suivant pour les vins (tarif de 1892)[1] :

<table>
<tr><td></td><td></td><td></td><td>Par hectolitre</td></tr>
<tr><td rowspan="6">Vins non mousseux.</td><td rowspan="2">Jusqu'à 30° d'esprit de preuve (17°22 centésimaux) ....</td><td>En fûts ..F.</td><td>27 50</td></tr>
<tr><td>En bouteilles .</td><td>27 50</td></tr>
<tr><td rowspan="2">Au-dessus de 30°, mais au-dessous de 42° (24°11 centésimaux).................</td><td>En fûts.....</td><td>68 78</td></tr>
<tr><td>En bouteilles .</td><td>68 78</td></tr>
<tr><td rowspan="2">Pour chaque degré ou fraction de degré au-dessus de 42°, une taxe additionnelle de.</td><td>En fûts.....</td><td>6 88</td></tr>
<tr><td>En bouteilles .</td><td>6 88</td></tr>
<tr><td>Vins mousseux.</td><td colspan="3">Mêmes droits que ci-dessus pour les vins en bouteilles, suivant leur teneur alcoolique, plus une taxe de 2 sh. par gallon, soit par hectolitre 55 fr. 02.</td></tr>
</table>

Nous donnons, pour comparer nos exportations avec celles des autres pays producteurs, le relevé des vins importés en Angleterre dans les années 1894, 1895 et 1896. Ce renseignement est emprunté au tableau des importations et de la consommation des vins en Angleterre, reproduit à la partie statistique de notre travail et dont les éléments ont été puisés dans l'*Annual Statement of the trade of the United Kingdom.*

On remarquera que les deux statistiques — anglaise et française — présentent des différences sensibles : l'importation anglaise est au-dessous de l'exportation française, ce qui peut s'expliquer, comme le disait M. Robert Giffen, directeur

---

1. Les différents tarifs des douanes sont reproduits d'après les *Annales du Commerce extérieur.*

de la statistique du *Board of Trade*[1], par ce fait que ce qui figure dans l'exportation française comme à destination de l'Angleterre n'est que partiellement enregistré dans les tableaux anglais d'importation, le surplus appartenant au transit anglais, dont la Douane ne rend pas compte.

Importation des vins en Angleterre par pays d'origine.

Pays d'origine	1894	1895	1896
	Hectolitres	Hectolitres	Hectolitres
France...............	247.192	269.062	305.699
Espagne..............	170.684	184.186	169.034
Italie	19.594	18.773	19.349
Portugal	144.770	156.931	164.390
Allemagne	17.883	17.128	18.358
Australie..........	17.992	27.662	31.932[2,3]

Notre importation de vins en fûts est sensiblement égale à celle d'Espagne et de Portugal; mais nous tenons largement le premier rang pour les importations de vins en bouteilles. Quant aux vins mousseux, nous sommes à peu près les seuls importateurs avec 1.738.926 gallons en 1896, sur 1.857.784 gallons qui ont été introduits en Angleterre[4]. Ce sont ces grosses importations de vins en bouteilles, mousseux ou autres, qui assurent notre suprématie sur le marché des vins en Angleterre.

1. *Bull. de stat. et de lég. comp.*, 1882, 2, p. 159.

2. Nous avons converti les gallons anglais en hectolitres; le gallon vaut 4 litres 543.

3. Voici, à titre de comparaison, la moyenne des importations en Angleterre de la France, de l'Espagne, de l'Italie, de 1876 à 1890, d'après un travail de M. Miraglia, reproduit par le *Bull. de stat. et de lég. comp.* de septembre 1892, p. 314 :

	1876-1880	1881-1885	1886-1890
	Hectolitres	Hectolitres	Hectolitres
De France	380.245	353.602	325.032
D'Espagne	298.794	241.036	209.584
D'Italie..............	85.326	65.848	40.617

4. V. tabl. XXVI.

2° *Belgique.* — Nous avons exporté en Belgique[1] :

ANNÉES	VINS EN FUTS	VINS EN BOUTEILLES	TOTAL	VALEUR
	Hectolitres	Hectolitres	Hectolitres	Francs
1850-1859 moyenne	»	»	116.558	»
1860-1869 —	»	»	167.389	»
1870-1879 —	»	»	251.551	»
1880-1889 —	191.815	43.367	235.182	»
1890	181.588	67.642	249.230	30.900.000
1891	225.423	60.244	285.667	33.200.000
1892	176.291	55.287	231.578	27.900.000
1893	162.962	51.393	214.355	26.100.000
1894	199.365	45.691	245.056	34.100.000
1895	186.455	37.810	224.265	30.000.000
1896	190.707	58.605	249.312	38.800.000

Nos exportations en Belgique n'ont guère varié : 250.000 hectolitres environ.

Depuis l'échéance des traités de commerce du 31 octobre 1881, il n'y a pas de convention entre la France et la Belgique. Néanmoins, pour que le traitement de la nation la plus favorisée pût être appliqué de part et d'autre, des lois spéciales ont été votées par les Parlements des deux pays donnant à leur gouvernement les pouvoirs nécessaires à cet effet : de là, décrets des deux gouvernements du 30 juin 1892 réglant sur ces bases les relations des deux pays. Les produits français jouissent en Belgique des tarifs minimum tels qu'ils résultent de traités passés avec l'Allemagne et l'Autriche le 6 décembre 1891. Mais cela est sans importance pour les vins : ils ne payent ni droit général ni droit conventionnel, mais bien un droit d' « accise », qui était de 23 francs par hectolitre. Les vins de 18° acquittaient, outre le droit d'accise afférent au vin, le droit d'entrée afférent à l'alcool sur la quantité d'alcool excédant 18°. Ce tarif a été modifié en 1897 : il est actuellement de 60 francs par hectolitre pour les vins en bouteilles et de 20 francs par hectolitre pour les vins

1. Tableau général du commerce de la France. Direction générale des Douanes.

importés autrement. Ces derniers vins, lorsqu'ils titrent plus de 15° à l'alcoomètre de Gay-Lussac, acquittent, outre le droit de 20 francs par hectolitre, un droit de 3 francs par degré sur la quantité d'alcool excédant 15°.

D'après le *Bulletin mensuel de la Chambre de commerce de Bruxelles,* voici quelle est la situation respective des principaux pays producteurs sur le marché des vins en Belgique :

PAYS IMPORTATEURS	VINS IMPORTÉS EN BELGIQUE EN					
	1890	1891	1892	1893	1894	1895
	Hectolitres	Hectolitres	Hectolitres	Hectolitres	Hectolitres	Hectolitres
France.....	182.460	214.204	197.348	168.112	119.466	212.608
Italie	1.837	2.914	5.732	6.123	4.613	4.545
Espagne....	4.655	5.414	7.191	7.962	11.294	13.986
Autres pays.	1.814	1.731	2.187	1.571	2.178	1.837

Nous voyons que nos concurrents font des efforts pour prendre une meilleure place sur le marché belge : ces efforts ne sont guère couronnés de succès. L'Espagne, cependant, favorisée par le change, a vu passer son exportation en Belgique de 4.655 hectolitres à 13.986 hectolitres. Nos vins n'en figurent pas moins pour 91 o/o dans l'importation totale.

3° *Allemagne.* — Nous exportons en Allemagne [1] :

ANNÉES	VINS EN FUTS	VINS EN BOUTEILLES	TOTAL	VALEUR
	Hectolitres	Hectolitres	Hectolitres	Francs
1850-1859 moyenne.........	»	»	174.207	»
1860-1869 —	»	»	203.098	»
1870-1879 —	»	»	444.376	»
1880-1889 —	270.489	16.883	287.372	»
1890.....................	234.754	14.219	248.973	28.400.000
1891.....................	238.360	15.561	253.921	28.800.000
1892.....................	238.900	12.136	251.036	27.700.000
1893.....................	234.726	11.513	246.239	26.800.000
1894.....................	380.368	12.506	392.874	42.100.000
1895.....................	217.810	17.160	234.970	25.300.000
1896.....................	196.281	17.976	214.257	24.300.000

1. Tableau général du commerce de la France. Direction générale des Douanes.

Depuis deux ans, nos exportations de vins en fûts baissent en Allemagne, et cette baisse n'est pas compensée par l'augmentation qui ressort à la colonne des vins en bouteilles.

Nos relations commerciales avec ce pays sont réglées par l'article 11 du traité de paix de Francfort du 10 mai 1871 et certains articles de conventions additionnelles à ce traité, signées le 12 octobre et le 11 décembre 1871. En exécution de la clause qui stipule simplement le traitement réciproque de la nation la plus favorisée, le décret du 30 janvier 1892 a admis les produits allemands au bénéfice du tarif minimum français; l'Allemagne, par réciprocité, nous applique son tarif conventionnel du 1er janvier 1892, tel qu'il résulte des traités conclus par elle avec la Grèce, l'Italie, l'Autriche, la Belgique et la Suisse.

Voici, d'ailleurs, le tarif allemand en ce qui concerne les vins :

| | | UNITÉS | TARIF | |
			GÉNÉRAL	CONVEN-TIONNEL
		Kilos	Francs	Francs
Vins en fûts	Vins et moûts de raisin............	100	30 »	25 »
	Vins rouges et moûts de vins rouges pour coupage	100	30 »	12 50
	Vins pour la fabrication du cognac..	100	30 »	12 50
Vins en bouteilles	Vins mousseux	100	100 »	»
	Autres............................	100	60 »	»

Nous tenons la première place dans l'importation des vins en Allemagne. Nos vins y entrent pour plus de 50 o/o. Les vins mousseux, les vins en bouteilles viennent à peu près tous de France; l'importation des premiers est même en progrès.

Cela ressort du tableau suivant qui donne la part revenant à chaque pays, par nature de vins, dans l'importation allemande pendant les années 1894, 1895, 1896[1-2] :

NATURE DES VINS	PAYS D'ORIGINE	1894	1895	1896
		Quintaux	Quintaux	Quintaux
Vins et moûts en fûts	France....................	325.387	305.347	302.491
	Italie.....................	55.309	56.080	41.700
	Autriche-Hongrie.........	82.886	77.619	71.597
	Espagne.................	80.026	58.236	52.950
	Portugal..................	29.240	30.038	30.307
	Turquie.................	17.110	»	»
	Grèce	9.548	»	»
Vins rouges de coupage	France....................	4.522	9.965	10.552
	Italie.....................	52.414	70.774	54.582
	Espagne..................	22.514	»	»
	Autriche-Hongrie	4.734	7.879	6.707
Vins mousseux	France	18.243	21.092	23.086
Vins en bouteilles	France	4.096	4.068	5.369
	Autriche-Hongrie.........	780	673	712
	Italie....................	388	»	»

1. Ces renseignements ont été puisés au *Moniteur officiel du Commerce* du 20 mai 1897. Rapport de M. Pingaud, consul de France à Dusseldorf. Ils diffèrent sensiblement de ceux fournis, quant aux exportations françaises, par la Douane française. La concordance ne peut guère exister : nos douanes enregistrent comme exportés en Allemagne tous les vins qui partent à la destination de ce pays; mais ces destinations ne sont indiquées que pour les envois par mer; les expéditions par terre échappent à une désignation exacte de leur destination définitive.

2. Voici, à titre de comparaison, la moyenne des importations en Allemagne de la France, de l'Espagne et de l'Italie, de 1876 à 1890, d'après un travail de M. Miraglia, reproduit par le *Bulletin de statistique et de législation comparée* de septembre 1892, p. 314 :

	1876-1880	1881-1885	1886-1890
	Hectolitres	Hectolitres	Hectolitres
De France	332.559	315.792	263.821
D'Espagne...........	37.873	61.382	51.038
D'Italie	17.157	54.012	99.577

4° *Suisse*. — Nous avons exporté en Suisse[1] :

ANNÉES	VINS EN FUTS	VINS EN BOUTEILLES	TOTAL	VALEUR
	Hectolitres	Hectolitres	Hectolitres	Francs
1850-1859 moyenne..........	»	»	116.400	»
1860-1869 —	»	»	312.129	»
1870-1879 —	»	»	567.064	»
1880-1889 —	»	»	282.176	»
1890......................	288.189	3.081	291.270	18.000.000
1891......................	302.689	5.065	307.754	19.300.000
1892......................	247.673	3.180	250.853	15.600.000
1893......................	45.192	1.421	46.613	3.100.000
1894......................	18.389	1.343	19.732	1.400.000
1895......................	77.251	1.823	79.074	5.100.000
1896......................	128.455	»	»	8.400.000

Nos exportations en Suisse ont baissé fortement en 1893 ; elles ont été presque nulles en 1894. Depuis 1895, elles ont un peu repris, mais elles sont encore loin de leur ancien taux.

Cette situation est la conséquence d'une déplorable guerre de tarifs. Lorsque le traité de commerce du 23 février 1882 entre la France et la Suisse fut arrivé à expiration, les deux pays ne signèrent pas de convention nouvelle. Les importations de Suisse en France furent assujetties, depuis le 1er février 1893, aux droits du tarif général par le décret du 30 décembre 1892. La Suisse, par un arrêté du Conseil fédéral du 27 décembre 1892, soumettait certaines marchandises françaises, parmi lesquelles le vin, à un tarif spécial absolument prohibitif.

Puis, en 1895, une entente commerciale s'étant produite, le Conseil fédéral prenait, le 16 août 1895, un arrêté rapportant le tarif différentiel du 27 décembre 1892 et appliquant aux marchandises françaises le droit d'usage aussi longtemps que les produits suisses seraient traités en France selon le

1. Tableau général du commerce de la France. Direction générale des Douanes.

tarif minimum. Cela explique la reprise des affaires en 1895 et 1896.

Voici, d'ailleurs, le Tarif général des Douanes suisses pour les vins. Ce tarif comprenait, en 1893 : 1° le tarif des péages fédéraux, dit tarif d'usage, du 10 avril 1891 ; 2° le tarif conventionnel tel qu'il résultait de traités conclus avec l'Allemagne, l'Autriche, l'Italie, l'Espagne ; 3° le tarif différentiel applicable aux vins français depuis le 1er janvier 1893. (Rappelons que, depuis le 16 août 1895, c'est le tarif d'usage qu'on applique aux vins français.)

		UNITÉS	TARIFS		
			DIFFÉ-RENTIEL	D'USAGE	CONVEN-TIONNEL
		Kilos	Francs	Francs	Francs
Vins en fûts	Vin naturel, limite 12°..	100	25 »	6 »	3 50
	— — 15°..	100	25 »	»	3 50
	Vin artificiel	100	50 »	12 »	»
Vins en bouteilles	Vin naturel............	100	40 »	25 »	25 »
	Vin artificiel	100	80 »	50 »	»
Vin mousseux	Vin en bouteilles	100	80 »	40 »	»

Voici les importations en Suisse provenant des trois grands pays producteurs, 1886-1895 :

ANNÉES	FRANCE	ITALIE	ESPAGNE
	Hectolitres	Hectolitres	Hectolitres
1886...............................	219.104	141.507	12.844
1887...............................	218.990	165.253	44.138
1888...............................	223.875	303.049	70.804
1889...............................	212.459	336.722	75.900
1890...............................	291.270	273.955	100.370
1891...............................	307.754	445.940	121.092
1892...............................	250.853	553.898	166.473
1893...............................	46.613	407.295	252.095 [1]
1894...............................	19.732	225.570	»
1895...............................	79.074	245.142	»

1. Les chiffres de ce tableau ne sont pas d'origine suisse. Ceux de la colonne 2 sont tirés de la Statistique générale des Douanes françaises ; ceux de la colonne 3

Nous avons perdu notre rang en Suisse. C'est un marché à reconquérir.

La différence qu'il y a entre le tarif d'usage et le tarif conventionnel n'est que de 2 fr. 5o par 100 kilos : elle ne saurait être un obstacle au développement de nos exportations; la qualité de nos vins leur permet de supporter cet écart de tarif.

5° *Pays-Bas.* — Nous y avons exporté :

ANNÉES	VINS EN FUTS	VINS EN BOUTEILLES	TOTAL	VALEUR
	Hectolitres	Hectolitres	Hectolitres	Francs
1850-1859 moyenne..........	»	»	68.618	»
1860-1869 —	»	»	71.936	»
1870-1879 —	»	»	105.167	»
1880-1889 —	»	»	88.215	»
1890......................	80.140	3.479	83.619	10.000.000
1891......................	74.045	2.925	76.970	9.800.000
1892......................	69.269	2.942	72.211	9.300.000
1893..	65.704	1.806	67.510	8.500.000
1894......................	91.960	1.589	93.549	11.900.000
1895......................	67.198	5.025	72.223	9.800.000[1]
1896......................	72.025	»	»	»

Les vins importés aux Pays-Bas ne payent pas de droit de douane : ils sont passibles d'un droit d'accise : 20 florins (42 francs) par hectolitre.

En outre, indépendamment de ce droit d'accise, il est perçu dans certaines villes ou communes, sous ce même nom d'*accises,* des taxes locales qui peuvent s'élever de 12 à 18 florins.

sont extraits des Statistiques officielles italiennes; ceux de la colonne 4 sont pris au *Moniteur officiel du Commerce,* 24 janvier 1895, qui reproduit lui-même un Rapport du directeur de la Station œnotechnique italienne de Berne, paru dans l'*Epoca* de Madrid.

1. Tableau général du commerce de la France. Direction générale des Douanes.

6° *Russie*. — Nous avons exporté en Russie[1] :

ANNÉES	VINS EN FUTS	VINS EN BOUTEILLES	TOTAL	VALEUR
	Hectolitres	Hectolitres	Hectolitres	Francs
1850 1859 moyenne..........	»	»	48.241	»
1860-1869 —	»	»	43.306	»
1870-1879 —	»	»	55.839	»
1880-1889 —	»	»	18.290	»
1890.....................	3.738	»	3.738	1.600.000
1891.....................	4.311	»	4.311	1.600.000
1892.....................	6.290	»	6.290	1.700.000
1893.....................	9.654	3.103	12.757	2.900.000
1894.....................	8.979	1.664	10.643	1.900.000
1895.....................	14.591	2.170	16.761	4.000.000
1896.....................	13.559	3.426	16.985	4.900.000[2]

En exécution de la clause de la nation la plus favorisée, stipulée dans le traité de commerce et de navigation du 1er avril 1874 et dans la convention additionnelle du 17 juin 1893, le décret du 30 janvier 1892 a admis au bénéfice du tarif minimum français les produits russes importés en France. Par contre, les produits français jouissent en Russie du tarif minimum, tel qu'il résulte du tarif des douanes des 1er, 13 juin 1893, mis à jour au 1er janvier 1896.

Pour les vins, spécialement, la convention conclue le 17 juin 1895 entre la France et la Russie accorde à nos vins un tarif de faveur.

Voici, du reste, les tarifs douaniers russes maximum et

1. Tableau général du commerce de la France. Direction générale des Douanes.

2. Toutes nos exportations en Russie ne figurent pas dans le Tableau général des Douanes, à la rubrique *Russie* : tantôt on n'y mentionne que les quantités exportées par la mer Baltique; tantôt celles seulement exportées par la mer Noire; beaucoup de celles exportées par voie de terre ne portent pas la mention de leur destination définitive.

conventionnel, et à titre de comparaison le tarif spécial applicable aux vins français.

	BASE	TARIFS	
		MAXIMUM	CONVEN-TIONNEL
		Francs	Francs
Vins de raisins et baies de toute espèce en fûts et en barils..........................	100 Kilos brut	126 98	97 68
Nota. — Tous les vins ayant plus de 16° paient une surtaxe de 48 cent. par chaque degré en sus			
Vins non mousseux, en bouteilles............	bouteille	2 32	1 80
Droit conventionnel avec la France......	—	»	1 52
Vins mousseux de toute espèce	—	7 28	5 60
Droit conventionnel avec la France......	—	»	4 76

Voici les importations en Russie pour les cinq dernières années et l'importation, en 1895, des principaux pays producteurs :

ANNÉES ET PAYS IMPORTATEURS	VINS EN CERCLES	VINS EN BOUTEILLES	VINS MOUSSEUX
	Hectolitres	Bouteilles	Bouteilles
1892............................	68.187	142.274	472.767
1893............................	78.684	183.020	158.608
1894............................	85.695	233.000	626.000
1895............................	89.667	240.000	664.000
1896............................	88.178	240.000	768.000
1895.... France...............	30.564	117.729	519.419
Allemagne...........	17.242	78.271	49.790
Espagne	10.876	1.514	»
Autriche-Hongrie.....	7.340	11.604	1.512 [1-2]

1. Les éléments de ce tableau ont été puisés au *Moniteur officiel du Commerce* du 24 décembre 1896 : Rapport de M. Mimaut, consul général de France, d'après le *Messager des finances de Russie;* et au *Moniteur officiel du Commerce* du 9 décembre 1897 : Rapport de M. Verstraete, secrétaire d'ambassade en mission.

2. Voici, à titre de comparaison, la moyenne des importations en Russie de la France, de l'Espagne et de l'Italie, de 1876 à 1890, d'après un travail de

Nous tenons le premier rang avec un tiers des importations de vins en fûts; près de la moitié des vins en bouteilles, et 78 o/o des vins mousseux.

Quelque désir que puisse avoir la Russie de protéger sa faible production nationale et d'encourager la culture de la vigne, son intérêt bien entendu lui commanderait de faciliter l'usage du vin par des taxes modérées : 97 fr. 68 par hectolitre constitue un tarif excessif!

7° *États-Unis.* — Nous y avons exporté[1] :

ANNÉES	VINS EN FUTS	VINS EN BOUTEILLES	TOTAL	VALEUR
1850-1859 moyenne..........	»	»	192.938	»
1860-1869 —	»	»	168.395	»
1870-1879 —	»	»	175.058	»
1880-1889 —	46.692	27.578	74.270	»
1890...................	29.557	28.806	58.363	10.300.000
1891...................	24.467	31.838	56.305	9.900.000
1892...................	23.446	30.475	53.921	9.300.000
1893...................	18.058	25.780	43.838	7.500.000
1894...................	18.072	28.627	46.699	11.000.000
1895...................	16.334	28.876	45.210	12.200.000
1896...................	12.972	24.028	37.000	10.800.000

On remarquera la diminution régulière de nos exportations totales dans ce pays depuis cinquante ans, diminution particulièrement accentuée depuis 1880 : les quantités exportées en 1880-1889 ont faibli de 50 o/o par rapport à celles des périodes décennales antérieures, et celles exportées en 1896 sont encore de moitié moins considérables que celles de 1880-1889!

M. Miraglia reproduit par le *Bulletin de statistique et de législation comparée* de septembre 1892, p. 314 :

	1876-1880	1881-1885	1886-1890
	Hectolitres	Hectolitres	Hectolitres
De France...............	43.353	26.724	4.744
D'Espagne...............	13.697	12.187	2.455
D'Italie	1.469	2.463	2.771

1. Tableau général du commerce de la France. Direction générale des Douanes.

Voici le tarif des douanes aux États-Unis du 24 juillet 1897 :

	BASE	DROITS
		Francs
Vin de Champagne ou autres vins mousseux en bouteilles :		
— contenant chacune pas plus de 1 quart (0^{l}946) et plus de 1 pint (0^{l}473)	12 bouteilles	41 44
— pas plus de 1 pint, pas plus de 1 demi-pint...	—	20 72
— 1 demi-pint ou moins................	—	10 36
— plus de 1 quart................	—	41 44
— et sur l'excédent de 1 quart un droit additionnel par hectolitre de................	hectolitre	342 15
Vins non mousseux :		
— en fûts ou récipients autres que bouteilles ou cruchons et contenant 14 % d'alcool absolu ou moins................	hectolitre	54 74
— au-dessus de 14°................	—	68 45
— par caisses de 12 bouteilles ou cruchons ne contenant chacune pas plus de 1 quart et plus de 1 pint................	12 bouteilles	8 28
— par caisses de 24 bouteilles ne contenant chacune pas plus de 1 pint................	24 bouteilles	8 28
Tout vin contenant plus de 24 % d'alcool est taxé comme alcool.		

Nous donnons ci-dessous les importations de vins aux États-Unis par les principaux pays producteurs, de 1891 à 1895. Ces renseignements sont puisés au *Monthly Summary of finance and commerce of the United States, (december 1896) prepared in the Bureau of statics theasury department (Washington 1897)* :

PAYS D'ORIGINE ET ANNÉES	CHAMPAGNE EN BOUTEILLES	VINS ORDINAIRES	
		EN FÛTS	EN BOUTEILLES
	Douzaines	Gallons [1]	Douzaines
Autriche-Hongrie. 1891...	107	104.395	5.265
1892...	45	77.075	13.593
1893...	88	65.092	9.272
1894...	205	56.698	2.802
1895...	34	44.245	2.826

1. Le gallon américain est de 3 litres 785.

PAYS D'ORIGINE ET ANNÉES	CHAMPAGNE EN BOUTEILLES	VINS ORDINAIRES	
		EN FUTS	EN BOUTEILLES
	Douzaines	Gallons [1]	Douzaines
France { 1891...	382.097	725.049	171.415
1892...	300.618	600.992	170.111
1893...	359.063	595.996	170.621
1894...	224.942	421.877	112.828
1895...	244.172	523.786	122.100
Allemagne { 1891...	5.954	1.224.861	92.154
1892...	6.900	1.265.947	108.183
1893...	5.963	1.310.110	135.025
1894...	2.574	931.919	87.505
1895...	3.001	1.134.721	81.388
Italie { 1891...	339	136.543	55.016
1892...	503	189.613	45.101
1893...	622	225.545	74.786
1894...	336	164.465	65.758
1895...	290	154.404	72.791
Portugal { 1891...	»	122.452	2.167
1892...	»	111.931	1.630
1893...	»	115.280	1.898
1894...	»	90.981	2.130
1895...	»	79.049	»
Espagne { 1891...	»	1.307.636	2.843
1892...	»	1.030.251	1.625
1893...	»	1.025.980	2.477
1894...	»	784.956	3.458
1895...	»	720.154	2.005
Angleterre { 1891...	»	100.469	7.769
1892...	»	80.928	8.471
1893...	»	62.516	6.997
1894...	»	65.996	6.244
1895...	»	63.842	6.654

La France tient le premier rang pour les vins en bouteilles et elle absorbe presque en entier le commerce des vins mousseux ; mais elle est distancée par l'Allemagne et l'Espagne pour les vins en fûts. Il y a là pour notre commerce un effort à faire : il pourrait être très avantageux de s'assurer le marché américain.

1. Le gallon américain est de 3 litres 785.

8° *République Argentine*. — Nous avons exporté à la Plata[1] :

ANNÉES	VINS EN FUTS	VINS EN BOUTEILLES	TOTAL	VALEUR
	Hectolitres	Hectolitres	Hectolitres	Francs
1880-1889 moyenne..........	307.023	8.058	315.081	»
1890	245.613	8.760	254.373	37.900.000
1891	104.986	4.305	109.291	16.300.000
1892	149.179	5.245	154.424	19.500.000
1893	120.605	4.702	125.307	15.800.000
1894	104.348	4.459	108.807	13.500.000
1895	92.703	4.189	96.892	11.200.000
1896	84.765	»	»	10.800.000

D'après une convention du 19 août 1892, les deux pays s'appliquent la clause de la nation la plus favorisée. Les produits argentins sont soumis au tarif minimum par décret du 10 juin 1893.

Pour les vins, le tarif de la République Argentine s'applique indifféremment à tous les pays. Voici ce tarif :

	BASE	TARIF
		Francs
Vins en bouteilles	Bouteille	1 25
Vins fins en fûts................................	Litre	1 25
Vins communs en fûts : ne dépassant pas 15° d'alcool et 50 °/₀ d'extrait sec........................	—	0 40
— au-dessus de cette limite d'extrait sec : 5 centimes en sus par 5 grammes ou fraction et par litre.		
— au-dessus de 15° : 5 centimes par degré ou fraction de degré et par litre.		
Vins de dessert en fûts................................	—	0 60

La Chambre de commerce française à Buenos-Ayres faisait, dans son Rapport à M. Ch. Wiener, chargé d'affaires de France en mission commerciale dans l'Amérique latine, les justes réflexions suivantes : « Bien que les tarifs douaniers

1. Tableau général du commerce de la France. Direction générale des Douanes.

argentins semblent nous favoriser autant que les autres nations, certains articles ont subi des augmentations de droits. Ainsi les vins blancs ordinaires de Bordeaux étaient importés autrefois à $ 0,08 or (40 centimes) par litre; aujourd'hui ils sont classifiés comme vins demi fins et acquittent un droit de $ 0,12 or (60 centimes) par litre, tandis que le vin ne coûte que 50 centimes le litre comme prix d'achat, soit 450 francs le tonneau environ : le droit sur ces vins équivaut à 120 o/o de leur valeur. Quant au droit actuel de $ 0,08 or (40 centimes) par litre, sa diminution serait un des moyens les plus efficaces pour la reprise de notre importation. Le Gouvernement français devrait insister pour le faire ramener à $ 0,06 or (30 centimes) par litre : les vins communs valant moins de 400 francs le tonneau en moyenne, ce dernier droit représenterait 80 o/o de leur valeur. »

Voici l'exportation comparée des vins de France, d'Espagne et d'Italie à destination de la Plata, pendant la période décennale 1886-1895.

ANNÉES	FRANCE	ESPAGNE	ITALIE
	Hectolitres	Hectolitres	Hectolitres
1886..................................	354.029	284.313	»
1887..................................	496.974	395.362	»
1888..................................	354.386	262.705	»
1889..................................	424.718	290.241	»
1890..................................	254.373	254.997	164.463
1891..................................	109.291	89.916	186.715
1892..................................	154.424	111.585	216.701
1893..................................	125.307	201.646 [2]	224.705
1894..................................	108.807	»	223.856
1895..................................	96.892 [1]	200.095 [3]	228.681 [4]

Notre exportation baisse sensiblement depuis 1890, et pour

1. Tableau général du commerce de la France. Direction générale des Douanes.
2. *Moniteur officiel du Commerce* du 6 août 1896. Rapport du Consejo de Aduanas y Aranceles, 1896.
3. Estadistica general del comercio exterior de España. Direccion general de Aduanas.
4. Statistiques officielles italiennes.

les vins en fûts et pour les vins en bouteilles. L'Espagne et l'Italie ont pris notre place. C'est un marché qui échappe à nos vins. Nous disons à nos vins et pas à notre commerce, car ce sont des maisons françaises établies surtout en Espagne qui alimentent en partie l'importation de la Plata. Elles y ont organisé des comptoirs pour soutenir la concurrence étrangère. Elles y soignent les vins avec les méthodes françaises et elles les expédient souvent en « bordelaises ». Le consommateur argentin demande des vins à bas prix : il faut bien lui en fournir. C'est un mouvement d'affaires qui nous échappe, au grand détriment de la viticulture et des industries qui en vivaient.

9° *Uruguay*. — Il a importé :

	1894	1895
	Hectolitres	Hectolitres
D'Espagne[1]	119.439	133.893
De France[2]	22.824	20.874
D'Italie[3]	24.736	23.038

Le tarif de douane sur les vins a été modifié par une loi du 18 janvier 1889, qui dit : « Les droits spécifiques sur les vins ordinaires en cercles seront de $ 0,06 (30 centimes) par litre, quelle qu'en soit la provenance. » Les vins en bouteilles sont sous le coup du tarif du 5 janvier 1888 et paient 1 fr. 15 par litre.

10° *Brésil*. — Nous exportons au Brésil de 25.000 à 35.000 hectolitres de vin par an. Les renseignements nous manquent pour les importations des autres pays.

Les vins paient 400 reis au kilogramme; les vins mousseux 3.600 reis au kilogramme (au change de 1.000 reis par franc).

Nous croyons intéressant de présenter, pour l'année 1896, un tableau complet de nos exportations par pays et par nature de vin. Ce coup d'œil donnera une idée d'ensemble des

1. *Moniteur officiel du Commerce* du 17 juin 1897.
2. Tableau général du commerce de la France. Direction générale des Douanes.
3. Stat. off. italiennes.

marchés ouverts à nos produits et de l'importance de notre mouvement d'affaires.

			HECTOLITRES	VALEURS
				Francs.
Vins ordinaires en bouteilles	de la Gironde	Angleterre	26.730	
		Pays-Bas	2.027	
		États-Unis	5.879	
		Brésil	1.729	
		République Argentine	340	
		Autres pays	22.030	
		Total	58.735	14.683.750
	d'ailleurs	Angleterre	9.151	
		Belgique	5.454	
		Allemagne	1.311	
		Russie	660	
		Italie	873	
		Égypte	872	
		États-Unis	3.669	
		Algérie	1.138	
		Autres pays	35.828	
		Total	58.956	7.369.500
Vins en fûts et en outres	de la Gironde	Angleterre	160.643	
		Belgique	85.669	
		Allemagne	117.871	
		Pays-Bas	62.078	
		États-Unis	10.628	
		Uruguay	10.973	
		République Argentine	69.469	
		Autres pays	120.512	
		Total	637.843	76.541.160
	d'ailleurs	Angleterre	39.401	
		Belgique	105.238	
		Allemagne	78.412	
		Italie	1.614	
		Suisse	128.465	
		États-Unis	2.476	
		Algérie	44.219	
		Autres pays	382.410	
		Total	782.225	46.933.500
Vins de Champagne et autres vins mousseux		Angleterre	98.696	
		Belgique	50.369	
		Allemagne	13.777	
		Russie	2.914	
		États-Unis	14.598	
		Autres pays	23.048	
		Total	203.402	93.768.322
Vins de liqueur		en futailles et outres	12.164	
		en bouteilles	30.268	
			42.432	6.636.360

On voit par ce tableau que nos exportations de vins de la Gironde, qu'il s'agisse de vins en fûts ou de vins en bouteilles, sont sensiblement égales à celles de l'ensemble du territoire. Il serait, d'ailleurs, inexact de croire que tous les vins sortis de France à destination de l'étranger sous la rubrique « vins de la Gironde » sont originaires de ce département. Il en fournit cependant une très grosse part. Bordeaux est un centre d'affaires, un point indiqué pour le commerce des vins.

On remarquera l'énorme développement de notre trafic en vin de Champagne : il représente comme valeur près de 40 o/o de notre exportation totale.

Section III. — Concurrence faite a nos vins
sur les marchés étrangers.

D'une façon générale, notre exportation porte sur des vins d'une certaine qualité et d'un certain prix. Elle correspond aux besoins d'une consommation de luxe; c'est ce qui explique sa fixité relative. Nous disons relative, car si nos exportations n'ont pas diminué dans de trop sensibles proportions, pendant la période des mauvaises récoltes, cela tient à ce que les vins livrés n'étaient pas immédiatement consommés. Beaucoup de nos vins mildiousés, en effet, qui se présentaient après la récolte sous des apparences séduisantes, et que le commerce et les clients étrangers ont payés très cher, n'ont pas tenu leurs promesses et ont causé de sérieux mécomptes à leurs détenteurs. De là un resserrement dans la demande et une grande prudence dans les achats, au point que l'augmentation de nos récoltes, à partir de 1893, n'a été d'aucune influence sur nos exportations décroissantes. Il est difficile d'apprécier exactement le tort fait à la viticulture et au commerce français par la terrible maladie.

De plus, l'expiration des traités de commerce a amené avec certains pays des relations commerciales tendues : la Suisse a opposé à nos vins une barrière douanière infranchissable, et ce marché a été momentanément perdu pour nous. Depuis 1895, cette situation fâcheuse s'est améliorée, et le chiffre de nos importations dans ce pays, en 1896, permet d'espérer un relèvement des affaires.

D'un autre côté, le marché français ayant été fermé aux vins italiens, ceux-ci ont cherché d'autres débouchés. De sorte que les tarifs de 1892, tout en protégeant notre production nationale, lui suscitaient au dehors d'actives concurrences. Les importations italiennes et espagnoles ont beaucoup augmenté en Autriche, en Suisse, en Belgique, dans la République Argentine[1].

« Les vins de ces pays se sont opposés à nos produits grâce aux efforts de particuliers et d'associations agricoles aidés par leurs gouvernements, qui ont envoyé sur place des fonctionnaires spécialistes étudier le goût de la consommation, créer des dépôts, etc. C'est ainsi qu'il a été présenté à très bas prix des vins offrant au commerce étranger beaucoup de ressources par un degré alcoolique élevé et une couleur intense qui se prêtaient bien aux coupages. L'éducation du négociant étranger s'est rapidement développée dans ce sens et aujourd'hui on trouverait difficilement un centre commercial vinicole dans le monde où l'emploi des vins d'Espagne et d'Italie entre autres ne soit en usage et n'aide le négociant à livrer des vins à très bon marché. D'autre part, en ce qui concerne les vins d'Espagne par rapport à la France, le producteur espagnol a diminué ses prix ; de plus, le change a eu pour effet d'amoindrir fortement le prix de revient de l'importateur, et certaines pratiques, notamment le mouillage, ont, avec les deux premiers facteurs, contrebalancé l'action

---

1. Rappelons ici quelques chiffres déjà donnés :

		Hectolitres		Hectolitres
Importations italiennes en	Autriche, en 1886.	15.915	— en 1895.	626.389
	Suisse, en 1886.	141.507	— en 1895.	245.142
	Belgique, en 1886.	1.767	— en 1895.	4.515
	La Plata, en 1886.	60.516	— en 1895.	228.631
Importations espagnoles en	Suisse, en 1886.	12.844	— en 1893.	252.095
	Belgique, en 1890.	4.655	— en 1895.	13.986

du nouveau tarif douanier. » (Henri Kehrig, *Feuille vinicole de la Gironde*, 13 mai 1897.)

Aussi sommes-nous obligés de prêter toute notre attention aux faits économiques qui décèlent ou fixent notre situation comme exportateurs.

Bien que nos vins semblent occuper sur certains marchés un rang prépondérant, il n'y a là quelquefois qu'une situation apparente et trompeuse due à nos 'inimitables vins mousseux qui n'ont pas de concurrent possible. C'est le cas en Angleterre et aux États-Unis où les vins de Champagne représentent une quotité importante de nos exportations. Mais, en réalité, nos envois de bons vins ordinaires, ceux dont la consommation étrangère pourrait demander des quantités vraiment importantes, ont diminué d'environ 400.000 hectolitres depuis 1890. D'ailleurs, étant donné le phénomène de l'augmentation générale de la consommation, rester stationnaire c'est rétrograder, car le terrain que nous ne gagnons pas, nos adversaires s'en emparent. Ils habituent peu à peu la consommation au goût de leurs vins, et comme ils produisent à bon marché, ce sont leurs produits qu'on demande; la qualité est inférieure, il est vrai, mais le consommateur, sans négliger complètement ce facteur, va au bon marché. Il y est, du reste, incité par la diminution de son pouvoir d'acheteur, qui provient de causes multiples et en première ligne de la diminution du revenu sous toutes ses formes, qu'il s'agisse de valeurs mobilières, des immeubles, de la terre, de l'industrie ou du commerce.

Ce phénomène s'est présenté très visiblement dans nos relations avec l'Amérique du Sud. Nous avons fourni longtemps à ces pays des vins du Midi et de la Gironde, de bonne qualité, à degré alcoolique suffisant; puis ces vins se sont faits rares, leur prix s'est élevé, et le consommateur, ne pouvant aborder les nouveaux prix, est allé du côté des vins espagnols et italiens, qui ont été d'autant plus facilement accueillis que le nombre des immigrants espagnols et italiens allait croissant sans cesse dans ces pays nouveaux. Si l'on ajoute à cela que la fabrication des vins artificiels a fait de rapides progrès, surtout dans la République Argentine, on comprendra que nos exportations aient eu à subir de tous ces faits économiques un assaut d'autant plus rude que le prix de nos vins allait en augmentant.

Particulièrement pour la République Argentine, la crise a été accentuée encore par la hausse du change, commencée en 1889. Un hectolitre d'un vin valant 450 francs le tonneau (900 litres) qu'un acheteur argentin pouvait se procurer en 1888 à $ 14 (le change étant à 140), lui coûtait $ 40 le 31 décembre 1891 (avec un change de 400). Ce qui revient à dire que le prix de ce même hectolitre avait triplé pour l'acheteur, le vendeur recevant toujours la même valeur[1]. Il est vrai que la situation s'est sensiblement améliorée depuis deux ans : le change était à 274 le 1er janvier 1898; à ce taux notre acheteur de vin, dans l'exemple cité, n'aurait eu à débourser que $ 27,4.

Cette crise du change a poussé l'acheteur à diminuer ses demandes, à les reporter sur les vins nationaux, à consommer des boissons artificielles ou à les mélanger à des vins espagnols et italiens se prêtant à ces coupages, lorsqu'il n'a pas été victime de fraudes consistant à lui vendre des vins quelconques sous l'étiquette française.

Ajoutons, enfin, que certains de nos négociants se sont fixés en Espagne ou en Italie pour exporter directement des vins dans l'Amérique du Sud. Ils ont dû chercher et trouver les vins à bas prix que le consommateur demandait. Il n'y aurait pas grand mal à cela si ces vins n'étaient pas présentés comme étant de provenance française.

Et, comme si toutes ces conditions économiques fâcheuses ne suffisaient pas, la concurrence déloyale a vivement attaqué nos vins, croyant le moment favorable, généralisant des

---

1. Cours du change à La Plata :

1er décembre 1888.....	140 %	1er juin 1896........	296,5 %
31 décembre 1891.....	400	1er juillet 1897.....	283
31 décembre 1894.....	337	1er janvier 1898.....	274
30 juin 1895..........	345		

défaillances de qualité accidentelles, grossissant les ravages faits à nos vignobles par les maladies cryptogamiques, exagérant les quantités de vins artificiels fabriqués en France, et de tout cela est résulté une campagne de calomnies acharnée et redoutable, où consuls, journaux, négociants, ont rivalisé d'ardeur.

On a pu voir un consul des États-Unis au Havre, M. Chancellor, déclarer, dans un Rapport du 24 juillet 1895, au département d'État à Washington, « que la plus grande partie du liquide fabriqué en France sous le nom de vin n'avait aucun rapport avec le produit de la vigne; que 15.000 fûts de vin avaient été détruits en 1895 par le Laboratoire municipal de Paris, l'analyse ayant démontré que le liquide en question n'était qu'un composé d'eau, d'alcool, de plâtre, de glycérine, de sels de potasse et de matière colorante; qu'une grande quantité de sucre servait chaque année à additionner les vins et qu'on suppléait au déficit causé à la production par le phylloxera en fabriquant des vins avec des moûts et des raisins secs[1]. »

M. Hanotaux dut protester, après intervention de la Chambre de commerce de Bordeaux, contre l'insertion de ce Rapport aux *Consular Reports* (n° de septembre 1895) et démentir officiellement, après enquête, la destruction de vins attribuée au Laboratoire municipal. A la suite de la protestation du Gouvernement français, le *Recueil consulaire des États-Unis* contenait une rectification du Rapport de 1895 qu'il qualifiait d' « information inexacte ».

M. Chancellor n'avait certainement pas l'intention de passer pour ignorant des choses dont il parlait : que penser alors de la légèreté avec laquelle il avait accueilli et reproduit dans un rapport officiel des renseignements aussi erronés que malveillants !

L'*Evening Standard*, de Londres, du 14 juin 1897, contenait l'entrefilet suivant[2] : « Les personnes qui avaient coutume

---

1. *Moniteur officiel du Commerce* du 27 mai 1897.
2. D'après la *Feuille vinicole de la Gironde* du 24 juin 1897.

de recevoir leur vin de table de Bordeaux en fûts n'ont pas manqué de remarquer combien très peu le prix en a augmenté pendant les vingt dernières années. Le phylloxera a détruit une moitié des vignobles en France, l'oïdium un quart. Cependant le négociant avisé, à Bordeaux, n'élevait pas ses prix et on le savait. Sans doute ce bon négociant a été soupçonné de falsifier sa marchandise pour en maintenir le prix bas. Mais le Rapport consulaire de Bordeaux explique le mystère. Il paraîtrait que les vins étrangers, importés pour combler le déficit causé par ces malheurs et qui se confondaient avec les vins qui restaient de la culture naturelle, se sont emparés du goût du public. Ces vins remplaçants, surtout faits de raisins secs, ont pris de l'extension, à bas prix; aussi arrive-t-il que le produit naturel français est chassé du marché... » Et le journal anglais, mettant une sourdine à sa fine raillerie et abordant les solutions pratiques, constatait que le vin de raisins secs peut aussi bien se fabriquer sur les rives de la Tamise que sur celles de la Garonne, qu'il y aurait là place pour une nouvelle industrie anglaise et marché tout trouvé pour l'écoulement de ses produits!

Notre loi de 1897 supprimant la production industrielle des vins de raisins secs permettra au journaliste anglais de mettre son excellente idée en pratique : il n'aura pas de concurrence à craindre de notre part. Mais, comment de ce que la viticulture française demande à écouler ses récoltes, peut-on déduire que seuls les vins importés et la fraude alimentent le commerce?

Et à ces exagérations de consuls et de journalistes, plus ou moins ignorants des sujets qu'ils abordent, est venu se joindre un fait plus grave. Un négociant établi à Bordeaux et en même temps courtier à Londres a formulé, dans une circulaire du 15 décembre 1897, des opinions extraordinaires. Il prétend : « 1° que les viticulteurs français renoncent à leurs anciens cépages pour leur substituer des cépages étrangers; 2° que le greffage sur américains a été adopté du jour au lendemain et qu'il compromet la qualité de nos vins; 3° que les producteurs de vins étrangers sont arrivés à ce résultat que leurs vins sont meilleurs que les nôtres... » Et il rapporte complaisamment l'opinion étrange d'un négociant californien prétendant « qu'à l'avenir les vins français seront produits en Californie et les vins californiens en France ».

Toutes ces propositions téméraires sont fausses, comme l'a démontré le Comité girondin pour favoriser la viticulture française[1]. Nos viticulteurs conservent, au contraire, avec un soin jaloux leurs anciens cépages, qui ont fait leurs preuves, et ce n'est pas du jour au lendemain qu'ils ont adopté le greffage sur américains, mais bien après des études savantes, longues et concluantes. Quant à savoir si les vins français seront récoltés en Californie, l'expérience est faite depuis longtemps : nos concurrents reproduiront nos marques, — c'est une habitude déjà vieille, — mais, en ce qui concerne la qualité, nous n'avons rien à redouter.

A propos de l'habitude prise par les étrangers de baptiser certains de leurs vins du nom de nos crus célèbres, nous rappellerons qu'il y a en Espagne : le Médoc alicantino; les Médocs des provinces d'Alava et de Logroño; le Saint-Julien de Tarragone; — aux États-Unis : les vins de Bourgogne et de Bordeaux récoltés en Californie; — en Australie : tous les crus renommés de la vieille Europe. On use des réputations méritées avec une déplorable facilité, et cette ambition de produire nos grands vins cache souvent des manœuvres tendant à tromper l'acheteur. On peut, à la rigueur, se montrer bienveillant pour les écarts de producteurs étrangers qui débutent dans la production vinicole : c'est à la fois un hommage indirect rendu à la supériorité de nos vins et un des inconvénients de la célébrité; mais on ne saurait trop protester contre les attaques perfides tendant à discréditer nos vins sur les marchés internationaux.

---

1. Lettre du Comité girondin pour favoriser la viticulture française à la *Feuille vinicole de la Gironde,* reproduite par la *Petite Gironde* du 17 janvier 1898.

Appendice. — Des « entrepots spéciaux » pour le coupage des vins français avec des vins étrangers.

Il nous reste à dire quelques mots d'une institution récente, diversement interprétée, vivement défendue par les uns, non moins vivement attaquée par les autres : nous voulons parler des entrepôts spéciaux.

Recherchons, tout d'abord, dans quelles circonstances ils sont nés.

Il y a, il y avait surtout, à Bordeaux un commerce important, préparant, expédiant des vins de qualité moyenne, riches en couleur et en alcool, d'un constitution robuste, pouvant supporter de longs voyages et des températures exceptionnelles. Ces vins, dits « de cargaison », d'un prix relativement modéré, étaient envoyés un peu partout, surtout dans l'Amérique du Sud et dans le Centre Amérique. On les obtenait en mélangeant des vins du Roussillon, du Narbonnais, du Quercy, avec des vins de la vallée de la Garonne et de la Gironde. Ils flattaient le goût du consommateur, ordinairement d'origine méridionale.

Lorsque le phylloxera et le mildew ravagèrent nos vignes, lorsque la valeur de nos vins augmenta, lorsque les vins corsés firent défaut, il fallut bien demander à l'étranger, à l'Espagne, à l'Italie, au Portugal, quelques beaux vins indispensables à la préparation de nos coupages, dans les conditions habituelles de prix, de couleur et de force. La qualité moyenne des vins de cargaison baissa, c'est certain. Le consommateur étranger n'en accepta pas moins cette diminution de qualité, modifia son goût et conserva ses habitudes d'approvisionnement, gardant la marque préférée sans changement appréciable de prix.

Sous l'empire de l'ancien tarif des douanes frappant d'un droit de 2 francs par hectolitre les vins jusqu'à 15°9, le commerce pouvait s'approvisionner au dehors. Mais lorsque fut édicté le tarif des douanes de 1892, il se demanda s'il ne serait pas obligé de renoncer à ses opérations : la valeur des vins de cargaison ne permettait pas de payer des taxes douanières d'autant plus élevées que les besoins des transactions demandaient des vins à plus fort degré.

Les exportations de ces vins allaient disparaître. On ne pouvait songer à trouver en France, à des prix abordables, des vins suffisamment colorés et riches en alcool : il n'y en avait pas. Pour ce commerce spécial, étant données les habitudes de la consommation, nous étions forcément tributaires de l'étranger. Nos exportateurs luttaient déjà très difficilement contre des concurrents achetant à meilleur marché, par suite de la baisse provoquée chez eux par le relèvement de nos tarifs.

Quelques exemples puisés dans la statistique diront l'âpreté de cette lutte. De 1880 à 1889, nous exportons dans la République Argentine une moyenne annuelle de 315.081 hectolitres de vin; cette exportation n'est plus, en 1892, que de 154.424 hectolitres; elle avait perdu 50 o/o! — En 1887 le port de Bordeaux envoie dans l'Uruguay 91.860 hectolitres de vin; il n'en envoie plus que 36.097 hectolitres en 1892, perdant ainsi 60 o/o.

Et tout le terrain que nous perdions, nos concurrents, le gagnaient : en 1887, l'Italie envoyait au Brésil, dans l'Uruguay et dans la République Argentine, 149.168 hectolitres de vin; en 1892, elle en expédiait 341.979 hectolitres. Les mêmes phénomènes économiques se reproduisaient dans d'autres pays.

C'est alors que se posa la question de savoir si l'on ne pourrait pas recevoir des vins exotiques sans paiement du droit de douane, les mélanger à des vins français et les réexporter. Il y avait bien la mise en dépôt dans les entrepôts réels, mais l'insuffisance des locaux, les magasinages, les frais de toute sorte, l'éloignement de ces entrepôts des comptoirs des exportateurs, l'abandon des installations déjà

faites, étaient autant d'obstacles qui paraissaient insurmon-
tables.

Des hommes d'une grande expérience, connaissant parfaitement les besoins du commerce, sur l'initiative de la Ligue
bordelaise pour la défense du commerce d'exportation, avec
le concours du Syndicat des vins et spiritueux de la
Gironde, l'adhésion et l'appui de notre Chambre de
commerce, demandèrent au Gouvernement de transformer
les chais de quelques exportateurs — ils étaient 14 — en
entrepôts spéciaux des douanes sous certaines garanties
étroites. Ils ne réclamaient, en définitive, qu'une application
spéciale du principe de l'entrepôt, ce qui explique qu'une
simple autorisation de l'Administration des Douanes fût
suffisante.

Ils faisaient valoir qu'on allait, par cette mesure, conserver
la vie à notre commerce d'exportation en vins moyens; qu'on
allait prévenir l'émigration de marques très connues; qu'on
garderait à Bordeaux un courant d'affaires qui avait été
difficile à créer et qu'il devenait urgent de défendre; que les
industries secondaires, alimentées par ce courant commercial,
—tonneliers, lignes maritimes, transporteurs, ouvriers; — ne
verraient pas leur échapper une source de trafic et de produit;
que la viticulture elle-même y trouverait son compte,
puisqu'on emploierait dans les coupages un minimum de
50 o/o de vin français; qu'enfin la part des produits nationaux (vin, futaille, main-d'œuvre, fret, bénéfice) dans la
valeur totale représentait 75 ou 80 o/o.

Le Gouvernement se rendit à ces raisons et les entrepôts
spéciaux furent créés. Il était nécessaire de prendre des précautions pour que les vins exotiques entrés en entrepôt ne
fussent pas détournés de leur destination. Ce but a été atteint
par une réglementation très sévère appliquée par l'Administration des Douanes.

Ce règlement, du 14 octobre 1892, signé de M. Pallain,
conseiller d'État, directeur général des Douanes, dispose :

— Les vins étrangers, après avoir été vérifiés sur le quai

de débarquement ou à la sortie de l'entrepôt réel, seront escortés au magasin désigné (article 1er);

— Les vins français destinés au coupage ne pourront être introduits dans les magasins que sous la surveillance du service; ces vins seront séparés des vins étrangers au moyen d'une barrière ou cloison; aucune quantité ne pourra ressortir pour la consommation (article 4);

— Les intéressés ne pourront effectuer une opération de mélange qu'après déclaration indicative des quantités de vins étrangers à employer et de la proportion de vin français à y incorporer; le service devra s'assurer que les vins français entrent dans les mélanges pour une proportion de 40 à 60 o/o, à la condition que la moyenne ne soit pas inférieure à 50 o/o (article 5 modifié par lettre du 17 décembre 1892);

— Les vins mélangés seront placés séparément (article 6);

— A l'apurement des comptes, les entrepositaires n'auront droit à l'allocation d'aucun déficit (article 10);

— Les locaux seront clos et grillés, à l'exemple des magasins placés sous la garde de la Douane. Les portes seront munies de deux serrures fonctionnant à l'aide de deux clefs différentes; ces serrures seront achetées aux frais du concessionnaire par le service; l'une des clefs sera confiée au service, l'autre restera entre les mains des intéressés. Chaque magasin n'aura, d'ailleurs, qu'une entrée et sera préalablement agréé par le directeur (article 12);

— L'entrepositaire dûment autorisé devra verser, pour son compte personnel et d'avance, dans la caisse de la Douane, le montant des frais de régie (traitement et indemnité) afférents aux emplois dont la surveillance de son établissement nécessiterait la création (article 13).

Inutile d'insister sur les dispositions étroites de ce règlement.

Aucune fissure n'est à craindre et tous les vins étrangers qui entrent dans les entrepôts spéciaux sortent bien à la destination de l'extérieur.

On compte 16 entrepôts. Voici leur mouvement pour les années 1893-1897 :

ANNÉES	NOMBRE D'ENTREPOTS	QUANTITÉS DE VINS EXOTIQUES introduites DANS LES ENTREPOTS SPÉCIAUX				QUANTITÉS de vins français entrées dans les entrepôts spéciaux	TOTAL des entrées vins français et vins exotiques	SORTIES TOTALES des entrepôts spéciaux
		D'ESPAGNE	D'ITALIE	d'autres PAYS	TOTAL			
		Hectolitres	Hectol.	Hectol.	Hectolitres	Hectolitres	Hectolitres	Hectolitres
1893	15	71.992	19.974	604	92.570	98.635	191.205	135.836
1894	14	64.241	14.149	1.264	79.654	103.920	183.574	175.442
1895	15	93.748	5.499	1.270	100.517	111.799	212.316	210.049
1896	17	103.458	1.316	936	105.710	111.059	216.769	219.951
1897	16	76.373	4.057	11.136	91.566	94.187	185.753	199.747
		409.812	44.995	15.210	470.017	519.600	989.617	941.025[1]

Entrées............................. 989.617 hectolitres
Sorties............................. 941.025   —

Différence........................... 48.592 hectolitres

représentant le stock existant dans les entrepôts spéciaux.

Dès la première année, ce stock était de 55.367 hectolitres : les entrepôts vides au moment de leur création devaient constituer leur stock : celui-ci tend à diminuer. La moyenne des sorties étant de 188.205 hectolitres, ce stock représente donc environ 25 o/o du mouvement annuel. C'est peu. Nous avons vu que, dans les chais des autres marchands en gros à Bordeaux, les approvisionnements égalaient les besoins d'une année. Ce stock étant suffisant, cela prouve la rapidité des mouvements, les vins ne séjournant guère qu'une moyenne de trois mois en entrepôt.

On voit que les vins français sont entrés dans les mélanges pour plus de 50 o/o.

A cet égard, on a dit[2] qu'au point de vue français il était

1. Renseignement fourni par l'Administration des Douanes.
2. M. H. Kehrig, *Feuille vinicole de la Gironde* du 27 avril 1893 et du 22 octobre 1896 ; — M. Anglade, secrétaire général de la Ligue bordelaise, journal *le Médocain* du 27 avril 1893.

avantageux de voir exporter des millions d'hectolitres qui ne s'exporteraient pas sans ce moyen, vu la concurrence étrangère qui s'y oppose, tant dans l'Amérique du Sud que sur diverses places de l'Europe; et qu'au point de vue girondin surtout, on devait s'en féliciter, les vins de la Gironde entrant dans ces exportations pour les deux tiers. Les entrepôts spéciaux correspondant à un besoin urgent, il était dans l'intérêt bien compris de la propriété d'en encourager les opérations.

Les propriétaires girondins ne sont pas de cet avis. Pour eux, ces entrepôts constituent un danger et favorisent une fraude sur l'origine et la nature du produit vendu[1]. Ils font valoir les arguments suivants : Les entrepôts spéciaux ont prospéré d'une façon constante; la proportion des vins dits français dans les mélanges, qui était de 70 o/o en 1893, n'est plus que de 60 o/o en 1894, et de 53 o/o en 1895; si l'on compare les quantités totales des vins mélangés sorties des entrepôts spéciaux aux quantités totales des vins sorties des chais ordinaires des négociants pour l'étranger, on trouve que le rapport des premières aux secondes, de 20 o/o en 1893 et 1894, s'est élevé à 40 o/o en 1895; les négociants qui se plaignent du resserrement de nos débouchés trouveront dans ces chiffres matière à réflexion. En réalité, cette proportion s'élève à plus de 50 o/o, car, après avoir exonéré les vins exotiques des droits d'entrée, on a accordé aux mélanges le vinage en franchise jusqu'à 18°; les exportateurs ne se font pas faute d'en user : en 1894, sur les 175.000 hectolitres expédiés de Bordeaux, 126.000 étaient additionnés d'alcool. Le vinage ayant comme suite le mouillage, les quantités primitives sont notablement grossies dans les pays qui les reçoivent et fournissent à la consommation un nombre d'hectolitres supérieur à celui indiqué au tableau des Douanes; sans doute, les fûts qui quittent notre ville ne portent que le nom

1. M. O. Audebert, trésorier de l'Association syndicale des viticulteurs propriétaires de la Gironde, réponse à M. Kehrig, *Bulletin viticole et agricole de la Gironde*, octobre 1896.

et l'adressé de l'expéditeur ; mais, cette adresse étant Bordeaux, il s'ensuit une confusion dont ne peuvent manquer de bénéficier les expéditeurs ; le logement en barriques bordelaises est identique avec celui des vins qui sortent des chais ordinaires du commerce ; les mêmes navires transportent les deux vins : l'acheteur ne peut-il être trompé sur la nature et l'origine du produit? Les entrepôts spéciaux n'ont été créés que pour permettre cette confusion : ceux établis à Cette, par exemple, n'ont expédié que 8.000 hectolitres en 1895 ; on comprend le motif de leur peu de succès ; les vins des entrepôts spéciaux luttent non pas contre les vins d'Espagne et d'Italie, mais bien contre les bordeaux d'une qualité supérieure et d'un prix plus élevé ; la viticulture ne peut être favorisée par ces entrepôts ; ils n'écoulent qu'une infime partie des 1.500 tonneaux, moyenne de la production annuelle de la Gironde, et cela ne compense pas la concurrence funeste faite aux vins girondins sur les marchés de l'étranger, discréditant ces vins à l'extérieur et avilissant les prix de vente à l'intérieur ; les quelques milliers de tonneaux de vins de France employés par les entrepôts spéciaux viennent, d'ailleurs, en plus grande quantité du Midi et de l'Algérie que de la Gironde.

Pour tous ces motifs, l'Association syndicale des viticulteurs de la Gironde a émis le vœu suivant : « Considérant que les entrepôts spéciaux portent un préjudice considérable à la viticulture en ce qu'ils favorisent, sous le contrôle de l'Administration des Douanes, l'exportation comme vins de la Gironde de vins exotiques et étrangers au département ; que ces procédés discréditent les vins de la Gironde et sont une des causes de leur mévente et de l'avilissement de leur prix..., renouvelle le vœu déjà émis pour la suppression, le plus tôt possible, des entrepôts spéciaux. »

A la suite de cette campagne, il a été décidé, en février 1897 : « A dater de ce moment, ne peuvent être admis au bénéfice de l'entrepôt spécial que les envois de vins faits pour les pays d'outre-mer ; les envois à destination de l'Europe sont exclus de ce régime. » Cette décision a fait diminuer le chiffre des sorties des entrepôts spéciaux : de 219.951 hectolitres en 1896 elles passent à 199.747 hectolitres en 1897, soit une différence de 20.000 hectolitres ; les entrées des vins français subissent une diminution parallèle, passant de 111.059 hectolitres à 94.187 hectolitres. On peut se demander si toute cette agitation est sage et si elle ne va pas à l'encontre du but qu'on se propose. Ne trouble-t-on pas le consommateur et ne lui inspire-t-on pas une défiance profonde du produit français, vin? D'un autre côté, les consommateurs qui ont l'habitude des vins de cargaison accepteront-ils les vins de la Gironde? C'est douteux.

Quoi qu'il en soit, nous voyons se produire, à propos des entrepôts spéciaux, des opinions diamétralement opposées; les contradicteurs sont également compétents et de bonne foi. Où est la vérié? Elle est difficile à dégager ; mais très certainement d'abondantes et bonnes récoltes seraient le meilleur remède aux maux du commerce et de la viticulture.

CHAPITRE V

LA VIGNE ET LE VIN

EN ALGÉRIE

EN TUNISIE ET DANS LES PAYS ÉTRANGERS

PRODUCTION ET COMMERCE

SECTION I. — ALGÉRIE ET TUNISIE.

Algérie. — La culture de la vigne en Algérie a été lente à se développer. On estime à 3.000 ou 4.000 francs les dépenses nécessaires pour créer un hectare de vigne. L'argent faisait défaut à nos colons et les premières entreprises ont causé quelques mécomptes. Les plantations du précieux arbuste ont cependant augmenté tous les ans, en suivant une progression sans cesse croissante. Au point de vue général, la vigne est très favorable à la colonisation : exigeant un nombreux personnel pour la main-d'œuvre qu'elle réclame, pour l'exercice des industries qui s'y rattachent, elle appelle la population et constitue un des agents les plus puissants de civilisation par les nombreux capitaux qu'elle met en œuvre.

On s'est d'abord demandé si la vigne réussirait en Algérie, si elle se trouverait là dans un milieu climatérique favorable, si le vin fermenterait dans des conditions normales, s'il serait de conservation facile, s'il aurait, enfin, les qualités recherchées par le consommateur. Aujourd'hui l'expérience est

faite : le sol de notre colonie se prête à la culture du cep;
la vigne donne de beaux rendements; le vin qui, primitive-
ment, laissait à désirer, par suite de mauvais procédés de
vinification, présente des qualités de goût, de tenue, lui
assurant un placement certain sur le continent. Il faut que
l'Algérie, par un choix judicieux des cépages, s'applique de
plus en plus à produire des vins de grande consommation,
neutres, solides, bien colorés, riches en alcool, pouvant remplacer les vins étrangers sur nos marchés de l'intérieur. A
cette condition la culture de la vigne sera rémunératrice.

En 1878, l'Algérie n'avait que 17.614 hectares de vignes
produisant 338.220 hectolitres de vin.

En 1880, la surface vitifère était à 23.723 hectares et la
production à 432.580 hectolitres.

De 1880 à 1884, l'engouement pour la vigne exalte les
esprits et les espérances d'un grand nombre de colons ; on
plante avec ardeur, entrevoyant des rendements considérables
et des résultats splendides. La vigne en 1884 s'étend sur
50.000 hectares produisant 896.291 hectolitres de vin.

En 1890, six ans après, le vignoble a presque doublé; —
il est à 98.541 hectares, — pendant que la récolte progresse
encore plus que les plantations, touchant au chiffre de
2.844.130 hectolitres.

En 1891, le rendement des vignes atteint 4 millions
d'hectolitres. En 1895, on compte 16.535 planteurs européens
et 12.085 planteurs indigènes cultivant ensemble 113.810
hectares de vigne.

De 1888 à 1897, dans une période de dix ans, la moyenne
des surfaces vitifères est de 107.372 hectares et la production
moyenne de 3.510.158 hectolitres. Ce qui fait un rendement
moyen à l'hectare de 32 hectolitres 7. M. Leroy-Beaulieu[1]
estime les frais de culture de 350 à 400 francs. D'après le
Conseil supérieur du Gouvernement d'Algérie, les vins de la
récolte de 1896 se sont payés de 15 à 20 francs l'hectolitre.

1. P. Leroy-Beaulieu, *L'Algérie et la Tunisie*. Paris, 1897.

En prenant ces bases, voici ce que donnerait un hectare de vigne :

Récolte : 32 hectolitres 7 au prix moyen de 17 fr. 50 . . F. 572
Frais d'exploitation ; moyenne. 375
Revenu net. . . . . F. 197

soit 5,60 o/o, l'hectare ayant une valeur moyenne de 3.500 francs.

Ce résultat, bien que modeste, paraît satisfaisant pour une culture coûteuse et aléatoire. Nos calculs portant sur une période de dix ans doivent se rapprocher très sensiblement de la vérité. Il semble que nos colons doivent chercher un supplément de revenu en élevant leur moyenne de rendement (elle peut atteindre 40 hectolitres à l'hectare) et en ménageant le plus possible les frais d'exploitation.

Une partie du vin récolté est convertie en eau-de-vie, et l'on peut évaluer 1.100.000 ou 1.200.000 hectolitres la quantité consommée par la colonie qui compte 500.000 Européens, sans l'armée, — celle-ci ayant environ 50.000 hommes. (La population totale de l'Algérie est de 4.429.421 habitants, recensement de 1896.)

Le compte des vins s'établirait comme suit pour une période de dix ans :

	Hectolitres.
Récolte moyenne 1888-1897.	3.510.158
Importation moyenne 1887-1896.	47.236
Quantités libres pour le commerce et la consommation. . . . . F.	3.557.394
Consommation moyenne. . . . . . 1.100.000 hect. ⎫ Exportation moyenne (1887-96). 2.012.843 — ⎬	3.112.843
Différence.	444.551

convertis en eaux-de-vie ou employés à l'ouillage des vins (en estimant les ouillages et les déchets à 5 o/o de la récolte, la distillation aurait utilisé environ 270.000 hectolitres de vin par an).

Jusqu'en 1884, l'Algérie a importé plus de vin qu'elle n'en a exporté. De 1868 à 1877, nous lui avons fourni une moyenne de 340.732 hectolitres par an. C'est seulement à partir de 1886 qu'elle devient pays exportateur. Ci-dessous le tableau de ses importations de vins ordinaires (commerce spécial) de 1887 à 1896. On verra qu'elles ont suivi une marche parallèle aux mêmes importations en France :

ANNÉES	FRANCE	ITALIE	ESPAGNE	TUNISIE	AUTRES PAYS	TOTAL
	Hectolitres	Hectolitres	Hectolitres	Hectolitres	Hectolitres	Hectolitres.
1887......	»	19.525	56.819	»	96	76.440
1888......	550	2.740	70.016	192	14	73.512
1889......	72	964	55.040	37	36	56.149
1890......	315	33	52.608	1.241	16	54.213
1891......	15	156	69.546	»	13	69.730
1892......	31	97	42.239	240	»	42.607
1893......	106	88	36.923	55	»	37.172
1894......	84	»	22.268	18	9	22.379
1895......	»	29	15.576	292	7	15.904
1896......	»	13	24.201	29	14	24.257
MOYENNE..	117	2.364	44.524	210	21	47.236 [1]

L'article 10 de la loi du 29 décembre 1884 soumet les produits étrangers importés en Algérie aux mêmes droits que s'ils étaient importés en France. Les importations de vins d'Italie ont cessé le 1er mars 1888 au moment où le traité de commerce du 3 novembre 1881 prenait fin. Quant aux vins espagnols, l'importation en est bien réduite depuis l'application du tarif des douanes du 11 janvier 1892; elle continue tout de même un peu parce qu'elle est favorisée par le change et qu'elle correspond à un besoin : les vins d'Espagne, étant colorés et riches en alcool, sont quelquefois utilisés pour relever des vins par trop légers.

---

1. Tableau général du commerce de la France. Direction générale des Douanes.

Voici le tableau des vins ordinaires exportés d'Algérie en 1887-1896, commerce spécial [1] :

ANNÉES	ALLEMAGNE	PAYS-BAS	BELGIQUE	ANGLETERRE	TUNISIE	AUTRES PAYS	TOTAL	FRANCE
	Hectolitres	Hectolitres	Hectolitres	Hectolitres	Hectolitres	Hectolitres	Hectolitres	Hectolitres
1887..	7.900	5.244	5.081	944	3.414	10.763	33.346	760.987
1888..	10.439	3.632	4.017	678	4.038	926	23.730	1.224.628
1889..	4.476	5.078	3.289	1.059	5.471	2.537	21.910	1.581.085
1890..	5.052	5.048	6.637	1.059	9.399	2.151	29.346	1.959.273
1891..	9.413	5.666	6.243	841	4.995	1.999	29.157	1.847.003
1892..	3.981	6.653	6.034	402	4.769	4.055	25.894	2.821.639
1893..	4.139	9.166	6.003	719	3.981	5.160	29.168	1.818.459
1894..	4.383	5.169	6.611	285	7.410	5.118	28.976	2.011.380
1895..	5.714	4.652	4.902	258	2.690	6.988	25.204	2.910.134
1896..	5.742	4.857	6.161	»	1.860	7.948	26.568	3.193.841
Moyenne	6.124	5.516	5.498	624	4.803	4.765	27.330	2.012.843

L'exportation des vins ailleurs qu'en France est peu importante, environ 1 o/o de l'exportation totale. Nous avons toujours été et nous restons les gros clients de l'Algérie. La valeur de ces exportations a été de :

	Francs		Francs
1891, exportation totale,	222.800.000;	exportation en France,	53.393.620
1892, —	228.000.000;	—	84.751.035
1893, —	169.700.000;	—	51.018.132 [2]

Comme on l'a vu dans le tableau qui précède, l'exportation des vins algériens a suivi une marche ascendante très remarquable. A mesure que la production s'est développée, le commerce extérieur a facilement pris ce que la consommation intérieure avait de trop. Il n'y a pas eu de mévente ni de stock constitué à la propriété : la demande et l'offre se sont heureusement équilibrées. L'Algérie est venue compenser pour une bonne part le déficit produit dans nos récoltes par les maladies de la vigne. Le vin entre aujour-

1. Tableau général du commerce de la France. Direction générale des Douanes.

2. Statistique générale de l'Algérie, Alger-Mustapha, 1894.

d'hui pour 35 à 40 o/o dans les exportations algériennes, au commerce spécial[1], créant une abondante source de prospérité pour la colonie. L'exportation des raisins frais paraît aussi susceptible d'un grand essor.

Que notre province africaine étende son vignoble, rien de mieux : tout fait supposer que le vin produit trouvera un facile écoulement. Mais il sera prudent d'opérer avec discernement dans le choix des terrains et des cépages. De plus en plus, la culture de la vigne est difficile, et il n'est guère permis de se tromper, sous peine d'engloutir, en pure perte, des capitaux relativement très importants.

Du reste, la prudence est doublement indiquée : le phylloxera a poussé ses avant-gardes en Afrique, et il aurait tôt fait de détruire des vignobles créés à grands frais, vignobles qu'il serait peut-être impossible de reconstituer.

La loi du 12 mars 1883, inspirée par une pensée de haute prévoyance, a pour but la défense du vignoble algérien contre le phylloxera. Elle impose au propriétaire, au fermier, au colon, au gérant, à toute personne ayant la charge d'une vigne, à quelque titre que ce soit, d'en signaler les faits de dépérissement ou les symptômes de maladie qu'il aura remarqués dans la vigne dont il s'occupe, sous peine d'être poursuivi et privé des indemnités prévues pour le traitement de la vigne.

Compter seulement sur la déclaration des propriétaires pour avoir connaissance de l'invasion phylloxérique eût été insuffisant, car, par ignorance ou par mauvais vouloir, même en dépit des peines qui le menacent dans ce cas, le propriétaire peut ne pas prévenir l'autorité à temps. Aussi la loi exige-t-elle qu'au moins une fois par an le maire fasse visiter par un expert toutes les vignes de sa commune. Il devra rendre compte des résultats de cette visite afin que l'autorité supérieure soit assurée que la visite a été faite ou puisse lui rappeler l'obligation imposée, dans le cas où il l'aurait oubliée.

---

1. P. Leroy-Beaulieu, *L'Algérie et la Tunisie.* Paris, 1897.

La déclaration d'infection entraîne les mesures suivantes dans les vignes malades ou suspectes :

1° La destruction par le feu des ceps, tuteurs, échalas, feuilles, sarments et autres objets pouvant servir de véhicule au phylloxera ;

2° La désinfection du sol ;

3° L'interdiction de toute nouvelle plantation de vignes pendant un temps qui ne pourra pas dépasser cinq années.

Cette loi de défense a été suivie du décret du 17 juin 1884 prohibant l'importation en Algérie des ceps de vigne, sarments, etc., ainsi que celle des fruits et des légumes frais de toute nature. Et, enfin, la loi du 28 juillet 1886 a eu pour objet l'organisation des syndicats en Algérie pour la défense contre le phylloxera.

Quels ont été les résultats de cette législation? C'est seulement en 1885 que la présence du phylloxera fut signalée en Algérie : à Sidi-bel-Abbès et à Tlemcen, dans le département d'Oran. L'année suivante, à l'autre extrémité de l'Algérie, dans la province de Constantine, de nouveaux foyers étaient constatés à Philippeville, puis en 1887 à la Calle. En 1889, dans le département d'Oran, Mascara était atteint, puis Saïda (1892), tandis que, dans celui de Constantine, de nouvelles taches ne se montraient que plus tard, en 1893, à Jemmapes, El-Kantour et à Sillègue. Seul le département d'Alger était indemne en 1894 : il l'est heureusement encore aujourd'hui.

Cinq foyers dans le département d'Oran, trois dans celui de Constantine, dont un qui comprend presque en entier l'arrondissement de Philippeville, tel était le bilan de la situation phylloxérique du vignoble algérien à la fin de 1894. Ces foyers n'ont, dit M. Couanon[1], aucun rapport au point de vue de la contagion : « C'est par apports infectieux que se sont créés les foyers initiaux. »

---

1. *Rapport sur la situation de la viticulture en Algérie,* par M. G. Couanon, inspecteur général des services du phylloxera *(Compte rendu des travaux du Service du phylloxera, années 1890-1894. Ministère de l'Agriculture.)*

Partout on a agi conformément aux prescriptions de la loi. Chaque fois que le fléau a été découvert, on a sacrifié, non seulement les pieds atteints, mais, dans une zone de sûreté suffisante, toutes les vignes en contact avec les souches infectées. On n'a pas ainsi, car ce n'était pas possible, éteint la maladie d'une façon absolue, mais on a entravé son développement.

Un chiffre donnera une idée de la lenteur avec laquelle le phylloxera a prospéré, c'est celui qui indique la surface totale des étendues de vignes traitées en Algérie : cette surface était d'environ 305 hectares à la fin de 1894.

La colonie ne ménage pas ses fonds pour lutter contre les sauterelles et le phylloxera. Elle a dépensé :

En 1893.............................F. 358.018
En 1894............................. 382.055
En 1895 .... 399.451

Les budgets de 1897 et 1898 prévoient chacun une dépense de 418.000 francs.

M. Bouchardat, professeur à la Faculté de médecine de Paris, disait en 1880, dans son rapport adressé à la Société d'agriculture de Paris : « C'est par la vigne que s'opérera, dans un avenir qui peut n'être pas éloigné, la conquête stable de l'Algérie. Cette culture amènera chez les nouveaux colons et les naturels l'habitude du travail et de l'aisance ; elle fera disparaître le plus grand obstacle au progrès, l'endémie des marais. Assainissement, richesse, la culture de la vigne donnera tout à notre grande colonie. »

Ce qu'on entrevoyait en 1880 s'est à demi réalisé aujourd'hui. L'Algérie a un bel avenir de prospérité croissante : le marché français absorbera encore longtemps ses excédents de production.

Tunisie. — Les plantations de la vigne ont reçu dans la Régence une impulsion vigoureuse depuis l'établissement du protectorat français. Cette culture séduisit quelques capita-

listes, qui l'établirent sous le régime de la grande propriété,
surtout de 1886 à 1891.

Voici la progression du vignoble européen [1] :

ANNÉES	SUPERFICIE PLANTÉE	PRODUCTION	ANNÉES	SUPERFICIE PLANTÉE	PRODUCTION
	Hectares	Hectolitres		Hectares	Hectolitres
1884..........	440	»	1891..........	5.159	105.142
1885..........	614	»	1892..........	5.475	94.859
1886..........	1.528	»	1893..........	5.976	140.165
1887..........	2.386	»	1894..........	6.088	170.863
1888..........	3.027	14.393	1895..........	6.369	170.859
1839..........	3.871	32.635	1896..........	6.294	112.092
1890..........	4.500	52.967	1897..........	6.602	151.338

La surface du vignoble indigène est actuellement de
1.666 hectares.

De 1886 à 1891, la surface vitifère passe de 1.528 à
5.159 hectares, augmentant de 130 o/o. De 1891 à 1897,
la vigne n'a gagné que 1.443 hectares, soit 240 hectares
par an. C'est peu : on semble avoir renoncé aux grands
vignobles. On a, d'ailleurs, blâmé les capitalistes de s'être
si brusquement lancés dans les plantations sur vaste
échelle et d'avoir manqué de prudence : l'entreprise parais-
sait cependant pleine de promesses.

L'expérience acquise depuis quinze ans permet, d'après
M. Leroy-Beaulieu [2], les conclusions suivantes : rendements
abondants, surtout près de Tunis et dans les vallées de la
Medjerda : 60 à 70 hectolitres en moyenne; vin pesant de
12 à 13° dans les petits rendements de 30 à 50 hectolitres
à l'hectare, 9 à 10° dans les grands rendements; la qualité
du vin vaut celle des vins communs de France; la vinification
présente de grosses difficultés; la valeur des vins en 1893
était de 10 francs l'hectolitre; depuis elle s'est relevée à

---

1. Renseignements fournis par la Direction de l'Agriculture et du Commerce
de la Régence de Tunis. Avril 1898.
2. P. Leroy-Beaulieu, *L'Algérie et la Tunisie.* Paris, 1897.

15 et 16 francs : à ces conditions la culture est médiocrement rémunératrice.

La Tunisie importe quelques vins : elle a reçu de l'Algérie, de 1887 à 1896, une moyenne de 4.803 hectolitres par an. Mais, à partir de 1891-1892, elle est devenue surtout pays exportateur. Des conditions spéciales ont, du reste, été faites à ses vins, qui ne paient à leur entrée en France que 60 centimes par hectolitre jusqu'à 11°9 (loi du 19 juillet 1890).

Sous ce régime de faveur, voici quelle a été l'exportation des vins tunisiens en France de 1890 à 1896 :

ANNÉES	Vins exportés en France
	Hectolitres
1890-1891	12.358
1891-1892	31.626
1892-1893	49.076
1893-1894	37.509
1894-1895	80.370
1895-1896	136.896
1896-1897 [1]	47.123 [2]

Valeur des exportations en France et dans les autres pays :

ANNÉES	FRANCE	AUTRES PAYS
	Francs	Francs
1888	2.502	162
1889	60.228	972
1890	320.790	46.980
1891	497.640	25.357
1892	1.478.360	14.590
1893	1.106.885	15.855
1894	584.785	18.225
1895	2.534.956	63.108
1896	1.568.306	8.236 [3]

1. L'année est comptée du 1er juillet au 30 juin suivant.

2. Renseignements fournis par la Direction de l'Agriculture et du Commerce de la Régence de Tunis. Avril 1898.

3. Renseignements fournis par la Direction de l'Agriculture et du Commerce de la Régence de Tunis. Avril 1898.

Section II. — Pays étrangers.

Italie. — L'Italie, par sa situation géographique, est un pays privilégié : les montagnes, le voisinage de la mer contribuent à rendre le climat de cette fertile contrée égal, doux et tempéré. Aussi se prête-t-il merveilleusement à la culture de la vigne, qui s'étend d'un bout à l'autre de la péninsule latine. Les vendanges ont lieu, suivant les contrées, du commencement de septembre à fin octobre. On redoute les gelées blanches du printemps et une trop grande sécheresse au moment de la maturité. Depuis quelques années, le phylloxera, le mildew, l'oïdium y apportent, comme ailleurs, leurs terribles ravages.

Voici, d'après les documents italiens, le tableau des superficies plantées en vignes et celui de la production du vin :

PROVINCES	SUPERFICIE GÉOGRAPHIQUE	SUPERFICIE CULTIVÉE EN VIGNE (Hectares)			
		1870-1874	1879-1883	1890-1894	1878[1]
Piémont..............	Hectares 2.937.800	117.302	245.697	245.643	117.302
Lombardie	2.431.700	149.751	168.889	190.929	140.786
Vénétie.............	2.454.800	242.987	392.190	421.495	242.987
Ligurie.............	527.800	44.326	42.850	52.699	44.326
Émilie.............	2.064.000	168.462	628.268	692.126	168.462
Marche et Umbrie...	1.945.700	158.490	292.137	358.128	145.368
Toscane............	2.410.400	221.423	360.438	384.703	219.332
Latium.............	1.208.100	43.996	103.684	102.800	43.996
Méridion adriatique.	3.563.900	300.000	266.210	343.459	267.355
Méridion méditerr...	4.132.900	244.455	268.867	307.338	244.455
Sicile	2.574.000	211.454	270.118	275.809	211.454
Sardaigne	2.407.800	24.186	55.945	70.128	24.186
ROYAUME	28.658.900	1.926.832	3.095.293	3.445.257	1.870.109

1. D'après les chiffres fournis par le ministre de l'agriculture italien, lors de l'Exposition universelle de Paris en 1878.

Production du vin :

ANNÉES	HECTOLITRES	ANNÉES	HECTOLITRES
1870-1874	27.538.649	1888	32.511.399
1879	19.081.474	1889	21.757.139
1880	20.575.144	1890	29.456.809
1881	17.842.494	1891	36.992.135
1882	26.500.327	1892	33.971.768
1883	27.934.415	1893	32.163.523
1884	19.521.505	1894	25.816.588
1835	23 561.571	1895	24.245.836
1886	36.509.777	1896	28.396.240[1]
1887	33.015.517		

Production comparée des diverses provinces italiennes :

PROVINCES	Moy. 1880-1889	Moy. 1890-1894	1895	1896
Piémont.............	2.502.212	3.787.170	4.234.755	1.929.697
Lombardie.........	1.074.484	1.319.658	1.040.998	1.032.722
Vénétie............	1.091.961	1.006.728	1.195.165	952.306
Ligurie............	361.121	332.554	323.231	238.798
Émilie.............	1.727.541	2.584.577	2.650.089	2.039.583
Marche et Umbrie..	2.082.890	2.404.778	1.686.639	1.878.206
Toscane............	2.455.859	3.232.487	2.597.693	2.741.745
Latium.............	1.156.625	1.109.302	454.507	499.958
Méridion adriatique.	3.794.995	5.221.137	2.472.412	3.575.417
Méridion méditerr..	3.471.309	4.021.264	2.255.587	2.549.131
Sicile.............	5.619.995	5.635.437	4.257.783	3.558.749
Sardaigne.........	617.120	1.023.049	476.977	366.480
ROYAUME	25.972.928	31.680.164	24.245.836	21.362.792[1] Provisoire

Les statistiques italiennes ne brillent pas par la fixité. Elles
sont mobiles, se prêtent à tous les raisonnements et permet-

1. Ottavi-Marescalchi, *Vade-mecum del commerciante di uve e di vini in
Italia*; Casale, 1897; — d'après les publications officielles italiennes suivantes :
Bollettino di notizie agrarie (pubblicazione periodica del Ministero di Agricoltura.
Industria e Commercio); — *Annuario statistico* (pubblicazione della Direzione
generale della statistica); — *Movimento commerciale del Regno d'Italia;* —
Bollettino di legislazione e statistica doganale e commerciale.

tent aux journaux viticoles de l'autre côté des Alpes de se livrer à de singuliers calculs. Nous en donnerons un exemple. Le *Bulletin de statistique et de législation comparée*, publié par le ministère des finances français a souvent reproduit les documents italiens et a signalé parfois leurs bizarreries et leurs contradictions. C'est ainsi qu'il rapporte (livraisons de janvier et février 1889), d'après le *Giornale degli Economiste*, publié à Bologne sous la direction de M. le Dr Alberto Zorli, une étude de M. Vittorino Stringher sur la production viticole de l'Italie où l'auteur, combinant les résultats des statistiques officielles de 1870 à 1889, avec les indications contenues dans un discours prononcé le 2 décembre 1888 par le ministre M. Grimaldi, à l'ouverture du Congrès œnologique de Rome, conclut à une production moyenne de 40 millions d'hectolitres de vins italiens pendant les dernières années précédant 1888. Or, le *Giornale degli Economiste* publie des chiffres en partie semblables à ceux que nous donnons. Du reste, les voici :

	Hectolitres
1870-1874 moyenne	27.000.000
1879-1883 —	35.500.000
1884	19.743.885
1885	23.808.951
1886	36.801.577
1887	33.015.537
1888	30.217.600

Il n'y a de différence sensible que pour la période 1879-1883 : les chiffres officiels donnent 22.386.770 hectolitres et non 35.500.000 hectolitres.

Quoi qu'il en soit, même en prenant les chiffres du journal, on peut se demander à l'aide de quel mirage on peut conclure à une moyenne de 40 millions d'hectolitres.

En effet, si l'on établit la moyenne quinquennale, on obtient :

	Hectolitres
De 1870 à 1874	27.000.000
De 1879 à 1883	35.500.000
De 1884 à 1888	28.700.000

Cette période de quinze ans, si on respecte les mathématiques, donne une moyenne de 30.400.000 hectolitres. Cette moyenne est, du reste, forcée et nous ne la détachons des chiffres examinés que pour montrer l'état d'esprit, les exagérations du ministre et du publiciste.

Il ne faut pas oublier que les Italiens disent modestement : « l'Italia puo diventare la prima cantina d'Europa, » et que les appréciations que nous discutons se produisirent au lendemain de leur plus grosse récolte, celle de 1886 avec 36.509.777 hectolitres. Ils eurent un accès de joie légitime. L'exportation s'éleva, en 1887, à 3.582.104 hectolitres, alors que la moyenne des dix années précédentes, de 1877 à 1886, était seulement de 1.595.363 hectolitres. Les Italiens durent se croire les maîtres des marchés vinicoles et ils crièrent leur croyance bien haut. La misère de notre viticulture les servait admirablement : nous avions, précisément en 1886 et 1887, deux de nos plus faibles récoltes. Leur joie ne fut pas de longue durée : ils n'ont plus revu le chiffre de 36 millions d'hectolitres, si ce n'est cependant en 1891, mais après être descendus à 21.700.000 hectolitres en 1889.

Les deux moyennes de 1870-1874 et 1879-1883, rapportées par le *Giornale degli Economiste* sont d'ailleurs taxées d'exagération par la *Gazette officielle* du 27 novembre 1889 qui, rappelant ces chiffres d'après le *Bollettino di notizie agrarie* (n° 58, septembre 1889) et les *Annuaires statistiques* du royaume, fait remarquer que l'Annuaire 1887-1888 émet lui aussi un doute sur leur exactitude[1].

Le *Bulletin de statistique et de législation comparée* français a fait observer plusieurs fois que les statistiques de la production du vin en Italie sont élaborées par la Direction générale de l'Agriculture ; la Direction générale de la Statistique se borne à les résumer dans ses Annuaires. Ces chiffres subissent, d'ailleurs, de continuelles modifications, la Direction générale de l'Agriculture croyant devoir y introduire toutes

---

1. *Bulletin de statistique et de législation comparée*. Ministère des Finances, février, 1889, p. 662.

les corrections successivement proposées par les « Comizii agrari ». Cette mobilité singulière rend bien difficile une appréciation exacte. Pour en donner une idée, voici quelques chiffres remaniés, tels qu'on les trouve trois ou quatre années après leur publication première :

	Hectolitres		Hectolitres
1884	20.446.336	au lieu de	19.743.885
1885	24.636.495	—	23.561.571
1886	37.944.781	—	36.509.777
1887	34.532.276	—	33.015.517

Nous n'avons pas ces indications pour toutes les années, mais ce que nous savons met en éveil notre défiance. On a d'abord publié, pour 1891, par exemple, le chiffre de 34.970.000 hectolitres; puis ce chiffre est devenu 36.992.135.

On ne peut davantage accepter la moyenne de production que M. Miraglia, directeur général de l'Agriculture du royaume d'Italie, assigne à son pays dans le travail statistique que nous reproduisons à la fin de notre thèse et où il essaie d'apprécier la production universelle du vin [1]. M. Miraglia reproduit d'abord quatre opinions :

1° Celle de M. F.-X. de Neumann Spallart *(Ubersichten der Weltwirthschaft)* qui est la suivante : 1880 - 1885, 21.759.000 hectolitres.

2° Celle de la Société des agriculteurs d'Espagne : 1884-1888, 25.360.000 hectolitres.

3° Celle de M. Mouillefert : 1889, 21.139.100 hectolitres.

4° Celle du *Moniteur Vinicole* : 1891, 34.970.000 hectolitres.

Puis il chiffre la sienne : 1886-1890, 30.650.128 hectolitres.

De ces cinq opinions la troisième et la quatrième sont sans valeur : il s'agit de déterminer une moyenne et elles ne portent que sur une année. Les autres ne valent guère

1. V. tabl. XXX.

mieux : elles ne s'appliquent pas à des moyennes assez longues. Nous ne critiquons pas le chiffre accepté par M. Miraglia : il est absolument d'accord avec les documents que nous publions. Mais il nous semble que si l'on a le souci de dégager la vérité, il ne faut point prendre une période restreinte, choisie avec soin; il convient, au contraire, de les indiquer toutes. C'est ce que nous allons faire.

Nous savons que notre moyenne trentenaire de 1867 à 1896 est de 41 millions d'hectolitres. Nous n'avons pas celle de l'Italie pour une période aussi longue. Mais si l'on prend les chiffres fournis par la statistique italienne, de 1870 à 1897, et si on les compare à ceux donnés par l'évaluation officielle de nos récoltes, nous trouvons :

	Hectolitres
Moyenne italienne de 1870 à 1897...............	27.229.310
Moyenne française de 1870 à 1897...............	39.356.319

Notre moyenne dépasse la moyenne italienne de 45 o/o.

En prenant la moyenne décennale la plus favorable à la production italienne, on trouve :

	Hectolitres
Moyenne italienne de 1887 à 1896...............	29.832.695
Moyenne française de 1887 à 1896...............	32.476.382

La moyenne italienne est encore inférieure à la nôtre de 9 o/o.

La période de cinq ans envisagée par M. Miraglia est la seule depuis trente ans où la production italienne ait dépassé la production française : les deux périodes de cinq ans qui la la précèdent et la suivent donnent, en effet, les résultats suivants :

				Hectolitres
1881-1885 : production moyenne italienne......				23.072.062
—	—	—	française......	32.838.225
1891-1895 :	—	—	italienne......	30.637.954
—	—	—	française......	35.006.406

On aurait béau torturer les chiffres, ils arriveront toujours à dire : la France est au premier rang et l'Italie au second.

M. Miraglia a pris nos cinq années les plus faibles pour les comparer à cinq années italiennes exceptionnellement favorisées. En s'arrêtant là, il a choisi un mode de comparaison aussi singulier que peu scientifique, et les conclusions qu'il en tire sont entachées d'erreur.

On a dit, dans un but intéressé et malveillant, assez de mal de nos vins à l'étranger, la campagne de calomnies a été assez âpre, on a suffisamment abusé des souffrances de notre viticulture, ravagée par les maladies diverses, on a exploité avec assez de passion la mauvaise qualité — trop certaine — de quelques-unes de nos récoltes mildiousées, sans venir encore, en violentant les chiffres et la vérité, nous contester notre suprématie « quantitative ». C'est pour cela que nous critiquons les données de M. Miraglia, son travail, très intéressant du reste, ayant été largement publié, même en France, où il a eu les honneurs du *Bulletin de statistique et de législation comparée,* sans que le ministère des finances — ce qui étonne un peu — ait fait suivre cette publication d'une note explicative ramenant les choses au point. C'est la France et non pas l'Italie qui est le premier producteur de vin du monde : elle a toujours occupé ce rang et l'occupe encore. Quant à la qualité, les vins de France sont inimitables.

Si l'on s'arrête un moment à l'examen des données italiennes en ce qui concerne les superficies plantées en vignes, on y relève des bizarreries allant à l'encontre de ce que l'on s'est peut-être proposé. Les statistiques accusent 3.461.561 hectares vitifères, plus que n'en ont la France et l'Espagne réunies. Ou bien on se trouve en présence d'une exagération manifeste, ou bien l'étendue du vignoble s'apprécie par d'autres méthodes que les nôtres. Si l'on rapproche le chiffre de 3.461.561 hectares de la moyenne des récoltes, — prenons la plus élevée, celle de 1887 à 1896 : 29.800.000 hectolitres,

— on arrive à ce résultat que la production moyenne en Italie est de 8 hectolitres 60 par hectare : c'est inadmissible, et les Italiens seraient les premiers à protester contre ce chiffre.

La vérité est qu'on doit compter comme terrain vitifère tout terrain portant plus ou moins de vignes. Or, les plantations sont en général très espacées; la vigne est associée à d'autres cultures intercalées : céréales, fourrages, légumineuses; souvent on la laisse courir d'arbre en arbre. Il n'y a guère que sur quelques coteaux de la Toscane et en Sicile qu'on trouve la vigne cultivée seule. Dans les pays où le terrain est exclusivement planté en vigne, comme en France, en Espagne, en Autriche-Hongrie, on évalue à 10.000 le nombre de plants par hectare. Sur cette base, l'Italie devrait avoir 1.800.000 hectares.

Du reste, lors de l'Exposition universelle de Paris, en 1878, le ministre de l'agriculture italien estimait la surface plantée à 1.870.109 hectares, et la récolte moyenne à 27.400.000 hectolitres. Ces chiffres doivent, même actuellement, se rapprocher de la vérité. Si on a planté depuis 1878, le phylloxera a détruit une quantité à peu près équivalente. Mais ce qui serait inadmissible, c'est que le vignoble italien eût doublé d'étendue depuis dix-huit ans et que la production fût restée stationnaire.

En Sicile, où le mode de culture est plus semblable au nôtre, la surface plantée, — moyenne de 1890-1894, — est de 275.809 hectares (elle était de 211.454 hectares en 1878), et la production moyenne pour la même époque est de 5.635.437 hectolitres, ce qui donne un rendement moyen de 20 hectolitres 5. L'Émilie, avec ses 692.126 hectares, — moyenne de 1890-1894, — ne donne que 2.584.579 hectolitres, soit, pour cette période, moins de 4 hectolitres à l'hectare. Ces deux exemples montrent que les statistiques des surfaces plantées, pour être comparées utilement avec celles des autres pays, devraient être établies sur des bases plus rationnelles.

En tenant compte de ce qui précède, on peut rechercher quelles sont les quantités de vin libres pour la consommation.

La population de l'Italie était, au dernier recensement, en 1890, de 30.158.408 habitants. L'*Annuaire du Bureau des longitudes* (année 1898) estime qu'elle est actuellement de 31.500.000 habitants. Nous établissons notre balance en faisant porter nos moyennes sur les dix dernières années, de 1887 à 1896 :

		Hectolitres
Production moyenne 1887-1896		29.832.695
Importation — —		51.862
Total		29.884.557
A déduire :		
Exportation moyenne 1887-1896	1.879.820	
Quantités de vin livrées à la chaudière	500.000	
Lies; ouillages; quantités converties en vinaigres ou inemployables, soit 10 % de la récolte	2.983.270	
		5.363.090
La différence		24.521.467[1]

représente la quantité de vin libre pour la consommation intérieure.

Cela fait :

Une production de 95 litres par habitant;

Une consommation de 78 litres par habitant.

Ces chiffres paraissent normaux : la consommation absorbe facilement ce que la production met à sa disposition.

---

1. La *Gazetta officiale* du 28 novembre 1895 (d'après le *Bull. de stat. et de lég. comp.* de décembre 1895, p. 662) évalue comme suit la consommation intérieure :

1890	28.537.796	hectolitres
1891	35.823.672	—
1892	31.533.149	—
1893	29.825.217	—
1894	23.930.686	—

mais ces chiffres semblent n'avoir été établis qu'en tenant compte de la production et des exportations.

L'importation des vins en Italie est peu importante. En voici le détail de 1871 à 1896[1]:

ANNÉES	VINS EN FUTS	VINS EN BOUTEILLES	ANNÉES	VINS EN FUTS	VINS EN BOUTEILLES
	Hectolitres	Centaines		Hectolitres	Centaines
1871	55.149	3.979	1884	112.860	2.928
1872	38.917	4.605	1885	312.645	3.230
1873	149.409	4.306	1886	253.367	3.312
1874	111.369	3.894	1887	132.520	3.598
1875	51.426	3.700	1888	37.233	1.782
1876	69.628	3.745	1889	14.353	1.394
1877	97.866	3.238	1890	14.480	2.285
1878	39.608	3.207	1891	8.495	2.234
1879	26.799	3.181	1892	7.785	2.015
1880	28.353	3.318	1893	22.376	2.021
1881	34.109	3.915	1894	55.619	1.630
1882	57.610	3.135	1895	104.223	1.905
1883	43.260	3.321	1896	121.540	1.984

Ce tableau prouve que la production italienne suffit à peine à la consommation. Après les années de mauvaise récolte, l'importation augmente sensiblement. En 1885, après la récolte de 1884, qui est de 19.500.000 hectolitres, l'importation passe de 112.860 hectolitres à 312.645 hectolitres. Même phénomène en 1895 et 1896.

Remarquons que, dans ce mouvement d'affaires, l'Autriche-Hongrie envoie à l'Italie, dans les années 1885, 1886, des quantités relativement importantes de vin: 176.623 et 168.347 hectolitres, tandis que, depuis 1892, c'est l'Italie qui est devenue le grand fournisseur de l'Autriche-Hongrie, grâce à un tarif de faveur refusé à nos vins[2].

1. D'après les Statistiques officielles italiennes, rapportées par M. Ottavi-Marescalchi, *loc. cit.*

2. Les vins italiens en fûts et en bouteilles paient à la Douane autrichienne 3 florins 20 kreuzer (7 fr. 48); les vins des autres pays paient au tarif général 20 florins (49 fr. 40). Bien que la convention de commerce du 18 février 1884 entre la France et l'Autriche stipule le traitement réciproque de la nation la plus favorisée, et bien que le décret du 30 janvier 1892 ait admis au bénéfice du tarif minimum français les produits austro-hongrois importés en France, l'Autriche continue à appliquer aux vins français son tarif général, alors qu'elle admet les vins italiens au bénéfice du tarif spécial. La France, après avoir longtemps

L'Autriche-Hongrie a reçu de l'Italie :

	Hectolitres		Hectolitres
1892	629.673	1895	626.389
1893	969.444	1896	765.999
1894	927.302		

C'est de beaucoup le meilleur client de l'Italie. Il y a là une situation digne de solliciter l'attention des pouvoirs publics français.

Depuis 1894, l'Italie semble rechercher les vins grecs. Elle en a importé dans trois années (1894 à 1896) 162.421 hectolitres. Cela s'explique par le peu d'élévation des frais de transport : l'Italie a pour ce commerce le commode chemin de la mer.

L'exportation des vins italiens date de 1879. De 1871 à 1878, la moyenne est de 386.817 hectolitres; elle s'élève à 1.884.233, de 1879 à 1886. Nous la donnons de 1887 à 1896, pour les vins en fûts, année par année et par principaux pays de destination [1].

ANNÉES	ANGLETERRE	ALLEMAGNE	AUTRICHE	SUISSE	RÉP. ARG.	BRÉSIL	FRANCE	EXPORTATIONS GÉNÉRALES
	Hectol.	Hect l.	Hectol.	Hectol.	Hectol.	Hectol.	Hectol.	Hectol.
1887.	44.758	92.385	31.248	165.253	»	»	2.782.707	3.582.104
1888.	70.249	97.209	26.928	303.049	»	»	817.316	1.802.020
1889.	30.088	137.883	33.141	336.722	»	»	172.253	1.408.977
1890.	22.825	100.150	17.608	273.955	164.463	35.336	19.583	904.327
1891.	24.088	147.537	30.231	415.940	186.715	12.020	27.955	1.158.540
1892.	26.675	260.456	629.673	553.898	216.701	102.756	281.674	2.417.166
1893.	32.958	160.793	969.444	407.295	224.705	58.163	90.635	2.328.993
1894.	23.894	106.182	927.302	225.570	223.856	93.679	39.536	1.911.987
1895.	41.952	133.194	626.389	245.142	228.681	106.373	14.710	1.675.023
1896.	17.782	115.777	765.999	221.639	196.527	64.787	33.185	1.609.070

Nous avons été les principaux acheteurs, avec 2.782.707

réclamé, a cessé ses revendications, l'Autriche ayant renoncé à ses droits de la nation la plus favorisée en Tunisie, reconnaissant ainsi implicitement notre protectorat sur ce pays. La compensation est peut-être insuffisante.

[1]. D'après les Statistiques officielles italiennes rapportées par M. Ottavi-Marescalchi, *loc. cit.*

hectolitres en 1887. Depuis que l'Italie a perdu le marché français, ses exportations ont sensiblement baissé. Il y a cependant à retenir le développement qu'ont pris ses envois en Autriche-Hongrie depuis 1892. Ses autres principaux clients sont : la Suisse et la République Argentine. Les signaler, c'est indiquer à notre commerce d'exportation les marchés qui sollicitent sa vigilance.

L'Italie n'a été épargnée par aucune des maladies qui désolent la vigne : oïdium, phylloxera et mildew. Seulement, comme elle a été atteinte après nous, elle a pu bénéficier de notre expérience, des découvertes de nos savants et opposer à ces fléaux une plus grande résistance.

Dès 1879, le phylloxera était signalé dans 3 communes; depuis il en a envahi 625. Le Gouvernement a, dès le début, agi avec vigueur, organisant la défense, luttant contre l'apathie des propriétaires et contre le peu d'empressement qu'ils mettaient à signaler les vignes malades. Il prenait à sa charge, s'il ne s'agissait que de centres isolés, toutes les dépenses nécessitées par la destruction des vignes atteintes et il accordait même des indemnités aux viticulteurs. Par les journaux, par des circulaires claires et bien rédigées, par des conférences théoriques et pratiques sur le moyen d'observer et de reconnaître le phylloxera, il a organisé une active surveillance sur tous les points du royaume. Il a, de plus, répandu l'usage des vignes américaines, enseignant la manière de les greffer. Cette action salutaire n'a pu vaincre le terrible puceron : elle en a tout au moins retardé la marche. On constate malheureusement que l'extension et l'intensité de l'infection rendent inefficaces les moyens préventifs et curatifs employés; aussi les viticulteurs préfèrent-ils recourir à la reconstitution de leurs vignes à l'aide de cépages américains résistants. Auront-ils, pour cela, la constance et les ressources nécessaires? Les vignes américaines ont des exigences que ne connaissaient pas les vignes indigènes.

Voici, à titre de document, le tableau de l'envahissement phylloxérique depuis 1879 :

ANNÉES	Superficie infectée	Communes atteintes
	Hectares	
1879................................	24	3
1885................................	3.174	76
1890................................	109.426	306
1892................................	187.056	386
1894................................	243.566	508
1896................................	302.619	625

La tache dangereuse s'étend sur plus de 30.000 hectares par an!

L'Italie est pour nous un rival sérieux. Ses vins sont de plus en plus appelés à se trouver en concurrence avec les nôtres pour l'alimentation de la consommation courante réclamant des prix moyens. Il n'est ici question ni de nos bordeaux, ni de nos bourgognes, ni de nos champagnes. Il ne faut pas oublier que la viticulture et la vinification ont fait de grands progrès en Italie. Le Gouvernement, la presse, les sociétés spéciales ont lutté contre l'ignorance ou la routine des vignerons; on a fondé des écoles d'œnologie et de viticulture; on a établi à l'étranger de nombreuses stations œnotechniques; on a multiplié les conférences, les expositions, les concours, les journaux spéciaux. Ne serions-nous pas restés en arrière sous ce rapport-là?

Espagne. — L'Espagne arrive au troisième rang, comme pays producteur de vin, après la France et l'Italie. Elle offre cette particularité qu'elle produit beaucoup plus qu'il n'est nécessaire pour les besoins de sa consommation intérieure. La culture de la vigne y est la plus importante des cultures agricoles, alimentant un précieux mouvement d'exportation. L'Espagnol est obligé d'expédier au dehors un produit qu'il ne consomme pas; écouler ses récoltes est une nécessité; il ne saurait en former un stock : les vaisseaux vinaires et les locaux lui manqueraient pour cela. Aussi l'Espagne serait pour la France et l'Italie un concurrent redoutable, si ses vins avaient les qualités requises par les consommateurs; mais ils manquent de finesse et de limpidité. Ils ont cependant des caractères précieux qui les font rechercher pour certains emplois : une grande richesse de couleur et un haut degré alcoolique.

Avec son climat sec, sa topographie tourmentée, son sol inégal et pierreux, exposé aux ardeurs du soleil, ses fertiles vallées, la péninsule convient admirablement à la culture de la vigne. Elle s'y étale un peu de tous les côtés. Au nord, les vieilles provinces de la Navarre, de l'Aragon, de la Catalogne fournissent environ le tiers de la récolte espagnole; des lignes de fer relient ces contrées à la France et en rendent l'accès facile. Au centre, le royaume de Léon, la Vieille-Castille offrent les vins de Valladolid, Zamora, Logroño; des frais de transport élevés en éloignent beaucoup d'acheteurs. Au sud, se trouvent les vins blancs de Séville et d'Huelva, donnant lieu à un trafic important; les vins de Jerez et Malaga, qui justifient le dicton espagnol : « Hay un rayo de sol en cada botella de vino de España. » Enfin, à l'est, Valence et Alicante produisent des vins neutres, colorés, riches en alcool, de conservation facile, très estimés pour les coupages; ces vins arrivent sur les marchés de nos ports avec des frets très réduits : moins de 2 francs par hectolitre.

L'Espagne n'a pas de statistique officielle sur laquelle on puisse s'appuyer pour déterminer l'étendue de son vignoble et l'importance de ses récoltes. En 1882, lors de l'Exposition générale de Bordeaux, on évaluait la superficie vitifère à 1.200.000 hectares. En 1885, des statistiques dressées par les conseils provinciaux d'agriculture en fixent l'étendue à 1.695.602 hectares; mais M. H. Kehrig[1], en citant ce chiffre, fait remarquer qu'il a été intentionnellement diminué et qu'on peut le porter à 1.800.000 hectares. L'*Economista* du 12 janvier 1889 l'estime à 2 millions d'hectares d'après la

1. *Aperçu sur l'Espagne vinicole.* Bordeaux, Feret et fils, p. 26, 1887.

Direction de l'Agriculture espagnole[2]. M. Miraglia le limite pour 1889-1890, d'après les données recueillies par le ministère italien de l'agriculture, du commerce et de l'industrie, à 1.605.492 hectares. Les rapports du Jury international de l'Exposition universelle de Paris en 1889 donnent les chiffres de 1.900.000 hectares (Rapport du Jury de la classe 73) et 1.745.100 hectares (Rapport du Jury de la classe 75). Le directeur de la Station œnotechnique espagnole de Paris l'évalue à 1.706.500 pour 1891, d'après les renseignements recueillis auprès des ingénieurs agronomes, des commissions provinciales d'agriculture, des syndicats viticoles et des particuliers.

Cette même année 1891, le Directeur général de l'Agriculture, du Commerce et de l'Industrie publiait, dans le *Boletin semanal de estadistica y mercados,* une estimation basée sur les rapports des ingénieurs du service agronomique : ces rapports évaluaient la récolte à 24.210.162 hectolitres et le rendement à 14 hectolitres 3, ce qui correspond à une superficie plantée de 1.700.000 hectares environ.

Le *Bulletin du Ministère de l'Agriculture français* (1896, fascicule n° 6) l'évalue en 1896 à 1.706.500. Les renseignements, qui nous ont été fournis par des négociants et des courtiers visitant l'Espagne depuis près de vingt ans, portent le vignoble à 1.800.000 hectares. Toutes ces appréciations concordent sensiblement, et, en estimant le vignoble espagnol à 1.750.000 hectares, on semble se rapprocher de la vérité, au moins de celle qui peut être déduite des documents examinés.

La production est plus difficile à fixer ; l'incertitude naît de la variété des chiffres accusés et de celle des années prises comme terme de comparaison. Nous ne connaissons aucun travail d'ensemble ; nous ne croyons pas qu'il y en ait.

---

2. *Bull. de stat. et de lég. comp.,* 1889, 1, p. 95.

Nous nous bornerons à citer diverses opinions avec les
sources :

Hectolitres

1882. Lors de l'Exposition de Bordeaux, la récolte est estimée à.....................................	20.814.740
1885. M. Tisserand, directeur de l'Agriculture en France, l'estime à..................................	22.000.000
1887. M. Kehrig établit la carte vinicole de l'Espagne sur une récolte de.............................	20.000.000
1888. L'*Economista* du 12 janvier 1889, d'après la Direction de l'Agriculture espagnole...................	28.000.000
1889-1890. M. Miraglia, directeur général de l'Agriculture d'Italie	28.759.571
— M. F. X. de Neumann Spallart...................	20.519.000
— Société des agriculteurs d'Espagne..............	27.000.000
— M. P. Mouillefert...........................	20.509.942
1890. Rapport du directeur de la Station œnotechnique espagnole à Paris...........................	29.875.620
1891. Rapport du directeur de la Station œnotechnique espagnole à Paris..............................	34.078.000
— La *Revue des vins et spiritueux* fait remarquer que le chiffre fourni par le directeur de la Station œnotechnique est exagéré et le ramène à.......	25.000.000
— Le *Boletin semanal de estadistica y mercados* estime la récolte de 1891, d'après les Rapports des ingénieurs du Service agronomique, à............	24.210.162
1893-1897. *Moniteur vinicole*, moyenne...................	20.616.000
1894. *Bulletin du Ministère de l'Agriculture français*.....	21.790.000
1895. — — —	21.582.620
1897. *Feuille vinicole de la Gironde* du 13 janvier 1898 ..	25.000.000 moy.

De tous ces chiffres, il résulte que la production se tient
entre 20 et 29 millions d'hectolitres, si on néglige l'évaluation,
évidemment exagérée, donnée en 1891 par le directeur de
la Station œnotechnique espagnole de Paris. La récolte
moyenne doit être de 25 millions d'hectolitres.

La population de l'Espagne était de 17.257.432 habitants
au recensement de 1887 ; elle serait actuellement, d'après
l'*Annuaire du Bureau des longitudes*, année 1898, de
17.900.000 habitants. La production moyenne par habitant
atteindrait 140 litres, tandis que la moyenne française serait
de 109 litres et que la moyenne italienne ne dépasserait
pas 95 litres.

L'Espagnol boit peu de vin : sa sobriété est incontestée. La statistique fait défaut pour apprécier la consommation moyenne. On l'a évaluée à 65 litres par habitant. M. H. Kehrig rapporte une autre évaluation, celle-ci globale, de 8 millions d'hectolitres. Ce chiffre paraît un peu bas pour une population de près de 18 millions d'habitants; il est vrai qu'en 1887 l'Espagne avait environ 1 million d'habitants de moins. Nous consommons en France 100 litres de vin par tête; les Italiens en consomment 78 litres. Il semble qu'on peut estimer à 55 litres la consommation de l'Espagnol, en faisant la part de sa sobriété. Sur ces bases, la consommation intérieure serait de 9.845.000 hectolitres.

Les quantités de vin converties en alcool peuvent être évaluées à 5 millions d'hectolitres par an. Il n'y a en Espagne aucune statistique concernant la fabrication de l'alcool. Les fabricants ne sont pas exercés : ils travaillent librement, en payant un abonnement. L'importation des alcools est, d'ailleurs, rendue impossible par le tarif de douane en vigueur depuis le 1er février 1892. Ce tarif est de — par hectolitre — 160 pesetas. Il faut y ajouter un droit de consommation payable à l'entrée (loi du 5 août 1893) de — par hectolitre — 37 pesetas 50; soit, en tout, par hectolitre, 197 pesetas 50. Le tableau suivant montre les effets du nouveau tarif.

Importation des alcools étrangers en Espagne.

	Hectolitres		Hectolitres
1887	776.342	1892	93.229
1888	459.152	1893	322
1889	339.841	1894	141
1890	555.713	1895	134
1891	384.106	1896	40[1]

Il est difficile d'apprécier la quantité de vin convertie en vinaigre. Elle doit être cependant assez importante, la

1. Estadistica general del comercio exterior de España, formada por la Direccion general de Aduanas. Madrid.

matière première étant abondante, riche en alcool, facile à transformer. En estimant à 10 litres par tête d'habitant la moyenne de consommation du vinaigre, on arrive à un emploi d'environ 2 millions d'hectolitres de vin.

En tenant compte de ce qui précède et de l'importance des exportations, la balance du compte « vin » en Espagne s'établirait comme suit (nous ne tenons pas compte de l'importation, qui est insignifiante) :

		Hectolitres
Récolte		25.000.000
Consommation intérieure	9.845.000	
Exportation	7.267.600	
Quantités de vin converties en alcool.	5.000.000	
— en vinaigre.	2.000.000	
		24.112.600
Différence		887.400[1]

Le prix moyen des vins est assez difficile à déterminer. D'après M. Kehrig (1887), l'échelle des vins varierait de de 12 à 40 francs l'hectolitre, sans parler des vins de Jerez et autres vins liquoreux. La moyenne des vins communs serait de 19 francs l'hectolitre, sans logement, pris au vignoble.

D'après la Direction générale de l'Agriculture espagnole (*Boletin semanal de estadistica y mercados*, 1891), le prix moyen en 1891 était au vignoble de 17 fr. 44.

Actuellement on paie à la propriété :

Alicante	1897	13°1/4 à 14°,	18 à 20 pesetas	
Huesca	1897	14°1/2 à 15°,	20 à 22 —	
Rioja	1897	12°1/2 à 13°,	21 à 22 —	(1er choix)
Rioja	1897	12°	17 à 18 —	(2e choix)
Huelva	1897	12°	20 à 22 —	

---

1. Nos chiffres diffèrent assez sensiblement de ceux donnés dans les rapports du Jury international de l'Exposition universelle de Paris en 1889 (Ministère du Commerce, de l'Industrie et des Colonies; Groupe VII et VIII, Paris 1891-1892) :

Récolte moyenne	30.000.000 d'hectolitres.
Consommation intérieure	17.000.000 —
Distillation	4.000.000 —
Exportation	9.000.000 —

L'importation des vins en Espagne n'a aucun intérêt.
Nous la donnons à titre de simple renseignement :

ANNÉES	Hectolitres		ANNÉES	Hectolitres
1890	17.098		1893	2.142
1891	14.196		1894	2.485
1892	9.270		1895	2.735

L'Espagne est le pays qui exporte le plus de vin. Si nous
nous référons au tableau de la production, du commerce et de
la consommation publié à nos statistiques[1], nous voyons que
le mouvement général des exportations égale 14.832.000 hectolitres de vin, et que l'Espagne, à elle seule, en exporte
7.268.000 hectolitres, soit près de la moitié des exportations
universelles.

C'est un concurrent redoutable non pas par la finesse et la
qualité des vins, mais par l'abondance et le bas prix de ses
offres. Le marché intérieur est nul ou à peu près : il faut
forcément trouver des débouchés au dehors.

Voici les exportations de vins communs pendant la période
décennale 1887-1896 :

	Hectolitres			Hectolitres
1887	7.970.460		1892	6.543.898
1888	8.724.803		1893	5.019.659
1889	8.405.830		1894	3.971.425
1890	9.197.686		1995	5.202.142
1891	11.081.540		1896	6.559.118

La moyenne décennale est de : 7.267.649 hectolitres.

La moyenne quinquennale 1890-1894 s'établit comme suit
pour les diverses espèces de vins :

	Hectolitres	Valeur
		Pesetas
Vins communs..................	7.162.842	161.919.396
Jerez et similaires	187.512	23.392.574
Vins de liqueur	34.691	3.050.543
Moyennes....	7.385.045	188.362.513

Dans cette même période 1890-1894, les exportations générales de l'Espagne ont atteint le chiffre moyen de 802.420.610
pesetas : les vins y figurent donc pour 23 o/o.

1. V. tabl. XXIX.

C'est dire la place que ce produit occupe chez nos voisins au point de vue agricole et commercial, et le soin avec lequel on doit veiller en Espagne, sur les vignes, sur leur rendement et sur les transactions qui en découlent.

Pour montrer quels sont les principaux clients de l'Espagne, nous donnons le relevé détaillé des exportations par pays de destination de 1887 à 1896 :

ANNÉES	FRANCE	ALGÉRIE	ANGLE-TERRE	ALLE-MAGNE	CUBA	LA PLATA	URU-GUAY	ÉTATS-UNIS	TOTAL
	Hectolitres	Hectol.	Hectol.	Hectol.	Hectol.	Hectol.	Hectol.	Hectol.	Hectolitres
1887............	6.509.363	55.487	124.319	49.465	389.931	419.288	209.283	44.745	7.970.460
1888............	7.588.655	59.018	76.087	35.900	334.200	316.277	142.120	22.213	8.724.805
1889............	7.086.202	15.108	77.778	29.336	420.134	375.037	176.430	12.832	8.405.830
1890............	8.002.491	22.312	105.624	31.572	425.832	237.686	128.764	8.600	9.197.686
1891............	9.909.347	44.900	108.154	40.543	469.354	118.465	132.589	14.849	11.081.540
1892............	3.374.913	33.769	100.468	39.806	520.145	167.708	91.269	7.570	6.543.898
1893............	3.056.216	34.267	99.278	39.170	576.209	195.562	121.754	10.277	5.019.659
1894............	2.502.767	18.414	104.908	31.105	506.743	146.750	160.694	4.155	3.971.425
1895............	3.678.322	11.778	121.455	23.399	445.165	200.095	206.126	3.037	5.202.142
1896............	5.252.326	20.255	138.240	27.142	367.352	177.375	118.922	1.654	6.559.118[1]

A titre de renseignement voici, pour l'année 1895, le relevé détaillé des exportations par nature de vins :

PAYS DE DESTINATION	VINS COMMUNS	JEREZ ET SIMILAIRES	VINS DE LIQUEUR
	Litres	Litres	Litres
Cuba.................	44.516.306	78.252	41.141
Allemagne...........	2.339.930	658.794	3.486
Belgique.............	1.645.604	196.304	10.175
Brésil	10.472.568	»	13.684
Danemark...........	718.443	»	»
France	367.832.225	3.759.394	159.207
Angleterre..........	12.145.560	7.110.968	2.174
Italie...............	10.815.672	5.539	9.232
Portugal............	2.098.116	20.296	3.896
Suisse...............	535.169	163.082	»
République Argentine..	20.009.554	59.289	69.928
Uruguay.............	20.612.696	58.749	114.974
Autres pays..........	26.472.369	2.492.487	823.099
Total......	520.214.212	14.603.154	1.250.996[1]

1. D'après la *Estadistica general del comercio exterior de España, formada por la Direccion general de Aduanas*, Madrid.

Comme la France et l'Italie, l'Espagne souffre des maladies qui désolent la vigne. Le phylloxera a pénétré vers 1878 sur trois points à la fois : Malaga, l'Ampurdan (province de Gerona) et province d'Orense. Depuis, il s'est étendu à Salamanca et dans les provinces de Grenade, de Barcelone et de Tarragone. En 1894, 2.500 hectares étaient envahis dans la province d'Orense et le fléau ravageait 75 o/o des vignes de la province de Barcelone. Dans la province de Malaga, dès 1889, 60.000 hectares de vignes avaient été détruits[1]. Les ravages sont importants, bien que l'envahissement se soit fait avec lenteur. La nature du sol, souvent pierreux ou sablonneux, l'habitude de planter les sarments très profondément dans la terre ont pu être des obstacles à la propagation de l'insecte. Mais il avance, malgré tout, d'une allure lente, continue, et il est malheureusement à craindre qu'il ne franchisse sous peu les barrières de la Sierra Morena et de la Sierra d'Alcaraz pour gagner le centre.

On a, certes, pris quelques précautions pour limiter le mal ; mais l'apathie des cultivateurs et des municipalités, le manque de ressources, le peu de valeur de certaines vignes envahies et, enfin, la soudaineté et l'imprévu des attaques de l'insecte ont rendu la lutte inefficace. L'Espagnol se renferme volontiers, devant un accident incompris et immérité, dans une sorte de fatalisme oriental : « Lo que ha de ser ne puede faltar. »

L'Administration a bien donné quelques conseils, mais généralement ils demeurent platoniques. Cependant, un décret royal du 21 août 1888 résume toutes les mesures à adopter, insiste sur la nécessité de remplacer les plants espagnols par des ceps américains. Il institue des commissions ambulantes, définit leurs attributions, prescrit de créer des pépinières de plants américains et d'apprendre aux intéressés le greffage de ces plants. Il institue des cours dans les fermes-écoles de Valence et de Saragosse. Il augmente le

---

1. *Compte rendu des travaux du Service du phylloxera.* Ministère de l'Agriculture, années 1888 et 1889 et 1890-1894.

corps des ingénieurs agronomes, et, mesure fâcheuse, il recommande expressément de percevoir un impôt spécial de 1 franc par hectare de vignes plantées dans les provinces envahies, ou celles qui sont limitrophes, et de 5o centimes dans les autres. Toutes ces mesures se traduisent, en définitive, par une charge de plus pour le viticulteur.

Les conséquences économiques de l'invasion phylloxérique et des autres maladies de la vigne, oïdium, mildew, se traduisent par la misère des campagnes, amenant un découragement profond, et par une augmentation notable de l'émigration des cultivateurs vers l'Amérique du Sud[1]. La reconstitution est lente, car les ressources sont limitées, et l'on ne peut songer à les augmenter par des emprunts hypothécaires, qui se font en Espagne au taux ruineux de 8 à 10 o/o.

Portugal. — Le Portugal a, dans son ensemble, un des climats les plus doux de l'Europe, un de ceux qui conviennent le mieux à la culture de la vigne. Le nord jouit d'une égalité de température remarquable : à Coïmbre, la différence entre les semaines les plus chaudes et les plus froides est à peine de 10°. L'industrie viticole y tient le premier rang par les intérêts qu'elle représente : elle atteint son plus haut degré d'intensité dans la région du Douro, l'Estramadure et la province de Beïra-Baixa.

La surface vitifère était estimée, en 1882, à 204.000 hectares. M. Miraglia la porte, en 1886-1890, à 3oo.ooo hectares. Le phylloxera y a exercé de très grands ravages. L'inspecteur des services antiphylloxériques de la circonscription du nord disait, en janvier 1889, que, sur 151 communes de son ressort, 91 étaient phylloxérées : il y avait 100.000 hectares

---

1. Le *Compte rendu des travaux du Service du phylloxera en France,* années 1888-1889, rapporte, page 164, une communication du vice-consul de France à Malaga, signalant une émigration de 11.000 habitants de la région de Malaga causée en grande partie par la destruction des vignobles.

de vignes envahis, dont 36.000 entièrement détruits ; la zone du Douro, à elle seule, avait 32.000 hectares de vignes mortes sur 50.000 hectares[1]. Mais, depuis 1892, on a planté beaucoup de vignes nouvelles ; elles sont aujourd'hui en plein rapport.

D'autres maladies, oïdium, mildew, ont, depuis 1889, fait baisser la récolte dans des proportions importantes. On l'estimait à 4 millions d'hectolitres en 1882 ; M. Miraglia donne une moyenne de 6 millions d'hectolitres, mais en s'appuyant sur des années de récoltes exceptionnellement abondantes : 1885, 1886 et 1887. La récolte de 1885 fut particulièrement heureuse comme quantité et qualité : le Portugal n'en a jamais eu, depuis, de si belle.

De 1889 à 1894, on estime la récolte moyenne à 4 millions d'hectolitres : on est revenu au chiffre de 1882. Le *Moniteur officiel du Commerce* estimait la récolte de 1893 à 3.128.647 hectolitres. La *Feuille vinicole de la Gironde* porte à 4.500.000 hectolitres la récolte de 1895 et 5 millions d'hectolitres celle de 1896. L'Association vinicole portugaise évalue la récolte de 1896 à 4 millions d'hectolitres et celle de 1897 à 5 millions d'hectolitres.

De ces opinions diverses, on peut conclure que la production moyenne du Portugal est de 4.500.000 hectolitres.

La population était, au dernier recensement de 1890, de 4.712.073 habitants : soit une moyenne de production de 95 litres par tête.

Le conseiller Rodrigo de Moares Soares, dans son *Rapport à l'occasion de l'Exposition de Paris,* en 1878, détaillait ainsi l'emploi des 4 millions d'hectolitres de production moyenne : consommation intérieure, 2.880.000 hectolitres pour 4 millions d'habitants, soit 72 litres par tête ; exportation, 560.000 hectolitres environ ; quantités converties en vinaigre ou

---

1. *Compte rendu des travaux du Service du phylloxera.* Ministère de l'Agriculture années 1888-1889, p. 205.

distillées, 556.000 hectolitres. Cette répartition est sensiblement la même en ce moment :

Hectolitres

Production moyenne	4.500.000
Importation	8.000
	4.508.000

Exportations (moyenne des années 1893, 1894, 1895)	474.625	
Quantités converties en vinaigre et alcool	500.000	
Consommation à 72 litres par tête	3.392.640	
		4.367.265
Différence (déchets ordinaires de soutirages et d'ouillages)		140.735

Les exportations s'élèveraient à :

	Hectolitres		Hectolitres
1870-1880....	400 à 520.000	1893	498.611
1880-1885....	593 à 870.000	1894	438.410
1885-1890..	Un peu plus de 1.000.000	1895	486.854
(1886 : 1.963.113, chiffre le plus élevé).			

[1] à gauche, [2] à droite.

Les belles années d'exportation au Portugal sont les années 1885 à 1889, au moment où la France lui demandait 1 million d'hectolitres par an. Depuis, la baisse est sensible : les autres nations n'ont pas remplacé la France. On proclame le Brésil le meilleur client et l'on espère beaucoup du marché allemand, sur lequel cependant il est bien difficile de concurrencer l'Italie, l'Autriche et même l'Espagne.

Voici les « importations » portugaises au Brésil, en Angleterre, en Allemagne et en France, de 1890 à 1895 :

PAYS	1890	1891	1892	1893	1894	1895
	Hectolitres	Hectolitres	Hectolitres	Hectolitres	Hectolitres	Hectolitres
Angleterre..	199.942	199.149	265.388	153.248	144.008	163.031
Brésil	334.968	»	281.628	281.221	234.156	259.395
Allemagne .	36.977	34.942	26.090	23.063	19.015	19.712
France	203.089	30.396	64.448	5.257	6.835	7.558[3]

1. D'après le *Vade-mecum del commerciante di uve e di vini in Italia* (Cenni relativi ai varii stati del mondo, p. 436).

2. D'après le *Moniteur officiel du Commerce* du 13 novembre 1895 et du 12 novembre 1896 (Rapports de M. Le Brun, consul de France à Porto).

3. V. *Moniteur officiel du Commerce* du 13 novembre 1895 et du 12 novembre 1896 (Rapports de M. Le Brun, consul de France à Porto). — Pour la France, nous donnons les chiffres de nos importations du Portugal, d'après notre statistique des douanes.

Depuis 1890, le Portugal perd du terrain sur les principaux marchés, même au Brésil. Ses quatre gros acheteurs lui avaient pris 774.976 hectolitres de vin en 1890; ils ne lui en ont demandé que 404.014 en 1894 et 449.696 en 1895. La moyenne des exportations en France, de 1881 à 1890, s'était élevée à 646.206 hectolitres!

Au Brésil, la diminution s'explique par la concurrence des vins étrangers; en France, par l'application du tarif général des douanes, par le prix trop élevé des vins du Portugal par rapport à ceux d'Espagne et, enfin, par la reconstitution de nos vignes. Le commerce avec l'Amérique du Sud ne paraît pas favorable aux vins portugais : au Chili, on produit 2 millions d'hectolitres et il y a là une concurrence probable sur les marchés du Brésil; à La Plata, on récolte bien un peu, mais le véritable obstacle vient de ce que les Italiens, les Français et les Espagnols, qui constituent l'élément étranger, consomment les vins de leur pays.

Pour montrer la relation qu'il y a entre l'exportation des vins ordinaires et celle des vins de liqueur, nous donnons en détail, pour les principaux pays, les exportations de 1894 et 1895[1] :

PAYS	1894		1895	
	VINS ORDINAIRES	VINS DE LIQUEUR	VINS ORDINAIRES	VINS DE LIQUEUR
	Hectolitres	Hectolitres	Hectolitres	Hectolitres
Allemagne	387	18.628	215	19.496
Belgique	81	3.774	59	3.449
Brésil	194.847	39.308	208.385	51.011
États-Unis	63	2.285	25	1.440
France	15	2.791	52	3.805
Angleterre	737	143.271	1.125	161.906
République Argentine	213	970	463	1.082
Autres pays	1.757	29.284	4.655	29.686
TOTAL	198.100	240.311	214.979	271.875

1. V. *Moniteur officiel du Commerce* du 12 novembre 1896.

Le Portugal, en 1894 et 1895, n'a eu qu'un client pour les vins ordinaires : le Brésil. Les vins de liqueur sont surtout expédiés en Angleterre. Tandis que le Brésil ne consomme guère que des vins « maduros » à bon marché, l'Angleterre ne demande que du « porto-wine » de très bonne qualité.

Allemagne. — La culture de la vigne en Allemagne offre cette particularité qu'elle y est très répandue jusqu'au 52e degré de latitude.

Les meilleurs vins se récoltent donc dans une zone que nous considérons en France comme impropre à la culture du cep et qui correspond à nos départements de la Somme, de la Seine-Inférieure, du Pas-de-Calais et du Nord.

Les vins allemands forment une classe à part : ils ne peuvent être comparés à aucun de ceux récoltés dans les grands centres viticoles. Ils en diffèrent par le goût, l'arome et la consistance. Ils sont, à quelques exceptions brillantes, durs, secs, aigrelets, sans force et sans tenue. Les vins blancs sont seuls réputés.

Les Allemands en tirent grand orgueil : Élisée Reclus[1], parlant de l'enthousiasme des auteurs allemands pour leurs vins nationaux, rapporte l'opinion suivante de Wilhelm Buchner : « Les vins français, italiens, espagnols sont des boissons sans pensée; on les boit parce qu'ils ont bon goût; mais, en buvant le vin du Rhin, on pense. L'Allemand seul sait boire le vin!... » Et, commentant cette boutade du poète, il fait remarquer que le vin du Rhin est un des principaux motifs de la poésie germanique, alors qu'en France les belles chansons inspirées par les vins exquis du Bordelais, de la Bourgogne, de la Champagne, sont très rares.

---

1. *Géographie universelle : Europe centrale.* Hachette, 1878, p. 557.

Voici un tableau des surfaces plantées et de la production[1] :

ANNÉES	SUPERFICIE PLANTÉE	PRODUCTION	RENDEMENT à L'HECTARE
	Hectares	Hectolitres	H. L.
1878	118.963	3.061.201	25,7
1879	119.197	986.571	8,2
1880	115.640	523.560	4,5
1881	118.609	2.678.515	22,3
1882	118.675	1.884.247	15,8
1883	120.037	3.195.967	26,6
1884	119.973	3.358.017	27,9
1885	120.484	3.727.366	30,9
1886	120.301	1.503.072	12,4
1887	120.210	2.392.042	19,8
1888	120.588	2.859.998	23,7
1889	120.935	2.021.569	16,7
1890	120.299	2.974.593	24,7
1891	119.294	748.462	6,2
1892	118.292	1.673.626	14,1
1893	115.766	3.820.352	33 »
1894	116.548	2.824.422	22,8
1895	116.137	2.011.637	17,3
1896	116.405	5.050.808	43,3

De 1877 à 1886, la moyenne de la superficie plantée est de 119.000 hectares ; de 1887 à 1896, cette moyenne n'est plus que de 118.000 hectares. La différence est peu sensible.

Les quantités récoltées dans les quinze années de 1881 à 1895 donnent les moyennes suivantes par périodes quinquennales :

1881 à 1885. . . . 2.968.822 hectolitres ; rendement à l'hectare : 25 hectolitres.
1886 à 1890. . . . 2.350.254 — — — 20 —
1891 à 1895. . . . 2.215.699 — — — 18,7 —

L'étendue du vignoble et la production en Allemagne sont assez constantes depuis quinze ans. Il n'y a que deux années très mauvaises : 1880, avec 523.560 hectolitres, et 1891, avec 748.462 hectolitres.

1. De 1878 à 1891 : Statistiques officielles des récoltes : *Vierteljahrskefte zur Statistik des Deutschen Reichs*, rapportée par le *Bulletin de statistique et de législation comparée français*, avril 1895, p. 408. — De 1892 à 1896 : *Bulletin du Ministère de l'Agriculture français*.

Le tableau suivant pour l'année 1890, qui est une année moyenne, montre la part des diverses provinces dans la production totale :

PROVINCES	SUPERFICIE	PRODUCTION	RENDEMENT À L'HECTARE
	Hectares	Hectolitres	Hectolitres
Alsace-Lorraine	30.625	772.684	25,2
Bavière et Palatinat....	22.332	846.550	37,9
Bade...............	19.144	331.634	17,3
Wurtemberg..........	18.232	320.147	17,6
Prusse...............	17.312	348.772	20,2
Hesse...............	11.674	350.474	30 »
Saxe	714	3.168	4,5 [1]

L'Allemagne compte 52.279.901 habitants (recensement de 1895), ce qui, pour une production moyenne (1891-95) de 2.215.699 hectolitres, donne 23 litres 5 par tête. C'est insuffisant pour la consommation intérieure, et un appoint est demandé à l'étranger.

Voici l'importation des vins pour la période décennale 1887-1896 :

ANNÉES	VINS ET MOUTS en fûts Vins de coupage et Vins pour distiller	VINS MOUSSEUX	VINS EN BOUTEILLES
	Tonnes	Tonnes	Tonnes
1887..................	55.550	1.611	708
1888..................	65.056	1.560	758
1889..................	71.776	1.960	808
1890..................	70.802	2.133	778
1891..................	69.712	2.272	871
1892..................	82.173	1.913	772
1893..................	75.539	1.075	713
1894..................	70.587	1.851	661
1895..................	67.369	2.132	638
1896..................	63.663	2.325	781
Moyenne des dix ans...	69.222	1.883	749 [2]

1. *Bulletin du Ministère de l'Agriculture*, 1892, 8e fascicule.

2. *Moniteur officiel du Commerce* du 19 mars 1896 et du 20 mai 1897 : Rapports de M. Pingaud, consul de France à Dusseldorf.

Les importations des vins en fûts ne s'éloignent guère de la moyenne : elles donnent lieu à un courant d'affaires égal, continu. L'année 1892 présente cependant une augmentation de 18 o/o, provoquée par l'insuffisance de la récolte de 1891 (748.462 hectolitres).

Les vins mousseux, les vins en bouteilles viennent presque tous de France : l'importation des premiers est même en progrès.

Nous avons donné, au chapitre « Importation et Exportation », un tableau assignant à chaque pays la part qui lui revient dans le mouvement commercial des vins arrivant en Allemagne.

Nous tenons la première place pour l'importation des vins dans ce pays. Nos vins y entrent pour plus de 5o o/o :

```
En 1894............  352.248 quintaux sur 705.870 quintaux
En 1895............  340.472      —        673.690     —
En 1896............  341.498      —        636.630     —
```

L'Italie vient après nous, fournissant plus de 5o.ooo quintaux de vins de coupage. On demande à ces vins du corps et de la couleur pour les mélanger à des vins maigres d'Allemagne.

L'exportation des vins allemands se décompose comme suit pour les trois années 1894 à 1896 :

	1894	1895	1896
	Quintaux	Quintaux	Quintaux
Vins en fûts..........	114.371	121.500	132.642
Vins mousseux........	15.205	17.072	18.203
Vins en bouteilles.....	56.691	64.945	71.283
Total..........	186.267	203.517	222.128 [1]

En 1896, les principaux débouchés de l'Allemagne étaient pour les vins en fûts : les États-Unis, 40.212 quintaux; la Suisse, 32.412 : l'Angleterre, 12.242 ; la Belgique, 15.207 ; —

---

[1]. *Moniteur officiel du Commerce* des 19 mars 1896 et 20 mai 1897.

pour les vins mousseux : l'Angleterre, 9.715; les États-Unis, 10,029; la Belgique, 2.655; — pour les vins en bouteilles : l'Angleterre, 27.799; les États-Unis, 14.343; la Belgique, 4.095.

On estime l'exportation allemande des vins à 24 millions de francs et l'importation à 48 millions de francs. L'Allemagne achèterait donc à l'étranger 24 millions de francs de vins de plus qu'elle ne lui en vend.

Le phylloxera exerce des ravages en Prusse, dans le royaume de Saxe, en Wurtemberg et en Alsace-Lorraine. Les dépenses effectuées par l'Empire et les États confédérés pour combattre le fléau se sont élevées, depuis l'année 1879 jusqu'au 1er avril 1893, à la somme totale de 5,739.295 francs.

Autriche-Hongrie. — La monarchie austro-hongroise est composée d'une série de provinces dans lesquelles le climat, la nature du sol, les végétaux présentent de très grandes différences. La vigne y est cultivée un peu partout, sauf dans les provinces de Salzbourg, de Silésie et de Galicie. Les régions viticoles les plus importantes sont la Dalmatie, les plaines de la Basse-Autriche, la Hongrie.

Ci-dessous les tableaux des superficies plantées et de la production des vins.

Surfaces plantées :

ANNÉES	AUTRICHE	HONGRIE	CROATIE et SLAVONIE	TOTAL
	Hectares	Hectares	Hectares	Hectares
1878	207.125	360.266	65.050	632.441
1888	232.675	342.301	»	574.976
1890	234.645	310.922	»	545.567
1892	244.927	248.831	56.805	550.563
1894	251.559	219.842	45.505	516.906[1]

1. D'après le *Bulletin du Ministère de l'Agriculture français.*

Production des vins de 1871 à 1894 :

ANNÉES	AUTRICHE	HONGRIE	CROATIE et SLAVONIE	TOTAL
	Hectolitres	Hectolitres	Hectolitres	Hectolitres
1871-1875	3.373.019	3.924.999	218.568	7.516.586
1876-1880	3.396.508	4.448.121	479.053	8.323.682
1881-1885	3.432.882	4.576.858	239.382	8.249.122
1886-1890	4.061.712	4.085.696	974.156	9.121.564
1891	2.998.130	1.395.613	250.618	4.644.361
1892	3.459.936	796.560	186.818	4.443.314
1893	4.535.085	939.987	170.225	5.645.297
1894	3.774.917	1.387.009	220.702	5.382.628
1895	3.582.771	2.191.359[1]	»	5.774.130
1896	3.485.121	1.571.724[1]	»	5.056.845[2]

De 1870 à 1885, c'est en Hongrie que se trouve la plus grande superficie plantée et aussi la production la plus abondante. Cette production dépasse les 50 o/o de la récolte totale. Durant cette période, le vignoble hongrois est de 350.000 hectares environ, donnant un rendement moyen de 12 hectolitres 33 à l'hectare.

De 1886 à 1890, les forces productives de l'Autriche et de la Hongrie s'équilibrent, bien que celle-ci ait plus de vignes.

Mais, à partir de 1891, les rôles s'intervertissent. L'Autriche passe au premier rang, augmentant ses plantations, pendant que le vignoble hongrois descend à 219.842 hectares en 1894. C'est que la Hongrie subit les ravages du phylloxera. En 1889, 115.000 hectares étaient attaqués, soit le tiers du vignoble, et 42.000 hectares étaient détruits. En 1890, la présence du phylloxera était constatée dans 1.743 communes; en 1891,

1. Ces chiffres comprennent la production de la Hongrie, de la Croatie et de la Slavonie.

2. De 1871 à 1892 : Rapport de M. C. Tallavignes, ingénieur agronome, chargé de mission en Autriche-Hongrie; *Bulletin de statistique et de législation comparée*, août 1895, p. 185 : — de 1893 à 1896, *Bulletin du Ministère de l'Agriculture.*

dans 2.168 communes, sur les 4.768 dans lesquelles on cultive la vigne. L'Autriche était relativement épargnée : à la même époque, 15.000 hectares seulement y étaient envahis[1].

Le ministère de l'agriculture de Hongrie a donné en 1897, les renseignements suivants sur la marche du phylloxera : « On peut évaluer à 300.000 jocks (le jock vaut 57 ares 55) — soit à 172.650 hectares — l'étendue des vignes détruites en Hongrie par le puceron dévastateur. Il faut ajouter 85.000 jocks envahis, mais produisant encore. On a essayé de se préserver par : 1° arrachage des vignes, quand la contagion n'est pas trop répandue; 2° inondation, remède peu pratique, la vigne couvrant surtout des coteaux; 3° sulfure de carbone : le Gouvernement a installé des fabriques qui le livrent à 15 florins le kintal métrique alors qu'il revient à 18 florins; 4° plantations américaines : le Gouvernement a mis à la disposition des viticulteurs plus de 20 millions de ceps de 1880 à 1894. La Hongrie qui avait créé de nombreuses pépinières, livrait en 1894, 3.086.800 ceps et on en importait de France 2 millions de diverses espèces; en 1894-1895, on a produit 4.344.000 ceps américains : 3.859.000 étaient fournis par les pépinières de l'État, sur lesquels 2.009.000 étaient donnés gratuitement. En 1895, les pépinières de l'État ont fourni 6.632.000 ceps; 5° plantations en terrains sablonneux : l'État a fait des expériences sur de grands domaines, ce qui a amené, en 1894, des plantations totales en terrains sablonneux de 122.722 jocks, soit plus de 33 o/o du vignoble détruit. »

Enfin, en 1896, le Gouvernement a fait voter une loi par laquelle 1.200.000 florins étaient destinés à venir en aide aux associations viticoles et aux pépinières. En même temps, certains avantages étaient donnés aux établissements financiers consentant à effectuer des prêts destinés à la reconstitution des vignes phylloxérées.

Le phylloxera n'est pas le seul ennemi à combattre : le

---

1. Rapport de la Commission supérieure du phylloxera du 3 février 1890 : *Bulletin de statistique et de législation comparée*, février 1890.

mildew, l'oïdium, les floraisons trop précoces, des gelées ou des pluies persistantes au moment des vendanges, ont souvent éprouvé le vignoble austro-hongrois, surtout en Istrie, en Dalmatie et dans le Tyrol.

Ainsi la récolte en Hongrie passe-t-elle d'une moyenne de plus de 4 millions d'hectolitres à 796.560 hectolitres en 1892, et à 939.987 hectolitres en 1893. Ces chiffres disent la désolation qui règne dans le vignoble.

Du tableau ci-dessous, établi pour une période décennale, de 1885 à 1894, se dégagent les quantités de vin récoltées, importées, exportées, et libres pour la consommation. L'Autriche-Hongrie compte 41.358.886 habitants (recensement de 1890). La production moyenne est de 19 litres, et la consommation de 18 litres par tête. La récolte est faible pour parer aux besoins de la consommation d'un pays vinicole. Les moyennes antérieures étaient, du reste, sensiblement plus élevées : celle qui se détache des chiffres afférents à la période 1885-1889 donne 22 litres de vin libres pour la consommation. On boit donc moins de vin en Autriche-Hongrie depuis qu'il est devenu plus rare et, partant, plus cher.

ANNÉES	PRODUCTION	IMPORTATION	TOTAL	EXPORTATION	DIFFÉRENCE représentant la consommation
	Hectolitres	Hectolitres	Hectolitres	Hectolitres	Hectolitres
1885.....	10.637.715	30.544	10.668.256	580.844	10.087.412
1886.....	9.263.974	25.366	9.289.340	798.691	8.490.649
1887.....	10.524.030	21.779	10.545.809	704.768	9.841.041
1888.....	9.173.343	25.708	9.199.051	1.027.778	8.171.273
1889.....	9.346.349	23.419	9.369.768	843.734	8.526.034
1890.....	7.400.122	40.093	7.440.215	687.551	6.752.664
1891.....	4.644.361	51.669	4.696.030	391.204	4.304.826
1892.....	4.443.314	525.564	4.968.878	231.499	4.737.379
1893.....	5.645.297	1.218.027[1]	6.863.324	217.204[1]	6.646.120
1894.....	5.382.628	911.984	6.294.612	209.387	6.085.225
Moyenne.	7.646.113	287.415	7.933.528	569.266	7.364.262
1895.....	5.774.130	804.737	6.578.867	217.705	6.361.162
1896.....	5.056.845	879.307[1]	5.936.152	199.277[1]	5.736.875

1. De 1885 à 1893 : *Bull. de stat. et de lég. comp.*, août 1895, p. 185; de 1893 à 1895 : Ottavi Marescalchi, *loc. cit.*

L'Autriche qui, jusqu'en 1891, avait été un pays exportateur, est devenue tributaire de l'étranger depuis que les maladies désolent son vignoble. Elle a cependant le désir de conserver son rang parmi les contrées viticoles, et elle fait pour cela de louables efforts (sociétés vinicoles, enquêtes gouvernementales, écoles de viticulture, fondation de caves d'échantillons, etc.).

Depuis le 27 août 1892, date à laquelle on a appliqué une taxe réduite aux vins italiens, ces vins se sont emparés du marché austro-hongrois. Il en a été importé :

	Hectolitres		Hectolitres
1890	17.608	1894	927.302
1891	30.231	1895	626.389
1892	629.673	1896	765.999[1]
1893	969.444		

Suisse. — Les vallées de la Suisse, sauf quelques localités particulièrement bien abritées, ont un climat plutôt rude que tempéré, peu favorable à la culture de la vigne. La surface vitifère reste à peu près constante de 40.000 à 44.000 hectares.

La production est estimée de 900.000 à 1.500.000 hectolitres :

	Hectolitres.
En 1882, à l'Exposition universelle de Bordeaux, elle est évaluée à	900.000
1884-1888, la Société des agriculteurs d'Espagne la chiffre à..	1.300.000
1889, M. Miraglia donne	992.294
1898, la *Feuille vinicole de la Gironde* porte la moyenne à	1.500.000

C'est peu pour une population de 2.917.754 habitants (recensement de 1888), aussi l'importation dans ce pays est-elle assez importante, et l'exportation très peu élevée :

Années	Importations	Exportations
	Hectolitres	Hectolitres
1892	1.116.512	6.730
1893	876.674	10.903
1894	844.818	10.557
1895	1.066.034	10.619
1896	1.152.248	13.258[2]

1. D'après les Statistiques officielles de l'exportation italienne.
2. Ottavi Marescalchi. *loc. cit.*

La Suisse a été pour nous un excellent client. Nous lui avons envoyé, de 1870 à 1879, une moyenne de 568.000 hectolitres de vin. En 1896, nous ne lui avons fourni que 12 o/o de son importation totale. C'est actuellement l'Espagne qui tient le premier rang ; l'Italie ne vient qu'en seconde ligne, incapable de lutter contre le bon marché des vins espagnols.

Depuis plus de vingt ans, le phylloxera sévit en Suisse. On l'a découvert en 1874, à Prégny, dans le canton de Genève ; grâce aux mesures prises et énergiquement appliquées, la production ne s'en est pour ainsi dire pas ressentie.

Grèce. — Le merveilleux climat de la Grèce se prête admirablement à la culture de la vigne dont le produit, raisins et vins, constitue pour ce pays une importante source de revenus. De 1886 à 1890, M. Miraglia estime la superficie du vignoble à 228.600 hectares. Elle paraît être, dans ces dernières années, de 1.500.000 « stremmate », soit environ 190.000 hectares.

Quant à la production, nous nous bornerons à citer les chiffres suivants et leur source :

	Hectolitres
1878-1884, M. F. X. de Neumann Spallart	2.000.000
Moyenne, Société des agriculteurs d'Espagne	1.300.000
1887, M. P. Mouillefert	1.760.000
Moyenne, *Moniteur vinicole*	1.700.000
1886-1890, M. Miraglia..............................	2.584.500
1895, *Moniteur vinicole*	1.600.000
1896, —	2.150.000

En admettant le chiffre de 2 millions d'hectolitres pour une superficie de 190.000 hectares, nous obtenons un rendement moyen de 11 hectolitres. Ce rendement relativement faible s'explique par ce fait que la vigne fournit une énorme quantité de raisins secs et de raisins frais, qui sont l'objet d'un commerce spécial.

Avec ses 2.217.000 habitants, la Grèce est un grand pays

viticole. La production y est de 90 litres par tête. Elle exporte 5 millions de quintaux de raisins frais; 1.300.000 quintaux de raisins secs; 230.000 hectolitres de vin, chiffres moyens.

	ANNÉES	VINS Ocques de 1ˡ28	RAISINS SECS Livres de 0,477 grammes
	—	—	—
EXPORTATION	1892...............	11.696.888	254.482.075
	1893...............	14.981.091	295.372.874
	1894.	17.753.465	322.127.000[1]

Les exportations de 1894 se divisent par pays comme suit :

PAYS	OCQUES	VALEUR EN FRANCS	PAYS	OCQUES	VALEUR EN FRANCS
Allemagne	426.534	119.872	Italie............	7.059.212	2.004.579
Angleterre.....	834.297	235.102	Turquie........	777.074	219.215
Autriche-Hongrie ...	2.390.745	669.150	Pays-Bas........	184.538	51.670
Égypte........	648.467	173.919	Roumanie......	64.533	18.069
États-Unis.....	3.966	1.110	Russie	657.199	185.453
France........	4.746.021	1.300.886	Export. totales.	17.753.465[2]	4.976.251[2]

Avec une production de 2 millions d'hectolitres, une exportation de 230.000 hectolitres, en tenant compte des pertes pour ouillages, etc., la consommation en Grèce serait encore assez élevée : environ 70 litres par tête.

La Grèce serait le seul pays d'Europe épargné par le phylloxera, d'après M. le Dʳ Deucher, chef du département fédéral de l'industrie et de l'agriculture en Suisse[3].

Turquie. — La Turquie ne produit que très peu de vin, bien que son sol soit d'une grande fertilité naturelle et que

1. Ottavi Marescalchi, *loc. cit.*, et *Moniteur officiel du Commerce* du 16 juillet 1896. Rapport de M. Bourée, ministre de France.

2. D'après le *Moniteur officiel du Commerce* du 16 juillet 1896 : Rapport de M. Bourée. Ce Rapport, après avoir donné le chiffre des exportations totales pour 1894, donne le détail par pays, tel qu'il est rapporté ci-dessus : or, le total des quantités et des valeurs est respectivement de 17.792.586 occques et de 4.979.025 francs. Il y a là une légère erreur que nous ne pouvons que signaler.

3. Conférence phylloxérique tenue à Berne le 7 mars 1898.

son climat convienne à la vigne. Les appréciations sur la production du vin sont très variables :

	Hectolitres
M. P. Mouillefert, moyenne	2.500.000
M. Miraglia, —	1.268.000
Feuille vinicole de la Gironde	1.200.000
Moniteur vinicole	2.500.000

Les Turcs cultivent la vigne pour en manger le fruit et confectionner avec le raisin une sorte de jus appelé « pekmés », qui remplace le sucre et le miel. Les vins servent à la consommation locale des Grecs, Arméniens, catholiques et juifs.

Le commerce d'importation et d'exportation a été de :

Années	Importation	Exportation
	Hectolitres	Hectolitres
1890	21.050	55.298
1891	25.530	133.099
1892	25.530	133.000
1893	24.463	24.495[1]

En 1885, on a constaté la présence du phylloxera en Turquie. S'il y prenait le même développement qu'en France, ce serait la ruine de l'agriculture ottomane.

Ile de Chypre. — Chypre, bien qu'administrée par les Anglais, est géographiquement une île turque. La vigne y a été cultivée de tout temps. Dès le début du xviie siècle, la production était de 72.000 hectolitres de vin. Sous la domination des Turcs, la récolte était tombée, en 1863, à 12.000 hectolitres. Elle était de 74.446 hectolitres en 1879. M. Mouillefert, professeur d'agriculture à l'école de Grignon, fut chargé, en 1892, par le Gouvernement anglais, d'une mission d'inspection des vignobles de Chypre. Son rapport peut se résumer ainsi, au point de vue qui nous occupe : en 1891, il y a dans l'île 19.772 hectares de vignes donnant 190.312 hectolitres, soit 9 hectolitres 6 à l'hectare et valant 1.141.872 francs.

1. Ottavi Marescalchi, *loc. cit.*

Le climat est excellent; les cépages sont bons, mais les procédés de vinification défectueux. Les vignes donnent aussi beaucoup de raisins secs : environ 1.500.000 kilogrammes par an. C'est surtout l'Autriche et l'Italie qui achètent le vin le plus renommé de l'île : le grand vin de la « Commanderie ».

Bulgarie. — La vigne y occupait environ 9.000 hectares en 1890, et la production moyenne, de 1886 à 1890, était estimée par M. Miraglia à 2.288.589 hectolitres. Depuis, le phylloxera a fait dans ce pays de très sérieux ravages; il y apparaît vers 1884; en 1890, il avait détruit 1.160 hectares; en 1896, la destruction s'étendait à 2.000 hectares. Aussi les récoltes sont-elles tombées dans ces dernières années à une moyenne de 1.500.000 hectolitres.

D'après un Rapport du consul général d'Italie à Sofia (1892), voici quelle était la situation du vignoble et des récoltes de 1889 à 1891 :

ANNÉES	Hectares	Hectolitres
1889	86.819	3.431.919
1890	87.394	2.436.260
1891	88.879	2.647.450

Le *Moniteur vinicole* donne pour les années :

	Hectolitres
1895	1.200.000
1896	1.360.000
1897	1.090.000

D'après ces chiffres, la production aurait beaucoup baissé depuis 1891. Ce qui le confirmerait, c'est l'état des importations et des exportations en Bulgarie. En 1888, la Bulgarie exportait; depuis 1889 elle importe :

	Hectolitres
1889	10.501
1890	10.582
1894	35.917

C'est la Turquie qui fournit le complément de vin nécessaire à la consommation intérieure.

Serbie. — Les appréciations sur la récolte en Serbie sont très variables : de 500.000 à 3 millions d'hectolitres. M. Miraglia adopte le chiffre de 800.000 hectolitres. La statistique officielle du royaume de Serbie, rapportée par le *Bulletin du Ministère de l'Agriculture français*, donne les chiffres suivants pour l'année 1889 : 43.304 hectares, produisant 832.328 hectolitres. La *Feuille vinicole de la Gironde* évalue la récolte de 1896 à 612.000 hectolitres.

La Serbie d'exportateur est devenue importateur sous l'influence des diverses maladies de la vigne. Voici le mouvement de son commerce extérieur pour les vins :

ANNÉES	Importations	Exportations
	Hectolitres	Hectolitres
1891................................	2.230	29.018
1892................................	13.538	17.931
1893................................	56.419	1.426
1894................................	52.238	295
1895................................	28.821	226 [1]

Roumanie. — La culture de la vigne a fait de grands progrès dans ce pays, depuis une vingtaine d'années. En 1865, les premières statistiques du Gouvernement roumain accusaient : 95.876 hectares produisant 640.014 hectolitres.

En 1882, on comptait	100.000	hectares produisant	1.250.000	hectolitres		
En 1889,	—	146.097	—	3.075.585	—	[2]
En 1893,	—	146.326	—	1.256.305	—	[3]

Les procédés de culture s'améliorant, la production s'est accrue dans une proportion plus forte que ne le faisaient les surfaces plantées.

Voici un tableau de la production d'après un Rapport

1. Ottavi Marescalchi, *loc. cit.*
2. *Moniteur officiel du Commerce* du 14 mai et du 21 mai 1896 : Extrait d'un Rapport du ministre d'Italie à Bucharest, d'après le *Bollettino di notizie commerciali.*
3. J. Scott Keltie, *The states mann's year-book.* London, 1897.

du ministre d'Italie à Bucharest (1889 à 1893) et d'après les chiffres donnés par le *Bulletin du Ministère de l'Agriculture français* (1895 et 1896) :

Années	Hectares	Hectolitres
1889	146.097	3.075.585
1890	145.075	3.081.182
1891	159.589	3.557.490
1892	138.712	3.121.716
1893	146.326	1.256.305
1895	»	3.372.600
1896	145.740	4.627.800

Soit une récolte moyenne d'environ 3.156.000 hectolitres pour 146.700 hectares, avec un rendement moyen de 21 hectolitres 5 par hectare.

L'exportation, en 1888, s'éleva à 90.000 hectolitres. Elle n'a plus connu cette prospérité. Les importations et les exportations ont été, de 1892 à 1895 :

Années	Importations	Exportations
	Hectolitres	Hectolitres
1892	2.243	20.506
1893	2.695	16.716
1894	2.263	11.204
1895	2.069	14.558[1]

C'est l'Autriche-Hongrie qui est actuellement le meilleur client de la Roumanie. En 1888, au moment des grosses exportations, la majeure partie des vins était envoyée en France.

Russie. — Le climat est peu favorable à la culture de la vigne. On ne se livre à cette culture que dans les régions du Caucase, de la Bessarabie, de la Crimée, du Don et du Volga.

---

1. Ottavi Marescalchi, *loc. cit.*, corroboré par le Rapport du ministre d'Italie à Bucharest, déjà cité; *Moniteur officiel du Commerce* des 14 et 21 mai 1896.

Ci-dessous quelques renseignements sur la superficie vitifère et la production, avec indication de leurs sources :

		Hectares	Hectolitres
1890, d'après M. Miraglia	Bessarabie........	70.468	1.488.300
	Crimée..........	7.156	167.280
	Don.............	2.666	46.125
	Astrakan-Oural....	109	1.230
	Caucase..........	99.638	1.650.045
	Turquestan.......	4.370	3.690
		184.407	3.356.670
1891, d'après certains Rapports consulaires....		185.300	2.458.000 [1]
1893, — —		195.253	2.337.622 [2]
1895, d'après le *Moniteur vinicole*............		»	720.000
1896, — —		»	2.900.000
1897, — —		»	2.500.000

Moyenne d'après la *Feuille vinicole* du 13 janvier 1898 : 3.500.000 hectolitres.

Cette dernière moyenne doit se rapprocher beaucoup de la vérité. Le vignoble est, d'ailleurs, en voie d'agrandissement et peut s'accroître encore beaucoup, car on évalue à 5 millions d'hectares les terres convenant à la vigne dans la Russie méridionale. Les obstacles à ce développement sont les mauvais procédés de vinification, le manque de ressources et de voies de communication.

La faible production actuelle ne saurait suffire aux besoins d'une population de 96.042.000 habitants (Russie d'Europe ; recensement de 1897) ; aussi la Russie importe-t-elle de 75 à 100.000 hectolitres par an, alors que son exportation est limitée à 4 ou 5.000 hectolitres.

Voici, d'après le *Moniteur officiel du Commerce,* les importations de vins en Russie, de 1887 à 1896. En tête du tableau nous donnons, à titre de comparaison, les importations de 1880 et 1881, d'après le *Bulletin de statistique et*

1. D'après le Rapport de M. Meyer, consul de France à Moscou, sur renseignements du ministre des Domaines impériaux, *Bulletin du Ministère de l'Agriculture,* 1891, fasc. n° 1, p. 72.

2. Rapport de M. Sauvaire, consul de France à Odessa, *Bulletin du Ministère de l'Agriculture,* 1895, n° 3.

de législation comparée français. Du rapprochement de ces chiffres il résulte que la Russie a diminué ses achats à l'étranger.

ANNÉES	VINS EN FUTS	VINS NON MOUSSEUX	VINS MOUSSEUX
	Hectolitres	Bouteilles	Bouteill's
1880..........	189.373 }[1]	384.403 }[1]	1.100.359
1881..........	114.611 }	259.891 }	359.864
1887..........	81.579	187.555	444.242
1888..........	79.081	168.091	423.404
1889..........	82.930	206.484	447.047
1890..........	85.097	171.087	520.219
1891..........	84.479	175.776	484.594
1892..........	68.187	142.274	472.767
1893..........	78.684	183.020	158.608
1894..........	85.695	233.000	626.000
1895..........	89.667	240.000	664.000
1896..........	88.178	240.000	768.000 [2]

Nous tenons le premier rang parmi les pays importateurs. C'est un grand marché que nous devons essayer de conserver à nos vins.

Australie. — A l'exception de la partie sud du continent, Tasmanie et Nouvelle-Zélande, l'Australie, par son climat assez semblable à celui du nord de l'Espagne et du midi de la France, se prête très bien à la culture de la vigne. Son sol vierge, riche, d'immenses étendues libres, permettant de choisir les plus favorables emplacements, ont contribué à la multiplication assez rapide des ceps. La viticulture a suivi, mais faiblement encore, le mouvement en avant de l'agriculture et du commerce chez ce peuple jeune et entreprenant.

Les premiers essais de plantation de la vigne datent de 1813. En 1842, la colonie de Victoria n'avait que 1 hectare 41 de vignes. En 1862, la Nouvelle-Galles du Sud comptait

1. *Bulletin de statistique et de législation comparée,* janvier 1882, p. 284.
2. *Moniteur officiel du Commerce,* des 24 décembre 1896 et 9 décembre 1897; Rapports de MM. Mimaut et Verstraete.

4oo hectares. Aujourd'hui, l'Australie a près de 20.000 hectares de vignes. La production a été la suivante :

	Hectares	Hectolitres
1873, *Statistical Register of Victoria*.........	6.132	86.340
1879-1884, M. F. X. de Neumann Spallart ...	»	72.000
1882, d'après le délégué de la Nouvelle-Galles du Sud à l'Exposition de Bordeaux..	6.177	79.714
1888, M. Mouillefert......................	»	104.843
1889-1890, M. Miraglia...................	6.265	71.754
1891, *Statistical Register of Victoria*..........	19.695	162.815
1895, *Feuille vinicole de la Gironde*	»	161.730
1896, —	»	190.350

Ces productions se divisent comme suit par colonies :

COLONIES	1873[1]		1882[2]		1891[1]	
	SUPERFICIE	PRODUCTION	SUPERFICIE	PRODUCTION	SUPERFICIE	PRODUCTION
	Hectares	Hectolitres	Hectares	Hectolitres	Hectares	Hectolitres
Victoria............	2.089	25.547	1.992	22.000	10.244	70.558
New South Wales	1.810	25.919	1.890	26.558	3.312	41.090
Queensland	146	1.867	296	3.884	795	7.584
South Australia......	2.087	33.007	1.735	27.272	4.926	36.083
Western Australia....	»	»	264	3.500	406	7.500
Total........	6.132	86.340	6.177	83.214	19.683	162.815

La production est bien faible encore — moins de 5 litres par habitant ; — malgré cela, les colonies de Victoria et de l'Australie méridionale exportent quelques vins :

	IMPORTATIONS		EXPORTATIONS	
	1894	1895	1894	1895
	Hectolitres	Hectolitres	Hectolitres	Hectolitres
Australie méridionale..	359	557	11.914	16.028
Nouvelle-Galles du Sud.	4.159	3.834	»	»
Queensland..........	1.892	1.978	»	»
Victoria.............	2.123	2.060	12.258	16.579
Australie occidentale...	1.287	2.400	»	»[3]

1. *Bulletin du Ministère de l'Agriculture,* 1894, n° 5.
2. D'après le délégué du Gouvernement de la Nouvelle-Galles du Sud à l'Exposition de Bordeaux, 1882.
3. Ottavi Marescalchi, *loc. cit.*

États-Unis. — La vigne ne peut prospérer aux États-Unis que dans les régions chaudes et dont le climat est à l'abri de trop brusques écarts de température. Dès l'année 1565, les colons firent du vin dans la Floride, avec le raisin de la vigne indigène. Le premier vignoble fut créé dans la Virginie, en 1620.

Cette culture fit peu de progrès jusqu'en 1870, époque à laquelle on évaluait la production à 112.000 hectolitres. En 1880, d'après un Rapport de M. Lefaivre, consul général à New-York, du 27 juillet 1881, on comptait 36.448 hectares de vigne donnant 1.135.443 hectolitres. En 1890, le « census » décennal ayant donné lieu à une enquête spéciale sur l'état de la viticulture, nous avons des chiffres officiels pour l'année 1889[1] : 160.000 hectares, dont 125.000 en rapport, représentant une valeur de 800 millions de francs et produisant 1.100.000 hectolitres. Le rendement moyen à l'hectare est bien peu élevé.

D'après le *Census Bulletin* (Washington, 10 mars 1891), il y avait, en 1890 : 160.504 hectares, produisant 1.093.811 hectolitres[2].

En 1895, MM. Vera et Dupuy, chargés par le Gouvernement espagnol d'étudier le marché américain, estiment la récolte du vin à 1 million d'hectolitres.

La *Feuille vinicole de la Gironde* du 13 janvier 1898 évalue la récolte de 1896 à 988.500 hectolitres. Cette même récolte est évaluée dans le *Bulletin de la Chambre de commerce française* de New-York à 31.500.000 gallons, dont 25 millions de gallons de vins secs (le gallon américain étant de 3 litres 785, la récolte aurait été de 1.192.275 hectolitres).

Le Bulletin fait remarquer que c'est là la plus forte production connue à ce jour.

Le *Moniteur vinicole* chiffre celle de 1897 à 1.147.000 hectolitres.

---

1. *Bulletin de statistique et de législation comparée*, avril 1891, p. 478.
2. *Bulletin du Ministère de l'Agriculture*, 1894, n° 5.

La Californie fournit à elle seule plus de la moitié de la récolte totale. Sa part aurait été de :

En 1889 .... 658.170 hectolitres[1]
En 1890 .... 742.500   —   [1]
En 1896 .... 588.500   —   [2]

En fixant la récolte moyenne de 1 million à 1.100.000 hectolitres, la production moyenne par tête est de moins de 2 litres (population de 67 millions d'habitants). Les Américains ont besoin d'appliquer leurs qualités d'énergie et de persévérance au développement progressif de la culture de la vigne pour arriver à faire face aux besoins de la consommation intérieure. Les viticulteurs de Californie produisent quelques bons vins, mais ils ont le tort de chercher à imiter les grands crus de la vieille Europe : un peu plus de modestie sied à des débutants.

En attendant que les États-Unis puissent produire mieux et davantage, ils restent les tributaires de l'Europe, et cela malgré leur tarif excessif des douanes, tant pour les vins de luxe que pour ceux de consommation courante. Nous avons donné au chapitre « Importation et Exportation » le tableau des importations aux États-Unis, de 1891 à 1895, par pays d'origine.

L'Allemagne tient le premier rang parmi les pays qui importent des vins en fûts; l'Espagne vient ensuite; nous n'occupons que la troisième place avec tendance à la baisse; cette baisse est, du reste, générale pour les années 1894, 1895. Nous tenons le premier rang pour l'importation des vins en bouteilles : mais là encore s'observe une diminution fâcheuse. Pour les vins mousseux, la concurrence est nulle : nous sommes les maîtres sur le marché américain, avec un mouvement d'affaires très remarquable.

Les États-Unis pourraient devenir un débouché considérable pour nos vins, si un traité de commerce intervenait,

1. D'après le *Census Bulletin*, Washington, 1891.
2. D'après la *Feuille vinicole de la Gironde*.

frappant ce produit de droits modérés. Ce serait tout profit, même pour les Américains, qui suppriment l'usage du vin en voulant par trop protéger la viticulture nationale. Ainsi que le dit excellemment M. Bruwaert, consul de France à New-York, dans un de ses Rapports : « Si l'on favorisait la vente des vins étrangers au lieu de l'arrêter, on ferait naître le goût d'un produit naturel bien supérieur aux eaux-de-vie de grains mal distillées, seule boisson laissée à la portée des masses, et la culture locale de la vigne y gagnerait. Mais il y a un préjugé profond à l'égard des boissons alcoolisées, et la législation étend ce préjugé au vin, alors qu'elle devrait voir, comme nous, dans ce produit, un élément de moralité, de santé et de richesse publique. »

Chili. — La vigne prospère à souhait dans le sol très fertile du Chili. Elle y fut introduite par les Espagnols peu de temps après la conquête, mais le vignoble n'a pris une réelle importance que de nos jours. Outre les vignes chiliennes, on cultive beaucoup de vignes françaises, plants du Bordelais et de la Bourgogne, et l'on obtient des imitations de vins français qui ne sont pas sans mérite. Les régions du sud donnent un vin généreux qui imite le porto.

En 1874, on évaluait la récolte à   776.560 hectolitres.
En 1882, on évaluait la récolte à   1.000.000   —

Le *Moniteur vinicole* donne pour :

1895........................ 1.500.000 hectolitres.
1896........................ 1.730.000   —
1897........................ 2.800.000   —

Un Rapport de M. Wiener, chargé de mission dans l'Amérique du Sud (1896) évalue le vignoble chilien de 60.000 à 80.000 hectares, et la récolte moyenne des dernières années de 2 à 3 millions d'hectolitres[1].

1. *Bulletin du Ministère de l'Agriculture*, 1897, n° 5.

Le vignoble s'est surtout développé de 1880 à 1890, lors des ravages de l'oïdium et du phylloxera en Europe : c'est à cette époque qu'on a planté les trois quarts du vignoble actuel. Des progrès énormes et rapides ont été faits au Chili. C'est de tous les pays d'Amérique celui où la vigne semble appelée au plus brillant avenir.

L'usage du vin y est très répandu dans toutes les classes de la société; dès à présent la production peut alimenter la consommation des 2.500.000 habitants qui peuplent ce pays. Il faudra peut-être un jour compter, dans l'Amérique du Sud, avec la concurrence du Chili : pour le moment, elle est peu dangereuse. Le *Bulletin de la Chambre de commerce française de Santiago* donne comme suit les exportations de vins, en 1894 :

	Hectolitres			Hectolitres
Allemagne	314		Argentine	53
Angleterre	67		Uruguay	11
France	17			

Ce ne sont là, il est vrai, que des échantillons envoyés dans les grands pays consommateurs; mais ces envois indiquent que le Chili a le désir de jouer un rôle comme exportateur.

République Argentine. — La culture de la vigne, bien que de date récente, s'étend avec rapidité dans les provinces des Andes. Les Rapports consulaires donnent une moyenne de production de 1.600.000 hectolitres pour 22.000 à 28.000 hectares. Le *Moniteur vinicole* estime la production comme suit :

	Hectolitres
1895	1.350.000
1896	1.590.000
1897	1.440.000

La *Feuille vinicole de la Gironde* donne une production moyenne de 1.800.000 hectolitres. D'après le *States mann's year book* (1898[1]) la surface plantée serait de 71.135 acres (28.454 hectares) et les quantités récoltées de 42.267.200 gallons (1.900.000 hectolitres).

On plante tous les ans avec enthousiasme beaucoup de cépages français et espagnols; de grandes étendues de terrain peuvent s'adapter à la culture de la vigne et on espère produire, sous peu, de quoi alimenter la consommation intérieure en vins ordinaires.

La République Argentine a une population de 4.200.000 habitants et elle consommerait, d'après une publication italienne *La vigna et il vino nella Republica Argentina*, rapportée par *Moniteur officiel du Commerce*, 3.200.000 hectolitres de vin. Cette opinion ne semble pas justifiée. La Chambre de commerce française à Buenos-Ayres, dans un rapport à M. Ch. Wiener, chargé d'une mission dans l'Amérique du Sud, dit que la production du vignoble argentin ne dépasse pas 1 million d'hectolitres et que la consommation est de 2.500.000 hectolitres. Cela semble plus vraisemblable : les 28.454 hectares donneraient une récolte moyenne d'environ 35 hectolitres, ce qui est un très beau rendement pour des vignes encore jeunes. La Chambre de commerce fait remarquer, que la consommation étant d'environ 2.500.000 hectolitres, la production locale de 1 million à 1.200.000 hectolitres et l'importation de 600.000 à 700.000 hectolitres, il ressort une fabrication de 700.000 à 800.000 hectolitres de vins artificiels. Elle ajoute que c'est une partie de cette quantité fabriquée que devrait reconquérir notre commerce en engageant auprès du Gouvernement argentin des négociations nécessaires à atteindre ce but.

L'importation moyenne serait, d'après le *Moniteur officiel du Commerce*, de 500.000 hectolitres. L'Italie fournirait 50 o/o de ce mouvement commercial; le reste se partagerait entre la France et l'Espagne. Voici, du reste, les importations des années 1894, 1895, d'après le Rapport de l'exercice

---

1. J. Scott Keltie, *The States mann's year book*. London, 1898.

1895-1896 de la Chambre de commerce française de Buenos-Ayres :

	1894	1895
Vins communs en fûts (hectolitres)...	535.698	653.063
Vins en bouteilles (bouteilles)........	21.276	13.344
Vins de Champagne (bouteilles)......	124.416	118.296

Nous entrons dans ce mouvement d'affaires :

En 1894, pour 104.348 hectolitres de vins en fûts et 4.459 bouteilles;
En 1895, pour 92.703 hectolitres de vins en fûts et 4.189 bouteilles.

Nos vins de Champagne n'y ont qu'une place limitée. Cela vient de ce qu'on importe en Argentine, sous le nom de « spumanto », des vins mousseux d'Italie, d'Espagne, de Portugal et d'Allemagne.

Il ne nous reste plus qu'à mentionner pour être complet les quelques pays suivants qui produisent un peu de vin :
Le Cap, avec une moyenne de 250.000 hectolitres;
Le Mexique, avec une moyenne de 15.000 hectolitres;
L'Uruguay, avec une moyenne de 20.000 hectolitres.

APPENDICE. — VALEUR DES IMPORTATIONS ET DES EXPORTATIONS DES PAYS ÉTRANGERS.

Nous nous sommes surtout occupé dans cette étude sur les pays étrangers des quantités de vin produites et mises dans la circulation commerciale, afin d'essayer de préciser les centres de production et de consommation du vin. A titre de complément, il est utile de faire connaître la « valeur » des importations et des exportations des diverses nations : on aura ainsi une idée des ressources que les pays producteurs retirent de cette branche de l'agriculture locale et des sommes versées par les pays consommateurs pour la satisfaction des habitudes nationales.

Les documents que nous publions sont empruntés aux *Annales du Commerce extérieur*, ministère du commerce, 1896, 10ᵉ fascicule :

Italie. — Exportations, commerce spécial; valeurs en milliers de francs :

VINS EN FUTS	Francs
1891	37.073
1892	55.595
1893	53.567
1894	43.976
1895	43.551

Espagne. — Exportations, commerce général; valeurs en milliers de pesetas :

VINS ORDINAIRES	Pesetas
1891	277.039
1892	117.790
1893	75.295
1894	63.543
1895	82.339 (Provisoire)

XÉRÈS ET AUTRES VINS FINS	
1891	33.206
1892	25.048
1893	19.584
1894	20.344
1895	17.624 (Provisoire)

Portugal. — Exportations, commerce spécial; valeurs en milliers de milreis [1] :

	Milreis
1891	11.122
1892	13.432
1893	11.245

Allemagne. — Importations, commerce spécial; valeurs de milliers de marks [2] :

	Marks
1891	46.882
1892	47.954
1893	42.022
1894	40.204
1895	40.979

Suisse. — Importations, commerce spécial; valeurs en milliers de francs :

VINS EN FUTS	Francs
1891	33.247
1892	32.304
1893	23.973
1894	21.990

VINS EN BOUTEILLES	
1891	1.320
1892	1.480
1893	708
1894	740

Grèce. — Exportations, commerce spécial; valeurs en milliers de francs :

	Francs
1891	6.242
1892	3.277
1893	4.195
1894	4.971
1895	4.476 (Provisoire)

1. 1 milreis = 5 fr. 60.
2. 1 mark = 1 fr. 235.

Turquie. — (D'après le *Bulletin de la Chambre de commerce française de Constantinople*) :

IMPORTATIONS	Piastres [1]
1892-1893.........	3.881.956

EXPORTATIONS	
1892-1893.........	3.629.638

Roumanie. — Commerce général; valeurs en milliers de francs :

IMPORTATIONS	Francs
1891	1.272
1892	782
1893	1.064
1894	1.354

EXPORTATIONS	
1891	2.179
1892	1.747
1893	1.365
1894	462

Russie. — Importations, commerce spécial; valeurs en milliers de roubles [2] :

VINS EN FUTS	Roubles
1891	5.725
1892	4.593
1893	5.136

VINS MOUSSEUX	
1891	1.522
1892	1.637
1893	1 856

Australie. — Provinces de l'Australie méridionale, commerce général; valeurs en milliers de £ [3] :

IMPORTATIONS	Livres sterling
1891	17
1892	14
1893	7
1894	6

EXPORTATIONS	
1891	70
1892	72
1893	51
1894	54

Province de Victoria. — Commerce général; valeurs en milliers de £ :

IMPORTATIONS	Livres sterling
1891	130
1892	89
1893	30
1894	33
1895	32

EXPORTATIONS	
1891	70
1892	63
1893	71
1894	57
1895	73

Nouvelle-Galles du Sud. — Commerce général; valeurs en milliers de £ :

IMPORTATIONS	Livres sterling
1891	100
1892	85
1893	53
1894	47

1. 100 piastres turques = 22 fr. 767.
2. 1 rouble = 4 francs.
3. 1 livre sterling = 25 fr. 221.

États-Unis. — Commerce spécial; valeurs en milliers de dollars [1] :

IMPORTATIONS	Dollars
1891	9.314
1892	9.246
1893	9.688
1894	6.857
1895	7.233

1. 1 dollar = 5 fr. 18.
2. 1 piastre = 5 francs.

République Argentine. — Commerce spécial; valeurs en milliers de piastres fortes [2] :

IMPORTATIONS	Piastres fortes
1891	3.261
1892	5.221
1893	6.928
1894	5.417

CONCLUSION

En résumé, si, au lieu de considérer un pays quelconque pris isolément, nous examinons la situation d'ensemble du monde entier, nous arrivons à la conclusion suivante : la production universelle du vin, autant qu'on peut l'apprécier d'après les renseignements généraux recueillis, varie de 120 à 130 millions d'hectolitres. La France, l'Italie, l'Espagne produisent à elles seules 87 millions d'hectolitres, soit plus des deux tiers de la récolte totale. La consommation est surtout active dans les pays producteurs : c'est dans ces grands centres viticoles que le double chiffre de la consommation absolue et par tête présente les taux les plus élevés. Au point de vue commercial, une quinzaine de millions d'hectolitres sont utilisés aux échanges ; quatorze pays seulement figurent comme exportateurs.

Les 130 millions d'hectolitres récoltés représentent, en somme, relativement au chiffre général de la population, une production très faible. Celle-ci pourrait augmenter considérablement : la consommation est capable de l'absorber en entier avec facilité, à condition toutefois que cette augmentation soit graduelle. Qu'on n'oublie pas, en effet, que, dans de grands pays comme l'Allemagne, l'Australie, les États-Unis, l'Angleterre, la Belgique, la consommation par tête est à peine de 2 à 4 litres. Il faut, sans doute, tenir compte des habitudes nationales variables avec chaque pays. Cependant il est peu de produits dont l'usage soit plus

susceptible de se répandre universellement. Sous les lati-
tudes les plus diverses, dans les pays les plus différents, le
goût du consommateur irait vers cette boisson : sa diffusion
est limitée par une production relativement faible et par des
législations douanières prohibitives, bien plutôt que par des
habitudes nationales contraires à cette consommation. Or,
de nombreux marchés jusqu'ici fermés au vin s'ouvriront
forcément à lui. Les États qui opposent des barrières à la
diffusion du vin s'inspirent, en général, soit d'une idée de
protection à l'égard de leur viticulture nationale, soit d'un
préjugé qui leur rend le vin suspect à l'égal des autres
boissons spiritueuses. Or, ces idées découlent d'appréciations
économiques et hygiéniques fort discutables. La viticulture,
sans doute, a besoin d'être particulièrement protégée dans
les régions où la culture de la vigne est de date récente,
mais on ne doit pas oublier que toute mesure susceptible de
répandre dans l'ensemble de la population le goût et l'usage
du vin constitue le plus précieux encouragement à sa production : des barrières douanières exagérées vont à l'encontre
du but qu'on se propose. Les intérêts viticoles nationaux
une fois protégés dans une limite raisonnable, il ne faut pas
craindre de faire appel aux effets stimulants d'une concurrence féconde. D'un autre côté, le problème de l'alcoolisme
commence à se poser dans certains pays avec une telle acuité
que les Gouvernements ne pourront négliger aucun des
moyens de combattre l'envahissement de ce fléau : nous
estimons que le développement de la consommation du vin
constitue à cet égard un remède puissant.

Toutes ces considérations générales nous poussent à croire
que la crise qui sévit en France sur la viticulture et le commerce des vins prendra fin, comme tout ce qui est violent.
On ne doit pas oublier l'ère de prospérité qui suivit les tristes
années d'oïdium. Le vin français a cet avantage mérité d'être

universellement apprécié : nos vins constituent un de nos produits agricoles — peut-être le seul — sans rivaux possibles, étant données leurs inimitables qualités. La culture de la vigne doit donc être encouragée : elle est encore susceptible de développement. Ce qu'il faut, avant tout, ouvrir, et aussi largement que possible, c'est notre propre marché intérieur : nous avons vu qu'il reste encore beaucoup à faire dans ce sens. Le grand client de la France, c'est la France elle-même. Notre consommation dépassant notre production, nous devons tendre à cesser d'être tributaires de l'étranger. Une fois nos marchés intérieurs développés et pourvus, nous trouverons encore à l'étranger un écoulement considérable de nos vins, les marchés internationaux, pour les raisons ci-dessus exposées, devant tendre à s'ouvrir plutôt qu'à se resserrer. Les admirables ressources agricoles et commerciales de notre pays ne peuvent que triompher de phénomènes économiques adverses de durée forcément limitée.

Vu : *Le Président de la thèse,*　　　　　Vu : *Le Doyen,*
Louis DIDIER.　　　　BAUDRY-LACANTINERIE.

Vu et permis d'imprimer :

Bordeaux, le 25 mai 1898.

Le Recteur,

A. COUAT.

BIBLIOGRAPHIE

ALLARD (Alph.). — *Le Change fossoyeur du libre-échange.* Paris, 1890, 1 vol.
ANGLADE (F.). — *Les Vins en France. Situation actuelle et future.* Bordeaux, 1891, 1 vol.
AUDEBERT (O.). — *La Mévente des vins de la Gironde.* Bordeaux, 1896, 1 vol.
COCKS (Ch.) et FERET. — *Bordeaux et ses vins.* Bordeaux, 1898, 1 vol.
FITZ-JAMES (Duchesse de). — *La Pratique de la viticulture.* Paris, 1894, 1 vol.
GAUTIER (E.-J.-A.). — *La Sophistication des vins.* Paris, 1884, 1 vol.
JULLIEN. — *Topographie des vignobles connus.* Paris, 1866, 1 vol.
KEHRIG (H.). — *Aperçu sur l'Espagne vinicole.* Bordeaux, 1887, 1 vol.
LEROY-BEAULIEU (P.). — *L'Algérie et la Tunisie.* Paris, 1897, 1 vol.
LE SOURD (P.). — *Traité pratique des vins, cidres, spiritueux, vinaigres.* Paris, 3e éd., 1 vol.
RECLUS (E.). — *Nouvelle Géographie universelle.* Paris, Hachette.
SEMPÉ (R.). — *Étude sur les vins exotiques.* Bordeaux, 1882, 1 vol.
THÉRY (E.). — *La Crise des changes.* Paris, 1894, 1 vol.
VIARD (E.). — *Traité général des vins et de leurs falsifications.* Paris, 1884, 1 vol.

PUBLICATIONS PÉRIODIQUES, JOURNAUX

L'Agriculture nouvelle.
Annales du Commerce extérieur. Ministère du Commerce.
Annuaire statistique de la France. Publication du Ministère du Commerce et de l'Industrie.
Atlas de statistique agricole (Résultats généraux des statistiques agricoles décennales de 1882 et de 1892). Ministère de l'Agriculture. Direction de l'Agriculture. Paris, 1897.
Bulletin de statistique et de législation comparée. Ministère des Finances.
Bulletin du Ministère de l'Agriculture. Direction de l'Agriculture.
Compte rendu des travaux du Service du phylloxera Ministère de l'Agriculture, 1888-1889; 1890-1894. Paris, 1890, 1895.
L'Économiste français.
Enquête sur le régime des boissons (Extrait du *Bull. de stat. et de lég. comp.*), 1881-1882. Direction générale des Contributions indirectes. Ministère des Finances. Paris, 1882.

Enquête législative sur l'impôt des boissons ordonnée par la loi du 20 déc. 1849.
Rapport de M. Bocher. Paris, 1851.

Feuille vinicole de la Gironde.

Journal des Contributions indirectes.

Les Lois nouvelles.

Moniteur officiel du Commerce. Publié par le Ministère du Commerce.

Moniteur vinicole.

Rapport du Jury de la 3e section (vins, spiritueux, liqueurs, boissons fermen-tées) de l'Exposition universelle de Bordeaux de 1882. Bordeaux, 1886.

Rapport général de M. A. Picard. Exposition universelle internationale de 1889 à Paris. Ministère du Commerce, de l'Industrie et des Colonies. Tome VIII. Paris, 1892.

Rapports du Jury international. Exposition universelle internationale de 1889 à Paris. Ministère du Commerce, de l'Industrie et des Colonies. Groupe VII (produits alimentaires, 1re et 2e partie) et groupe VIII (agriculture, viticulture, pisciculture). Paris, 1891 et 1892.

Revue politique et parlementaire.

Statistique agricole de la France : résultats généraux de l'enquête décennale de 1892. Ministère de l'Agriculture. Direction de l'Agriculture. Paris, 1897.

Tableau général du commerce de la France. Direction générale des Douanes.

PUBLICATIONS ÉTRANGÈRES

ANGLETERRE. — *Annual Statement of the trade of the United Kingdom.* London. — J. Scott Keltie : *The States mann's year book.* London, 1896-1898.

AUTRICHE. — *Statistiche Monatschrift,* Vienne (publiée sous la direction du Bureau de la Commission centrale de statistique par MM. de Neumann Spallart et Schimmer).

ESPAGNE. — *Boletin semanal de estadistica y mercados. — Estadistica general del comercio exterior de España,* formada por la Dirección general de Aduanas, Madrid.

ÉTATS-UNIS. — *Monthly Summary of finance and commerce of the United States* (december 1896), prepared in the Bureau of statistics theasury department. Washington, 1897.

ITALIE. — *Annali di statistica; — Annuario statistico italiano* (pubblicazione della Direzione generale della Statistica); — *Bollettino di notizie agrarie* (pubblicazione periodica del ministero di agricoltura, industria e commercio). Direzione generale dell' Agricoltura. — *Bollettino de legislazione e statistica doganale e commerciale. — Gazetta officiale. — Giornale degli Economisti. —* Ottavi Marescalchi : *Vade-mecum del commerciante di uve e di vini in Italia.* Casale, 1897.

APPENDICE

TABLEAUX STATISTIQUES

| ANNÉES | HECTARES PLANTÉS EN VIGNES | | | PRODUIT DE LA RÉCOLTE | | | OBSERVATI[|
	en FRANCE [1]	dans la GIRONDE [2]	en ALGÉRIE	en FRANCE [1]	dans la GIRONDE [2]	en ALGÉRIE	
	Hectares	Hectares	Hectares	Hectolitres	Hectolitres	Hectolitres	
1788.	1.546.616	»	»	25.000.000	»	»	Nombre de comn
1808.	1.613.739	»	»	28.000.000	»	»	vignobles :
1829.	2.003.365	»	»	30.973.000	»	»	1891 18
1835.	2.118.709	133.237	»	26.476.000	1.156.752	»	1892 18
1836.	»	»	»	»	2.336.072	»	1894 19
1837.	»	»	»	»	2.213.624	»	1896 19
1838.	»	»	»	»	1.084.349	»	
1839.	»	»	»	»	1.340.558	»	
1840.	2.145.260	»	»	27.719.000	1.163.381	»	
1841.	»	»	»	»	2.097.716	»	Nombre de réco
1842.	»	»	»	»	1.500.337	»	de vin :
1843.	»	»	»	»	795.756	»	1869.... 1.34
1844.	»	»	»	»	1.534.045	»	1875.... 1.86
1845.	2.169.156	»	»	30.130.000	1.228.784	»	1889.... 1.68
1846.	»	»	»	»	1.404.797	»	1891.... 1.57
1847.	»	»	»	54.316.000	2.318.820	»	1892.... 1.57
1848.	»	»	»	51.622.152	1.990.800	»	1894.... 1.55
1849.	2.193.053	»	»	35.555.000	1.423.611	»	1896.... 1.49
1850.	2.181.609	133.237	»	45.266.000	2.296.559	»	
1851.	2.179.990	»	»	39.429.000	1.798.450	»	
1852.	2.158.854	»	»	28.636.000	1.263.643	»	
1853.	2.168.491	»	»	22.662.000	726.589	»	
1854.	2.173.129	»	»	10.824.000	319.892	»	
1855.	2.175.084	»	»	15.175.000	538.227	»	
1856.	2.170.307	133.237	»	21.294.000	662.405	»	
1857.	2.180.094	134.615	»	35.410.000	1.073.781	»	
1858.	2.183.809	134.863	»	53.919.000	1.881.593	»	
1859.	2.173.231	134.863	»	29.891.000	768.578	»	
1860.	2.205.409	134.863	»	39.558.000	1.631.531	»	
1861.	2.219.693	134.882	»	29.738.000	1.082.312	»	
1862.	2.235.818	126.282	»	37.110.000	1.454.441	»	
1863.	2.273.906	126.372	»	51.372.000	2.213.671	»	
1864.	2.256.235	126.372	»	50.653.000	2.794.663	»	

... 1835 à 1897; en Algérie, de 1878 à 1897; en Tunisie, de 1888 à 1897.

...ombre de récoltants de vins.

ANNÉES	HECTARES PLANTÉS EN VIGNES			PRODUIT DE LA RÉCOLTE		
	en FRANCE [1]	dans la GIRONDE [2]	en ALGÉRIE [1]	en FRANCE [1]	dans la GIRONDE [2]	en ALGÉRIE [1]
	Hectares	Hectares	Hectares	Hectolitres	Hectolitres	Hectolitres
1865.	2.293.567	124.064	»	68.943.000	3.068.000	»
1866.	2.287.821	126.220	»	63.838.000	3.214.824	»
1867.	2.314.846	121.159	»	38.869.479	1.869.028	»
1868.	2.332.470	134.093	»	50.109.504	3.711.341	»
1869.	2.350.104	134.093	»	71.375.965	4.540.289	»
1870.	2.238.178	134.093	»	53.537.942	3.399.034	»
1871.	2.369.484	134.093	»	56.901.017	2.578.979	»
1872.	2.373.139	134.093	»	50.122.708	2.798.855	»
1873.	2.380.946	145.121	»	35.715.619	1.241.389	»
1874.	2.446.862	145.121	»	63.074.564	5.123.643	»
1875.	2.421.247	145.121	»	83.836.391	5.279.410	»
1876.	2.369.834	145.121	»	41.846.748	1.961.045	»
1877.	2.346.497	145.121	»	56.405.363	3.511.094	»
1878.	2.295.989	145.121	17.614	48.720.553	2.210.114	338.220
1879.	2.241.477	145.492	19.994	25.769.552	1.567.506	351.525
1880.	2.208.859	144.877	23.723	29.677.472	1.660.235	432.580
1881.	2.069.923	141.420	»	34.138.715	1.276.000	»
1882.	2.105.349	141.420	39.000	30.886.352	1.267.984	700.000
1883.	2.095.927	142.399	»	36.029.182	1.867.559	822.000
1884.	2.040.759	138.366	50.000	34.780.726	1.338.183	896.291
1885.	1.990.586	139.457	60.410	28.536.151	1.076.056	1.018.300
1886.	1.959.102	144.897	69.675	25.063.345	1.108.685	1.569.284
1887.	1.944.150	141.581	78.687	24.333.284	1.154.519	1.902.457
1888.	1.843.580	139.927	88.326	30.102.151	2.666.535	2.728.373
1889.	1.817.787	140.247	94.842	23.223.572	2.148.516	2.512.198
1890.	1.816.544	137.282	98.541	27.416.327	1.593.941	2.844.130
1891.	1.763.374	140.262	107.048	30.139.555	2.445.220	4.058.412
1892.	1.782.588	137.282	108.843	29.082.134	1.843.805	2.866.870
1893.	1.793.299	137.832	110.485	50.069.770	4.927.897	3.937.132
1894.	1.747.002	139.559	114.887	39.053.000	2.333.996	3.642.479
1895.	1.747.002	140.000	113.810	26.687.575	2.094.873	3.797.693
1896.	1.728.433	140.519	118.118	44.656.153	3.354.552	4.346.532
1897.	1.688.931	140.478	118.823	32.350.722	1.336.277	4.367.758

OBSERVATIONS

Sources :

1. Renseignements fournis par l'Administration des Contributions indirectes.

2. Renseignements fournis par la Direction des Contributions indir^{tes} de la Gironde.

3. Renseignements fournis par la Direction de l'Agriculture et du Commerce, Régence de Tunis.

RÉCOLTE EN TUNISIE [3]

ANNÉES	HECTARES	HECTOLITRES
1888.	3.027	14.393
1889.	3.871	32.635
1890.	4.500	53.000
1891.	5.159	105.142
1892.	5.475	94.859
1893.	5.976	140.165
1894.	6.088	170.863
1895.	6.369	170.859
1896.	6.294	112.092
1897.	6.602	151.338

DÉPARTEMENTS	NOMBRE D'HECTARES plantés en vignes en 1896	RÉCOLTE de 1896	MOYENNE DES QUANTITÉS récoltées de 1867 à 1871	MOYENNE DES QUANTITÉS récoltées de 1872 à 1881	MOYE DES QUA récolt de 1886 à
	Hectares	Hectolitres	Hectolitres	Hectolitres	Hectoli
Ain	16.537	377.809	452.193	401.578	206.
Aisne	2.703	63.519	131.939	81.205	46.
Allier	14.409	470.011	177.356	203.058	218.
Alpes (Basses-)	7.395	48.506	61.009	71.171	49.
Alpes (Hautes-)	2.757	30.764	81.363	83.972	43.
Alpes-Maritimes	16.781	54.146	52.650	56.957	46.
Ardèche	16.547	226.142	232.061	168.470	133.
Ardennes	404	13.540	30.227	23.870	7.
Ariège	10.068	48.801	99.973	103.263	61.
Aube	18.962	608.852	365.917	473.941	306.
Aude	121.935	3.608.958	1.882.225	3.113.941	2.974.
Aveyron	12.540	80.756	309.198	345.269	92.
Bouches-du-Rhône	26.131	914.524	378.777	191.163	866.
Cantal	322	3.174	7.727	8.006	3.
Charente	12.961	233.968	3.148.564	2.644.196	108.
Charente-Inférieure	44.137	948.945	5.294.837	4.569.373	555.
Cher	9.335	172.572	264.305	265.818	147.
Corrèze	7.291	31.323	300.106	207.367	30.
Côte-d'Or	22.890	842.886	678.258	890.556	512.
Creuse	13	31	»	84	
Dordogne	33.349	369.639	867.549	784.712	141.
Doubs	4.328	72.412	173.805	182.444	57.
Drôme	17.472	212.443	360.846	157.802	143.
Eure-et-Loir	1.126	15.901	56.100	34.440	13.
Eure	357	10.810	11.116	11.214	8.
Gard	60.163	1.718.547	1.895.405	929.865	1.468.
Garonne (Haute-)	41.618	532.288	629.945	752.672	465.
Gers	71.799	770.505	1.439.485	1.307.713	920.
Gironde	140.519	3.354.552	3.219.734	2.793.227	2.262.
Hérault	170.743	7.623.059	10.788.730	9.068.359	5.404.
Ille-et-Vilaine	16	262	2.211	921	
Indre	11.239	132.370	374.275	246.597	104.
Indre-et-Loire	48.999	965.558	892.436	964.339	689.
Isère	25.398	448.786	568.316	485.299	361.
Jura	12.460	152.444	401.987	333.175	152.
Landes	19.785	328.266	359.547	376.476	312.
Loir-et-Cher	37.082	905.502	252.146	830.353	646.
Loire	17.741	563.552	712.014	254.931	318.
Loire (Haute-)	7.184	99.376	113.098	69.332	76.
Loire-Inférieure	25.000	1.300.000	1.315.112	1.223.110	935.
Loiret	12.529	229.290	615.564	524.634	210.

1. Source : *Bulletin de statistique et de législation comparée.*
2. Départements où la culture de la vigne est nulle : Calvados, Côtes-du-Nord, Finistère, Man

Moyennes des récoltes 1867-1871 = 1872-1881 = 1886-1895.

DÉPARTEMENTS	NOMBRE D'HECTARES plantés en vignes en 1896	RÉCOLTE de 1896	MOYENNE DES QUANTITÉS récoltées de 1867 à 1871	MOYENNE DES QUANTITÉS récoltées de 1872 à 1881	MOYENNE DES QUANTITÉS récoltées de 1886 à 1895
	Hectares	Hectolitres	Hectolitres	Hectolitres	Hectolitres
Lot..	27.300	113.617	449.569	351.727	86.319
Lot-et-Garonne	52.014	492.000	1.076.870	869.582	320.386
Lozère..	806	3.898	4.846	7.712	4.583
Maine-et-Loire	31.680	455.698	621.947	583.567	580.452
Marne	15.466	720.093	319.765	390.391	326.693
Marne (Haute-)	12.145	430.103	403.576	470.995	212.404
Mayenne	481	166	3.809	1.410	3.402
Meurthe	»	»	707.669	»	»
Meurthe-et-Moselle	16.031	855.526	489.832	614.357	373.825
Meuse	9.431	428.993	266.626	336.498	188.879
Morbihan	1.458	60.923	24.071	19.226	29.660
Moselle	»	»	144.399	»	»
Nièvre..	9.022	204.266	222.410	203.740	160.717
Oise..	200	2.094	16.430	5.847	2.659
Puy-de-Dôme	45.027	1.290.257	622.984	741.806	1.022.827
Pyrénées (Basses-)	19.975	174.951	178.283	166.070	220.597
Pyrénées (Hautes-)	14.591	49.347	216.512	189.640	111.771
Pyrénées (Orientales)	55.283	2.038.079	622.742	1.230.530	1.347.333
Rhin (Bas, Haut-)	»	»	889.621	»	»
Rhône	34.013	1.967.722	1.002.104	788.829	494.491
Saône (Haute)	7.235	156.464	378.863	314.769	73.086
Saône-et-Loire	28.095	1.530.095	1.109.385	1.057.118	535.934
Sarthe..	10.039	215.534	150.170	97.621	102.938
Savoie	11.759	154.626	332.800	197.865	188.910
Savoie (Haute-)	6.940	168.288	219.859	149.431	166.889
Seine	467	16.976	53.804	26.557	12.576
Seine-et-Marne	4.331	97.806	295.531	195.890	76.147
Seine-et-Oise	5.874	197.278	279.716	193.312	130.526
Sèvres (Deux-)	5.742	63.133	460.302	353.252	103.404
Tarn	19.417	274.111	466.785	628.470	137.890
Tarn-et-Garonne	27.767	305.629	327.448	293.024	273.730
Var.	40.699	804.853	930.525	793.911	414.165
Vaucluse	20.910	369.753	331.313	94.565	235.688
Vendée	14.901	652.607	657.604	492.170	385.835
Vienne	16.882	415.912	727.896	1.008.287	361.431
Vienne (Haute-)	185	848	24.304	18.877	2.122
Vosges	5.363	283.362	169.866	145.482	117.415
Yonne	33.869	1.076.359	767.862	941.952	575.959
Totaux	1.728.433	44.656.153	54.195.388	49.198.353	30.517.052

Nord, Orne, Pas-de-Calais, Seine-Inférieure, Somme.

III

VINS. — Valeur de la production des vins pour l'ensemble de la France (1850-1897).

ANNÉES	PRODUCTION EN HECTOLITRES	PRIX MOYEN par HECTOLITRE chez les récoltants	VALEUR APPROXIMATIVE des productions
	Hectolitres.	Francs.	Francs.
1850-1859.......	30.251.000	21 »	635.271.000
1860-1869.......	50.244.000	28 »	1.519.715.000
1870-1879.......	51.703.000	29 »	1.499.387.000
1880-1889.......	29.659.095	38 »	1.127.042.000
1890...........	27.416.327	36 10	988.793.866
1891...........	30.139.555	32 30	1.008.998.590
1892...........	29.082.134	31 30	911.932.383
1893...........	50.069.770	25 10	1.256.527.529
1894...........	39.053.000	28 30	928.929.995
1895...........	26.687.575	34 80	829.851.717
1896...........	44.656.153	26 25	1.173.661.485
1897...........	32.350.722	24 97	808.029.409

(Les quatre premières lignes : Moyennes décennales)

Source : *Bull. de stat. et de lég. comp.*

VINS. — Récolte des vins rouges et blancs dans la Gironde de 1800 à 1890.

Appréciation de la qualité des récoltes.

VINS ROUGES						VINS BLANCS					
Très bons	Bons	Assez bons	Ordinaires et médiocres		Très médiocres et mauvais	Très bons	Bons	Assez bons	Ordinaires et médiocres		Très médiocres et mauvais
1802	1803	1808	1801	1842	1800	1822	1801	1800	1804	1848	1802
1811	1807	1818	1804	1849	1806	1834	1811	1803	1805	1850	1816
1815	1825	1822	1805	1850	1809	1847	1814	1807	1806	1853	1817
1819	1838	1823	1810	1855	1816	1858	1819	1810	1808	1854	1821
1827	1844	1854	1812	1857	1817	1861	1825	1828	1809	1855	1826
1828	1846	1865	1813	1859	1821	1864	1832	1831	1812	1856	1833
1831	1851	1868	1814	1862	1824	1869	1836	1837	1813	1857	1843
1834	1852	1877	1820	1863	1826	1874	1840	1838	1815	1860	1845
1841	1870		1832	1867	1829	1884	1841	1849	1818	1862	1863
1847	1871		1833	1872	1830	1890	1852	1851	1820	1867	1866
1848	1874		1835	1873	1836		1859	1870	1823	1868	1872
1858	1881		1837	1876	1843		1865	1875	1824	1873	1886
1864	1888		1839	1879	1845		1871	1889	1827	1877	
1869	1889		1840	1880	1853		1876		1829	1879	
1875					1856		1878		1830	1880	
1878					1860		1881		1835	1882	
1887					1861		1887		1839	1883	
1890					1866				1842	1885	
					1882				1844	1888	
					1883				1846		
					1884						
					1885						
					1886						
18	14	8	28		23	10	17	13	39		12

SOURCE : *Feuille vinicole de la Gironde* du 8 août 1891.

ANNÉES	FROMENT			SEIGLE			AVOINE		
	Superficie	Production	Valeur	Superficie	Production	Valeur	Superficie	Production	Valeur
	Hectares	Hectolitres	Francs	Hectares	Hectolitres	Francs	Hectares	Hectolitres	Francs
1890.	7,061.739	116.915.880	2.217.220.884	1.588.632	24.170.317	298.391.513	3.780.727	93.635.298	849.429[…]
1891.	5.754.844	77.657.568	1.595.660.605	1.498.570	21.588.914	292.325.343	4.242.704	106.145.172	915.942[…]
1892.	6.986.628	109.537.907	1.955.019.596	1.541.836	25.558.094	292.061.553	3.812.852	83.991.354	626.021[…]
1893.	7.073.050	97.792 080	1.585.385.294	1.530.123	22.515.669	256.157.206	3.842.492	62.561.524	574.863[…]
1894.	6.991.449	122.469.207	1.817.878.060	1.555.723	26.406.900	275.198.781	3.881.399	91.878.734	842.339[…]
1895.	7.001.669	119.967.745	1.686.386.386	1.533.532	25.167.623	226.833.431	3.968.937	94.877.753	722.899[…]
1896.	6.870.352	119.742.416	1.716.190.816	1.500.207	24.464.730	225.074.090	3.916.286	92.003.398	619.841[…]

ANNÉES	PRAIRIES ARTIFICIELLES[1]			PRAIRIES NATURELLES[2]			CULTURES INDUSTRIELL[…]		
	Superficie	Production	Valeur	Superficie	Production	Valeur	»	Superficie	Valeur
	Hectares	Quintaux	Francs	Hectares	Quintaux	Francs		Hectares	Francs
1890.	2.464.687	103.737.488	530.024.874	4.958.741	194.301.935	936.615.597	»	232.099	»
1891.	2.443.770	101.564.422	555.247.718	5.075.452	189.886.532	973.634.806	»	432.099	259.348[…]
1892.	2.548.843	86.897.414	647.291.930	5.228.080	149.507.247	1.142.146.236	»	432.028	250.154[…]
1893.	2.471.898	52.668.811	620.773.069	5.255.981	87.963.364	1.084.334.126	»	420.124	238.529[…]
1894.	2.502.183	94.964.109	544.799.696	5.416.992	188.255.605	1.104.914.351	»	442.148	262.812[…]
1895.	2.583.476	100.254.471	513.402.778	5.533.968	198.317.045	980.249.431	»	405.079	240.024[…]
1896.	2.571.977	93.527.500	511.806.137	5.521.269	184.894.085	951.425.872	»	»	»

1. Trèfle, luzerne, sainfoin. — 2. Herbages, regains. — 3. Colza, navette, œillette, cameline, chanvre, [...]

SOURCES : *Bulletin[…]*

MAÏS			POMMES DE TERRE			BETTERAVES FOURRAGÈRES		
...kit	Production	Valeur	Superficie	Production	Valeur	Superficie	Production	Valeur
...ares	Hectolitres	Francs	Hectares	Quintaux	Francs	Hectares	Quintaux	Francs
..597	8.393.014	106.410.260	1.464.757	110.397.993	566.580.450	332.970	80.905.296	164.631.975
..617	9.350.044	126.974.484	1.492.736	111.672.583	585.299.002	342.692	84.879.731	170.591.459
..900	9.375.383	120.518.422	1.512.136	135.352.648	595.853.885	360.465	89.130.424	184.751.233
..470	9.186.484	112.181.311	1.529.308	118.414.925	630.464.132	392.725	77.421.576	188.063.357
..275	9.662.407	116.525.148	1.540.521	128.200.939	630.842.073	413.465	108.017.708	204.963.811
..544	9.219.658	103.196.117	1.542.036	129.249.146	599.239.124	422.185	109.477.513	204.474.083
..708	10.721.936	119.257.893	1.542.717	129.453.389	580.293.908	438.058	114.109.034	225.598.712

CULTURES FRUITIÈRES[4]			LAIT			VIGNE ET VIN		
»	Production	Valeur	»	Production	Valeur	Superficie	Production	Valeur
	Quintaux	Francs		Hectolitres	Francs	Hectares	Hectolitres	Francs
»	»	»	»	78.256.613	1.200.442.252	1.816.544	27.416.327	988.793.866
»	19.278.671	216.036.309	»	81.305.921	1.239.575.505	1.763.374	30.139.355	1.008.998.590
»	25.905.081	224.003.746	»	79.589.432	1.207.304.775	1.782.588	29.082.134	911.932.383
»	49.514.222	237.875.243	»	69.601.591	1.107.225.244	1.793.299	50.069.770	1.256.527.529
»	25.324.918	210.839.720	»	76.419.327	1.189.633.635	1.747.002	39.053.000	928.929.995
»	36.051.518	220.409.062	»	78.165.525	1.207.107.781	1.747.002	26.687.575	829.851.717
»	»	»	»	78.863.443	1.182.135.430	1.728.433	44.656.153	1.173.661.485

...tterave à sucre, tabac, houblon. — 4. Châtaignes, noix, olives, pommes à cidre, prunes, feuilles de mûrier.
...nistère de l'Agriculture.

ANNÉES	QUANTITÉS LIBRES POUR LE COMMERCE ET LA CONSOMMATION			
	IMPORTANCE des récoltes	IMPORTATIONS	FABRICATION des vins de sucre et de raisins secs	TOTAL
1886................	25.063.345	11.042.091	4.179.646	40.285.08
1887................	24.333.284	12.282.286	4.547.197	41.162.76
1888................	30.102.151	12.064.271	4.055.007	46.221.49
1889................	23.223.572	10.470.127	2.929.892	36.623.59
1890................	27.416.327	10.830.462	5.064.555	43.311.34
1891................	30.139.555	12.280.458	3.478.493	45.898.50
1892................	29.082.134	9.400.136	2.767.459	41.249.72
1893................	50.069.770	5.895.308	1.883.292	57.848.37
1894................	39.053.000	4.495.573	1.456.550	45.005.12
1895................	26.687.575	6.336.519	2.128.445	35.152.53
Moyennes.......	30.517.000	9.510.000	3.249.000	43.276.00

Résultat général : 1886-1895 : Quantités libres pour le commerce et la consommation.... 43.276.

Quantités utilisées pour le commerce et la consommation. 41.367

DIFFÉRENCE.............. 1.909

Déchets pour ouillages et soutirages, environ 6 % de la production :

$$\frac{30.517.000 \times 6}{100}$$ 1.831

DIFFÉRENCE pour pertes et erreurs sur les évaluations..... 78.

Consommation du vin (1886-1895).

ANNÉES	QUANTITÉS UTILISÉES POUR LE COMMERCE ET LA CONSOMMATION				
	ATTEINTES une seule fois par l'impôt	CONSOMMÉES en franchise chez les récoltants Évaluation	EXPORTÉES	CONVERTIES en alcool et vinaigre	TOTAL
1886...............	26.583.180	10.000.000	2.601.565	262.130	39.446.875
1887...............	26.188.884	10.000.000	2.401.918	401.580	38.992.382
1888...............	26.108.790	10.000.000	2.117.888	476.760	38.703.438
1889...............	27.228.465	10.000.000	2.166.842	478.400	39.873.707
1890...............	28.021.956	10.000.000	2.161.829	440.577	40.624.362
1891...............	27.802.468	10.000.000	2.043.739	572.952	40.419.159
1892...............	28.930.228	10.000.000	1.845.485	755.242	41.530.955
1893...............	30.099.918	10.000.000	1.569.109	1.060.118	42.729.145
1894...............	32.843.248	10.000.000	1.724.468	1.683.524	46.251.240
1895...............	34.142.303	8.590.743	1.691.164	673.769	45.097.979
Moyennes.......	28.795.000	9.859.074	2.032.400	680.505	41.367.000

Sources : Colonne 2 : Renseignements fournis par l'Administration des Contrib. ind. — *Bull. de stat. et de lég. comp.*

Colonnes 3 et 9 : Renseignements fournis par l'Administration générale des Douanes. — Tableau général du commerce de la France.

Colonne 4 : Renseignements fournis par l'Administration des Contrib. ind. — *Bull. de stat. et de lég. comp.*

Colonnes 7 et 8 : Renseignements fournis par l'Administration des Contrib. ind. — *Bull. de stat. et de lég. comp.*

Colonne 10 : Renseignements fournis par l'Administration des Contrib. ind. — *Bull. de stat. et de lég. comp.*

VII

VINS. — Tableau des Consommations pour l'ensemble de la France (1830-1896).

ANNÉES	QUANTITÉS		TOTAL
	ATTEINTES une seule fois par l'impôt	Consommées en franchise chez les récoltants évaluation	
Moyennes 1830-1839.....	13.115.427	6.100.000	19.215.427
1840-1849.....	17.553.933	6.200.000	23.753.933
1850-1859.....	16.771.468	5.000.000	21.771.468
1860-1869.....	23.551.934	12.647.000	36.198.934
1870-1879.....	27.641.807	10.449.000	38.091.207
1880-1889.....	27.356.772	10.000.000	37.356.772
1890..........	28.021.956	10.000.000	38.021.956
1891..:.......	27.802.468	10.000.000	37.802.468
1892..........	28.930.228	10.000.000	38.930.228
1893..........	30.099.918	10.000.000	40.099.918
1894..........	32.843.248	10.000.000	42.843.248
1895..........	34.142.303	8.590.743	42.733.046
1896..........	33.293.631	7.857.560	41.151.191

SOURCE : De 1830 à 1880 : Enquête sur le régime des Boissons. Extrait du *Bull. de stat. et de lég. comp.*, 1881-1882.
De 1880 à 1896 : *Bull. de stat. et de lég. comp.*

VIII

VINS. — Tableau des prix moyens de l'hectolitre
pour l'ensemble de la France,
chez les récoltants, les marchands en gros et les débitants (1806 à 1896).

ANNÉES	RÉCOLTANTS	MARCHANDS EN GROS	DÉBITANTS	ANNÉES	RÉCOLTANTS	MARCHANDS EN GROS	DÉBITANTS	ANNÉES	RÉCOLTANTS	MARCHANDS EN GROS	DÉBITANTS
1806..	»	»	26 »	1865..	26 »	32 »	46 34	1880..	43 »	54 »	74 34
1810..	19 90	»	35 27	1866..	25 »	30 »	45 38	1881..	40 26	»	75 82
1819..	»	»	38 35	1867..	27 »	30 »	47 »	1882..	40 41	»	76 38
1821..	»	»	39 36	1868..	31 »	37 »	50 38	1883..	37 01	»	77 79
1829..	17 »	»	30 60	1869..	29 »	36 »	51 49	1884..	40 »	»	76 17
1830..	16 86	»	35 35	Moyenne				1885..	39 87	»	75 67
1840..	11 »	»	35 79	décennale	28 »	34 »	51 57	1886..	40 29	»	78 04
1845..	13 »	»	39 93					1887..	35 98	»	79 61
1849..	9 »	»	25 79	1870..	28 »	31 »	49 65	1888..	30 41	»	79 59
1850..	12 97	20 »	28 09	1871..	29 »	34 »	50 97	1889..	31 55	»	78 »
1852..	13 14	»	32 37	1872..	30 »	36 »	42 73	Moyenne.	37 88	»	77 14
1855..	»	»	64 86	1873..	41 »	45 »	56 70				
1856..	49 »	55 »	63 65	1874..	24 »	39 »	63 24	1890..	36 10	»	79 49
1858..	»	»	48 55	1875..	21 »	31 »	54 17	1891..	32 30	»	81 »
				1876..	25 »	35 »	51 16	1892..	31 30	»	79 94
1860..	29 »	38 »	57 29	1877..	27 »	39 »	58 80	1893..	25 10	»	77 69
1861..	41 »	45 »	55 52	1878..	29 »	40 »	61 45	1894..	23 80	»	70 08
1862..	29 »	41 »	56 64	1879..	32 »	50 »	63 62	1895..	34 80	»	70 66
1863..	29 »	38 »	57 42					1896..	26 25	»	74 44
1864..	30 »	36 »	48 19	Moyenne.	29 »	38 »	55 25	1897..	24 97	»	73 15

SOURCE : *Bull. de stat. et de lég. comp.*, Ministère des Finances.

IX Quantités annuellement soumises aux différents droits (1850-189[...]

ANNÉES	VINS EN CERCLES ET EN BOUTEILLES				TOTAL	MOYE[...]
	QUANTITÉS SOUMISES AUX DROITS				(Déduction faite des quantités soumises aux droits d'entrée qui figurent déjà dans les autres droits.)	ANNU[...] par[...] de[...] quan[...] impo[...]
	de CIRCULATION	de DÉTAIL	de REMPLACEMENT aux entrées de Paris et Lyon	D'ENTRÉE et de taxe unique		
	Hectolitres	Hectolitres	Hectolitres	Hectolitres	Hectolitres	Lit[...]
1850-59...	7.633.224	5.709.989	1.235.022	5.466.730	16.771.467	46,
1860-69...	13.234.133	5.654.040	3.005.820	7.252.126	23.551.934	61,
1870-79...	17.413.263	5.083.470	3.916.859	8.928.494	27.641.866	75,
1880	17.019.573	3.907.549	4.268.111	8.657.751	26.378.296	71,
1881	18.219.104	4.226.163	5.745.109	8.445.096	28.590.376	76
1882	17.455.155	4.243.493	5.540.406	8.468.555	27.609.893	76
1883	17.931.283	4.180.949	5.360.505	8.839.113	27.906.247	77
1884	18.912.446	4.277.241	5.281.265	9.171.789	28.886.519	78
1885	18.463.078	4.224.582	5.066.029	9.006.698	28.087.073	75
1886	17.208.404	4.061.532	4.969.104	8.550.774	26.583.180	71
1887	17.073.747	3.857.778	4.913.942	8.712.435	26.188.884	83
1888	17.047.255	3.734.548	4.961.599	8.757.775	26.108.790	75
1889	17.932.011	3.703.638	5.354.503	9.008.946	27.228.465	75
1890	18.663.441	3.778.729	5.115.517	9.255.213	28.021.956	77
1891	18.444.882	3.787.429	5.140.765	9.384.836	27.802.468	72
1892	19.577.109	3.860.721	5.190.220	9.831.551	28.930.228	76
1893	20.313.203	3.940.349	5.332.136	10.414.456	30.099.918	79
1894	22.644.155	4.288.225	5.495.729	11.032.528	32.843.248	86
1895	23.634.404	4.379.420	5.741.637	11.166.520	34.142.303	90
1896	22.960.670	4.374.312	5.545.824	10.936.653	33.293.631	87

SOURCE : *Bull. de stat. et [...]*

Produit annuel des différents droits (1850-1896).

| ANNÉES | VINS EN CERCLES ET EN BOUTEILLES | | | | TOTAL | IMPOT MOYEN par tête |
| | DROITS | | | | | |
	de CIRCULATION	de DÉTAIL	de REMPLACEMENT	D'ENTRÉE et taxe unique		
	Francs	Francs	Francs	Francs	Francs	Francs
850-59...	7.183.712	38.297.001	11.336.156	11.055.631	67.871.000	2 17
860-69...	13.027.931	49.971.057	28.855.875	13.851.537	105.606.000	2 76
870-79...	33.630.453	49.455.296	43.880.608	29.678.841	156.745.200	4 50
880.....	36.528.516	51.926.922	50.843.344	39.330.218	177.629.000	4 81
881.....	25.429.977	39.094.378	46.590.043	28.606.388	139.720.786	3 90
882.....	23.890.948	39.083.786	44.907.877	27.685.582	135.568.193	3 63
883.....	24.466.721	39.199.922	43.418.088	29.450.324	136.535.055	3 65
884.....	25.711.082	39.544.477	42.713.359	30.565.728	138.534.646	3 83
885.....	25.004.948	39.015.650	40.986.431	30.151.692	135.158.721	3 61
886.....	23.367.334	38.286.989	40.666.516	30.895.420	133.216.259	3 56
887.....	23.210.240	36.966.908	40.244.676	31.796.581	132.218.405	4 34
888.....	23.097.335	35.883.826	40.639.379	32.181.362	131.802.502	4 03
889.....	24.271.774	35.110.311	43.870.457	33.034.158	136.286.700	3 89
890.....	25.568.867	36.112.716	41.898.758	33.674.763	137.255.104	3 96
891.....	24.974.742	36.243.631	42.207.166	33.987.344	137.412.683	3 60
892.....	36.504.489	37.006.567	42.615.078	36.335.496	142.461.630	3 74
893.....	27.416.050	37.335.460	43.773.163	38.405.071	146.929.744	3 87
894.....	30.538.253	38.196.324	45.110.719	40.726.377	154.571.673	4 06
895.....	31.839.671	39.203.240	47.142.157	41.204.877	159.389.345	4 19
896.....	31.010.651	40.466.993	44.973.186	39.976.358	156.427.188	4 09

DÉPARTEMENTS	QUANTITÉS IMPOSÉES		QUANTITÉS consommées en franchise chez les récoltants et bouilleurs de cru (évaluation)		TOTAL de la CONSOMMATION		QUOTITÉ par HABITANT		POPULATION
	VINS	ALCOOLS	VINS	ALCOOLS	VINS	ALCOOLS	VINS	ALCOOLS	
	Hectolitres	Hectolitres	Hectolitres	Hectol.	Hectolitres	Hectolitres	Litr.	Litres	
Ain.............	466.467	7.928	138.800	900	605.300	8.800	169	2,46	35(
Aisne	306.188	45.141	35.800	800	342.000	45.900	62	8,41	54:
Allier..........	427.872	6.954	151.600	800	579.500	7.800	136	1,83	42/
Alpes (Basses-)...	61.094	2.838	20.100	50	81.200	2.900	65	2,33	12:
Alpes (Hautes-)..	92.662	2.413	7.800	20	100.400	2.400	86	2,07	11:
Alpes-Maritimes..	377.424	7.878	28.300	100	405.700	8.000	156	3,09	25:
Ardèche.........	203.085	7.553	98.200	9.400	301.300	17.000	81	4,57	371
Ardennes........	117.128	17.001	4.200	1.100	121.300	18.100	37	5,57	324
Ariège..........	175.838	2.852	48.500	10	224.300	2.900	98	1,27	22:
Aube............	319.186	9.561	103.400	1.200	422.600	10.800	165	4,22	25:
Aude............	137.742	5.167	209.100	200	346.900	5.400	109	1,70	31:
Aveyron.........	640.132	6.118	63.800	300	703.900	6.400	175	1,59	40(
Bouches-du-Rhône	880.658	35.008	249.100	500	1.129.700	35.500	179	5,62	63(
Calvados	52.511	33.133	»	8.300	52.500	41.400	12	9,65	42:
Cantal..........	198.407	3.381	2.900	»	201.300	3.400	84	1,41	23:
Charente	316.444	4.235	22.500	100	338.900	4.400	93	1,16	36(
Charente-Inférre..	427.164	9.433	122.500	300	549.600	9.800	120	2,09	45:
Cher............	276.338	7.425	90.700	500	367.000	7.900	102	2,07	35:
Corrèze.........	161.851	3.807	9.600	10	171.400	3.800	52	1,15	32:
Côte-d'Or........	368.020	9.620	189.900	2.600	557.900	12.300	148	3,26	37(
Côtes-du-Nord....	49.988	26.487	»	20	50.000	26.500	7	4,02	658
Creuse	425.332	4.731	10	10	425.300	4.700	149	1,65	284
Dordogne........	293.710	7.031	75.000	200	368.700	7.200	77	1,46	478
Doubs...........	343.625	12.601	29.300	1.100	372.900	13.700	123	4,51	303
Drôme	223.189	8.148	71.900	600	295.100	8.800	95	2,65	306
Eure	84.170	33.322	4.300	4.000	88.500	37.300	25	10,68	349
Eure-et-Loir.....	197.846	23.241	15.000	600	212.800	23.800	75	8,36	284
Finistère	134.901	45.784	»	10	134.900	45.800	18	6,29	727
Gard............	284.427	11.571	125.500	700	409.900	12.300	99	2,93	419
Garonne (Haute-).	736.974	10.192	93.200	50	830.200	10.200	175	2,17	472
Gers............	289.397	2.216	146.300	70	435.700	2.300	164	0,87	261
Gironde.........	1.167.449	17.675	455.300	200	1.622.700	17.900	204	2,23	793
Hérault	461.675	18.789	506.600	900	968.300	19.700	210	4,26	461
Ille-et-Vilaine....	109.604	29.365	»	400	109.600	29.800	17	4,75	626
Indre	195.604	6.082	56.000	700	251.600	6.800	85	2,31	292
Indre-et-Loire...	268.199	6.328	201.500	1.900	469.700	8.200	139	2,43	337
Isère	472.808	15.034	227.900	1.300	700.700	16.300	122	2,85	572
Jura	283.627	7.982	42.600	600	326.300	8.600	119	3,13	273
Landes	244.410	2.677	122.900	10	367.300	2.700	123	0,90	297
Loir-et-Cher......	138.575	5.308	92.800	2.000	231.400	7.300	82	2,59	280
Loire...........	858.683	17.248	151.300	300	1.010.000	17.500	163	2,85	616
Loire (Haute-)...	257.208	6.023	23.200	100	280.400	6.100	88	1,94	316
Loire-Inférieure..	452.665	17.021	300.300	900	753.000	17.900	116	2,77	645
Loiret..........	377.859	11.799	89.000	500	466.800	12.300	123	3,26	377
Lot	186.473	3.595	48.200	300	234.700	3.900	84	1,52	253

PARTEMENTS	QUANTITÉS IMPOSÉES		QUANTITÉS consommées en franchise chez les récoltants et bouilleurs de cru (évaluation)		TOTAL de la CONSOMMATION		QUOTITÉ par HABITANT		POPULATION
	VINS	ALCOOLS	VINS	ALCOOLS	VINS	ALCOOLS	VINS	ALCOOLS	
	Hectolitres	Hectolitres	Hectolitres	Hectol.	Hectolitres	Hectolitres	Litr.	Litres	
el-Garonne...	242.934	4.876	115.000	400	358.000	5.300	121	1,79	295.360
re,.........	136.459	1.780	1.200	»	137.700	1.800	101	1,31	135.527
e-el-Loire...	311.120	12.696	215.700	1.000	526.800	13.600	101	2,63	518.589
che........	37.668	32.368	»	4.800	37.700	37.200	7	7,25	513.815
ne,........	575.949	22.585	189.000	3.400	764.900	26.000	176	5,97	434.692
ne (Haute-)..	298.487	7.990	129.900	1.400	428.400	9.400	175	3,85	243.533
enne......	36.108	13.563	50	2.600	36.200	16.200	10	4,87	332.387
rthe-et-Moselle	561.376	17.377	186.700	3.200	748.100	20.600	168	4,64	444.150
se,........	327.042	12.546	97.500	2.300	424.500	14.800	146	5,07	292.253
bihan......	74.284	21.132	4.400	200	78.700	21.300	14	3,90	544.470
vre,.......	283.066	6.027	53.500	1.100	336.600	7.100	95	2,07	343.581
d..........	274.051	79.677	»	»	274.100	79.700	15	4,59	1.736.341
....	274.653	39.991	1.600	300	276.200	40.300	68	10,01	401.835
....	24.136	12.819	»	5.400	24.100	18.200	7	5,14	354.387
-de-Calais...	94.614	67.876	»	»	94.600	67.900	10	7,76	874.364
-de-Dôme...	419.755	7.832	225.500	1.700	645.300	9.500	114	1,69	564.266
rénées (Basses-)	399.316	7.066	39.400	10	438.700	7.100	103	1,66	425.027
rénées (Hautes-)	205.025	3.822	38.500	30	243.500	3.900	107	1,71	225.861
rénées-Orient\ˡᵉˢ	99.375	6.626	73.600	180	173.000	6.800	82	3,24	210.125
fort.......	104.294	4.006	»	30	104.300	4.000	119	4,82	83.670
ne.........	1.213.589	30.212	195.300	400	1.408.800	30.600	174	3,79	806.737
ne (Haute-)...	327.276	9.360	40.500	1.100	367.800	10.500	130	3,74	280.856
ne-et-Loire...	574.968	13.680	154.500	800	729.400	14.500	117	2,34	619.523
the........	122.521	18.724	91.100	2.900	213.600	21.700	50	5,09	429.737
oie,.......	213.953	4.143	49.900	700	263.800	4.800	100	1,85	263.297
oie (Haute)...	144.653	2.519	113.600	400	258.200	2.900	96	1,11	268.268
se.........	1.912.728	47.515	2.600	70	1.915.300	47.600	237	6,85	693.638
is.........	4.838.715	185.146	»	»	4.838.700	185.000	198	7,56	2.447.957
ne-Inférieure..	170.502	112.647	»	900	170.500	113.600	21	13,48	839.876
ne-et-Marne...	560.922	22.992	36.900	500	597.900	23.500	167	6,58	356.709
ne-et-Oise...	1.055.720	47.038	66.200	600	1.121.900	47.600	178	7,58	628.590
res (Deux-)...	240.746	6.722	56.400	500	297.200	7.200	83	2,03	354.282
me.........	99.670	59.175	»	20	99.700	59.200	18	10,82	546.495
n..........	334.494	6.969	46.800	30	381.300	7.000	109	2,02	346.739
n-et-Garonne.	161.588	3.830	99.200	300	260.700	4.100	126	1,99	206.596
....	415.384	11.287	171.000	800	586.400	12.100	203	4,19	288.336
cluse......	137.510	6.080	94.700	300	232.200	6.400	97	2,69	235.411
dée........	258.994	6.360	312.000	1.200	571.000	7.600	129	1,70	442.355
ne.........	219.291	4.880	105.700	500	325.400	5.300	91	1,53	344.355
ne (Haute-)..	374.863	7.637	700	1.400	375.500	9.100	100	2,42	372.878
res........	433.103	23.267	131.700	3.100	564.800	26.300	137	6,42	410.196
ne.........	158.111	4.407	242.300	5.100	400.500	9.500	113	2,76	344.688
Total......	33.293.631	1.594.971	7.857.560	94.280	41.151.200	1.689.300	108	4,44	38.054.596

Consommation des vins et des alcools à Paris
de 1876 à 1897.

ANNÉES	QUANTITÉS IMPOSÉES		CONSOMMATION PAR TÊTE		OBSERVATIONS
	VINS	ALCOOLS	VINS	ALCOOLS	
	Hectolitres	Hectolitres	Litres	Litres	
1876.....	4.361.206	106.601	219	5,4	Population :
1877.....	4.210.651	107.481	211	5,3	1876. 1.988.806
1878.....	4.451.463	123.113	222	6,1	1881. 2.239.928
1879.....	4.408.923	125.212	221	6,3	1886. 2.260.945
1880.....	4.239.494	132.145	213	6,5	1891. 2.447.957
1881.....	5.066.491	145.883	226	6,5	1896. 2.536.834
1882.....	4.883.242	148.112	218	6,6	
1883.....	4.717.798	145.468	211	6,5	
1884.....	4.581.919	148.003	204	6,6	
1885.....	4.409.779	141.158	201	6,3	
1886.....	4.336.140	142.786	191	6,3	
1887.....	4.287.671	141.554	189	6,2	
1888.....	4.344.609	147.199	191	6,5	
1889.....	4.703.480	165.226	208	7,3	
1890.....	4.474.466	170.466	198	7,5	
1891.....	4.503.089	173.527	183	7,1	
1892.....	4.508.406	205.831	184	8,4	
1893.....	4.649.695	167.207	189	6,9	
1894.....	4.762.227	179.507	194	7,3	
1895.....	5.012.264	180.721	205	7,4	
1896.....	4.839.654	182.481	191	7,5	
1897.....	4.914.264	181.773	193	7,2	

SOURCE : Renseignements fournis par l'Octroi de Paris.

XII

Consommation des vins et alcools dans les principales villes de France (1896).

VILLES	POPULATION agglomérée Recensement de 1891	QUANTITÉS IMPOSÉES		CONSOMMATION moyenne par habitant		VILLES	POPULATION agglomérée Recensement de 1891	QUANTITÉS IMPOSÉES		CONSOMMATION moyenne par habitant	
		Vins	Alcools	Vins	Alcools			Vins	Alcools	Vins	Alcools
		Hectolitres	Hectol.	Lit.	Litres			Hectol.	Hectol.	Lit.	Litres
Paris.......	2.386.352	4.843.516	182.605	203	7,65	Orléans........	54.270	82.679	2.906	153	5,04
Lyon	375.979	661.347	19.932	174	5,26	Calais-St-Pierre	51.056	11.828	4.851	25	9,50
Marseille ...	305.523	563.277	26.004	184	8,51	Saint-Denis....	49.275	105.743	3.144	215	6,38
Bordeaux...	237.734	502.488	11.395	211	4,79	Troyes.........	47.551	100.961	2.658	212	5,59
Lille	149.973	48.267	10.987	32	7,33	Le Mans	47.275	37.913	4.868	76	9,80
Toulouse ...	126.633	266.056	4.530	210	3,57	Tourcoing	47.253	9.791	4.258	21	9,01
St-Etienne..	117.462	285.526	6.080	243	5,17	Grenoble......	46.024	108.665	2.852	217	5,60
Le Havre ...	114.004	40.727	17.529	36	15,38	Boulogne-s/Mer	44.340	13.433	5.562	30	12,54
Nantes	106.591	117.871	5.043	167	4,73	Saint-Quentin .	44.209	17.816	4.131	40	9,34
Roubaix....	104.454	22.168	8.015	21	7,67	Versailles	40.687	79.861	3.784	199	9,13
Rouen......	103.617	44.294	17.772	42	17,15	Béziers........	39.655	78.247	1.110	197	2,80
Reims......	95.620	118.093	7.421	123	7,76	Levallois-Perret.	39.419	94.556	2.971	240	7,53
Nancy	75.572	144.738	4.087	192	5,41	Dunkerque....	37.752	10.473	3.350	28	8,87
Amiens.....	70.892	30.478	8.394	44	11,84	Caen	37.184	10.575	4.731	28	12,72
Nice........	67.967	171.564	3.281	251	4,83	Besançon......	37.023	68.760	2.562	186	6,92
Nimes......	63.625	94.541	3.297	149	5,19	Clerm'-Ferrand	36.914	82.145	1.581	223	4,28
Brest.......	63.943	41.527	6.932	66	11,01	Bourges	34.935	52.328	1.388	157	4,17
Angers	62.391	90.722	3.953	131	5,69	Lorient	34.620	17.512	3.795	51	10,97
Limoges....	60.890	117.892	3.159	163	4,35	Cette..........	34.554	44.964	4.027	130	11,65
Toulon	60.414	109.845	5.645	178	9,34	Boulogne-s/Seine.	32.154	85.435	2.355	266	7,33
Montpellier.	58.380	112.568	3.229	193	5,53	Avignon.......	31.616	50.760	1.994	158	6,20
Dijon.......	55.673	107.489	3.195	184	5,48	Cherbourg.....	31.125	13.207	5.432	41	16,73
Rennes.....	54.919	19.654	4.677	36	8,52	Clichy.........	30.561	68.121	2.354	223	7,70
Tours	54.283	111.918	2.519	207	4,61						

SOURCE : *Bull. de stat. et de lég. comp.*, juillet 1897, p. 42.

XIII

Vins convertis en alcools et en vinaigres de 1840 à 1896.

ANNÉES	ALCOOLS provenant de la distillation des vins	RICHESSE alcoolique moyenne des vins	QUANTITÉS de vins converties en alcools	QUANTITÉS de vins converties en vinaigres	TOTAL des quantités de vins converties en alcools et vinaigres	OBSERVATIONS
	Hectolitres	Degrés	Hectolitres	Hectolitres	Hectolitres	Les chiffres de la colonne 2 donnent la quantité totale d'alcool produite par les distillateurs de profession (chiffre officiel) et par les bouilleurs de cru (chiffre approximatif).
1840-50.	815.000	10	8.150.000	»	»	
1853-57.	165.000	10	1.650.000	»	»	
1865-69.	553.983	10	5.539.830	»	»	
1870-75.	539.762	10	5.397.620	»	»	
1876....	545.994	10	5.459.940	291.000	5.750.940	
1877....	157.570	10	1.575.700	231.000	1.806.700	
1878....	192.952	10	1.929.520	180.000	2.109.520	
1879....	102.651	10	1.026.510	132.000	1.158.510	
1880....	27.200	10	272.000	89.000	361.000	
1881....	34.324	10	343.240	172.000	515.240	De 1840 à 1875, le total des alcools fabriqués comprend les alcools provenant de vins, cidres, marcs, lies et fruits.
1882....	21.962	10	219.620	75.000	294.620	
1883....	22.710	10	227.100	72.000	299.100	
1884....	35.251	10	352.510	79.000	431.510	
1885....	23.240	10	232.400	75.000	307.400	
1886....	19.513	10	195.130	67.000	262.130	
1887....	32.758	10	327.580	74.000	401.580	
1888....	41.776	10	417.760	59.000	476.760	
1889....	42.140	10	421.400	57.000	478.400	
1890....	38.799	10	387.990	52.587	440.577	
1891....	51.133	10	511.330	61.622	572.952	
1892....	69.639	10	696.390	58.852	755.242	
1893....	100.829	10	1.008.290	51.828	1.060.118	
1894....	161.660	10	1.616.600	66.924	1.683.524	
1895....	61.202	10	612.020	61.749	673.769	
1896....	58.652	10	586.520	49.925	636.445	

SOURCE : *Bull. de stat. et de lég. comp.* — Renseignements fournis par l'Administration des Contributions indirectes.

Production, prix et consommation des alcools depuis 1850.

ANNÉES	QUANTITÉS FABRIQUÉES		TOTAL de la Fabrication	Prix moyen par hectolitre d'alcool pur	QUANTITÉS imposées	Quotité moyenne par habitant	Pour mémoire — PRODUCTION des vins
	Chez les distillateurs et bouilleurs de profession	Chez les bouilleurs de cru (Evaluation)					
	Hectolitres	Hectolitres	Hectolitres	Francs	Hectolitres	Litres	Hectolitres
1850....	670.000	270.000	940.000	56	585.200	1,46	45.266.000
1851....	816.000	220.000	1.036.000	53	622.805	1,74	39.429.000
1852....	435.000	262.000	697.000	110	648.810	1,81	28.636.000
1853....	616.000	110.000	726.000	128	644.352	1,80	22.662.000
1854....	891.000	23.000	914.000	214	601.699	1,68	10.824.000
1855....	690.000	12.000	702.000	145	714.813	2 »	15.175.000
1856....	686.000	18.000	704.000	111	768.394	2,13	21.294.000
1857....	829.000	24.000	853.000	109	825.589	2,29	35.410.000
1858....	696.000	262.000	958.000	70	842.691	2,34	53.919.000
1859....	772.000	260.000	1.032.000	69	823.629	2,28	29.891.000
1860....	763.000	110.000	873.000	82	851.825	2,27	37.558.000
1861....	769.000	262.000	1.031.000	100	832.926	2,23	29.738.000
1862....	908.000	110.000	1.018.000	74	857.592	2,29	37.110.000
1863....	1.007.000	220.000	1.227.000	67	870.264	2,33	51.372.000
1864....	1.126.000	227.000	1.353.000	82	870.223	2,33	50.653.000
1865....	1.177.000	364.000	1.541.000	62	873.007	2,34	68.943.000
1866....	1.255.000	136.000	1.391.000	44	964.223	2,53	63.838.000
1867....	815.000	273·000	1.088.000	59	939.465	2,47	39.128.000
1868....	1.031.000	261.000	1.292.000	64	971.317	2,55	52.098.000
1869....	1.151.000	260.000	1.411.000	73	1.008.750	2,63	70.000.000
1870....	902.000	335.000	1.237.000	57	882.790	2,32	54.535.000
1871....	1.179.000	422.000	1.601.000	75	1.013.216	2,81	56.901.000
1872....	1.439.000	452.000	1.891.000	54	755.464	2,09	50.155.000
1873....	1.249.000	175.000	1.424.000	57	934.450	2,59	35.716.000
1874....	1.348.000	184.000	1.532.000	75	970.599	2,69	63.146.000
1875....	1.472.000	377.000	1.849.000	54	1.019.052	2,82	83.836.000
1876....	1.408.000	301.000	1.709.000	43	1.000.182	2,71	41.847.000
1877....	1.172.000	137.000	1.309.000	68	1.029.683	2,79	56.405.000
1878....	1.260.000	157.000	1.417.000	58	1.100.512	2,98	48.720.000
1879....	1.404.000	84.000	1.488.000	63	1.161.649	3,22	25.770.000
1880....	1.556.000	25.000	1.581.000	68	1.313.829	3,64	29.677.000
1881....	1.791.000	31.000	1.822.000	63	1.444.055	3,91	34.139.000
1882....	1.733.000	34.000	1.767.000	56	1.420.344	3,85	30.886.000
1883....	1.971.000	40.000	2.011.000	50	1.484.020	3,96	36.029.000
1884....	1.873.000	62.000	1.935.000	44	1.488.685	3,98	34.781.000
1885....	1.795.000	69.000	1.864.000	47	1.444.342	3,86	28.536.000
1886....	1.980.000	72.000	2.052.000	50	1.419.901	3,53	25.063.000
1887....	1.952.000	53.000	2.005.000	49	1.467.630	3,84	24.333.000
1888....	2.105.000	57.000	2.162.000	45	1.468.446	3,87	30.102.000
1889....	2.186.000	60.000	2.246.000	49	1.516.927	4 »	23.224.000
1890....	2.171.000	43.000	2.214.000	54	1.662.801	4,35	27.416.000
1891....	2.157.000	51.000	2.208.000	49	1.669.184	4,37	30.139.000
1892....	2.196.000	67.000	2.263.000	46	1.735.367	4,56	29.082.000
1893....	2.317.000	159.000	2.476.000	41	1.642.366	4,32	50.070.000
1894....	2.115.000	214.000	2.329.000	36	1.539.395	4,04	39.053.000
1895....	2.037.000	129.000	2.166.000	31	1.549.045	4,07	26.688.000
1896....	1.888.000	134.000	2.022.000	36	1.594.971	4,19	44.656.000

SOURCE : *Bull. de stat. et de lég. comp.*

XV

Vins de sucre et vins de raisins secs

produits par les fabricants et les simples particuliers (1885-1897).

ANNÉES	VINS DE SUCRE de 2e cuvée	VINS de RAISINS SECS	TOTAL	OBSERVATIONS
	Hectolitres	Hectolitres	Hectolitres	Fabrication industrielle des vins de raisins secs :
1885.......	365.053	2.272.502	2.637.555	
1886.......	1.359.524	2.820.122	4.179.646	
1887.......	1.885.175	2.662.022	4.547.197	Hectolitres
1888.......	1.828.065	2.226.942	4.055.007	1891......... 689.000
1889.......	1.103.763	1.826.129	2.929.892	1892......... 301.000
1890.......	1.886.040	3.178.515	5.064.555	1893......... 299.000
1891.......	1.774.047	1.704.446	3.478.493	1894......... 239.000
1892.......	1.773.946	993.513	2.767.459	1895......... 316.000
1893.......	1.049.056	834.236	1.883.292	1897......... 222.700
1894.......	942.548	514.002	1.456.550	
1895.......	1.370.331	758.114	2.128.445	
1896.......	1.339.773	888.010	2.227.783	
1897.......	1.049.061	451.422	1.500.483	

SOURCE : *Bull. de stat. et de lég. comp.*

Vins de Sucre.

ANNÉES	NOMBRE de communes vignobles	IMPORTANCE de la récolte	NOMBRE TOTAL des récoltants de vin	NOMBRE de récoltants ou d'acheteurs de vendanges ayant profité de la modération de taxe	NOMBRE de récoltants ou d'acheteurs de vendanges ayant sucré des vendanges		QUANTITÉS de sucre exprimées en raffiné employées avec réduction de taxe		QUANTITÉS DE VINS correspondant aux quantités de sucre employées		PROPORTION dans laquelle le degré des vins de 1re cuvée a été relevé	DEGRÉ MOYEN des vins de 2e cuvée
					pour vins de 1re cuvée	pour 2e cuvée ou vins de marcs	pour vins de 1re cuvée	pour 2e cuvée ou vins de marcs	1re cuvée : Quantités réellement représentées ou, à défaut, évaluation à raison de 1 hectolitre de vin pour 10 kilogrammes de sucre.	2e cuvée : Quantités réellement représentées ou, à défaut, évaluation à raison de 1 hectolitre de vins de marcs pour 25 kilogrammes de sucre.		
							Kilogrammes	Kilogrammes	Hectolitres	Hectolitres	Degrés	Degrés
1885..	18.975	28.536.151	1.841.738	46.257	14.355	33.578	2.539.463	5.394.418	421.647	365.053	3,5	8,7
1886..	19.109	25.063.345	1.785.060	181.520	56.134	130.898	7.095.208	20.761.384	973.086	1.359.524	4,2	9 »
1887..	18.650	24.333.284	1.187.283	231.028	59.507	186.827	7.656.455	27.790.129	1.001.938	1.885.175	4,4	9,3
1888..	18.873	30.102.151	1.690.276	233.698	101.886	160.896	12.409.166	26.353.992	1.804.887	1.828.065	4 »	8,5
1889..	18.804	23.223.572	1.688.158	150.736	35.858	122.607	4.383.323	15.943.789	684.608	1.103.763	4,7	8,5
1890..	18.736	27.416.327	1.578.445	193.255	45.438	170.051	6.680.281	26.388.395	962.374	1.886.040	4 »	8,3
1891..	18.713	30.139.555	1.577.979	226.737	51.666	190.015	8.276.427	25.673.073	1.224.508	1.774.047	3,9	8,5
1892..	18.617	29.082.134	1.574.733	212.511	36.153	185.877	5.785.025	22.854.341	921.760	1.773.946	3,6	7,6
1893..	18.865	50.069.770	1.507.534	142.970	20.697	128.798	3.762.218	14.700.173	618.446	1.049.056	3,5	8,3
1894..	19.062	39.053.000	1.551.622	148.891	40.261	114.644	6.629.326	13.282.274	994.149	942.548	3,9	8,3
1895..	19.323	26.687.575	1.223.886	187.321	34.642	157.709	6.810.449	18.585.328	1.113.355	1.370.331	3,6	8 »
1896..	19.214	44.656.153	1.491.766	202.377	56.691	143.549	12.894.907	18.535.278	2.344.128	1.339.773	3,2	8,1

Source : *Bull. de stat. et de lég. comp.*

XVII — Établissements de boissons soumis aux exercices ou à la surveillance des agents de la Régie (1874-1895).

ANNÉES	DÉBITANTS ABONNÉS pour la vente des vins et des cidres	DÉBITANTS RÉDIMÉS ne vendant que de l'alcool	DÉBITANTS ÉTABLIS dans les villes à taxe unique	TOTAL des DÉBITANTS affranchis de l'exercice	DÉBITANTS SOUMIS aux exercices	TOTAL des débitants de toute sorte (ceux de Paris exceptés)	COLPORTEURS de BOISSONS	MARCHANDS en GROS	BRASSEURS	DISTILLA-TEURS et BOUILLEURS de profession	FABRICANTS de VINS de raisins secs
1874...	45.809	37.795	29.701	113.305	229.675	342.980	109	24.168	2.790	9.372	»
1879...	39.441	29.895	68.940	138.276	216.576	354.852	98	24.895	2.659	2.540	»
1884...	56.418	33.533	82.310	172.261	214.594	386.855	19	26.197	2.723	2.129	»
1888...	59.022	43.971	89.365	192.358	216.393	408.751	253	26.980	2.774	3.066	»
1889...	60.220	46.850	91.830	198.900	211.169	410.069	209	27.777	2.762	2.876	»
1890...	63.085	49.786	91.290	204.761	208.380	413.141	216	27.354	2.867	3.576	124
1891...	68.087	51.773	94.049	213.909	202.782	416.691	144	27.311	2.301	1.629	691
1892...	67.271	51.711	96.027	215.009	202.559	417.568	216	27.603	2.778	2.006	142
1893...	68.358	52.931	96.505	217.794	203.439	421.233	73	27.681	2.836	5.924	85
1894...	118.149	53.961	97.934	270.044	152.120	422.164	75	27.480	2.729	2.963	26
1895...	134.174	55.481	98.919	288.574	136.001	424.575	69	28.486	2.732	2.869	26

Pour mémoire en 1895 {
Récoltants de vin........ 1.523.886
Récoltants de cidre...... 1.064.260
Bouilleurs de cru 957.032

Source : *Bull. de stat. et de lég. comp.*

XVIII

Mouvement du commerce des vins
dans la ville de Bordeaux (1876-1897). *(Mutations non comprises.)*

ANNÉES	QUANTITÉS			OBSERVATIONS
	Placées sous le régime de l'entrepôt, mutations non comprises	Sorties des entrepôts à destination de la France ou de l'étranger	Déclarées pour la consommation locale	
1876.........	2.638.438	2.456.239	477.505	Les quantités placées sous le régime de l'entrepôt (colonne 2) sont indépendantes de celles qui ont fait l'objet de mutations d'entrepôt, à l'intérieur, et dont l'inscription se traduit dans les comptes par des opérations en sens inverse (prise en charge d'un côté et décharge de l'autre).
1877.........	2.450.785	2.296.299	430.899	
1878.........	2.224.724	2.299.979	444.599	
1879.........	1.786.126	2.256.834	443.796	
1880.........	2.464.081	2.345.480	424.146	
1881.........	1.544.800	2.379.318	454.852	
1882.........	2.432.883	2.346.049	430.567	
1883.........	2.265.603	2.153.538	431.252	
1884.........	2.387.661	2.244.205	463.401	
1885.........	2.350.640	2.192.580	453.440	
1886.........	2.301.373	2.142.031	437.131	
1887.........	2.250.369	2.066.882	425.948	
1888.........	2.250.115	2.084.065	428.387	
1889.........	2.478.517	2.110.682	447.704	
1890.........	2.504.730	2.242.379	459.642	
1891.........	2.585.244	2.208.812	460.263	
1892.........	2.157.149	1.587.873	478.670	
1893.........	2.540.124	2.208.300	498.819	
1894.........	2.677.683	2.134.855	530.686	
1895.........	2.603.605	2.191.834	535.783	
1896.........	2.723.497	2.363.293	503.710	
1897.........	2.723.300	2.012.699	519.861	

SOURCE : Octroi de Bordeaux, bureau des Grands-Livres.

XIX

Sorties de chez les marchands en gros ayant leur entrepôt dans la ville de Bordeaux,

et stock chez ces mêmes marchands au moment des arrêtés de fin d'année (1884-1897).

ANNÉES	QUANTITÉS, SORTIES DES ENTREPOTS			STOCK AUX ARRÊTÉS de fin d'année	OBSERVATIONS
	A DESTINATION de la France et de l'étranger	par MUTATIONS [1]	TOTAL		
	Hectolitres	Hectolitres	Hectolitres	Hectolitres	
1884..	2.244.205	1.178.504	3.422.709	»	On comptait, en 1897, 849 marchands en gros soumis à la licence à Bordeaux, et 1,425 dans la Gironde, Bordeaux compris.
1885..	2.192.580	1.530.469	3.723.049	»	
1886..	2.142.031	3.635.554	5.777.585	»	
1887..	2.066.882	3.131.349	5.198.231	»	
1888..	2.084.065	2.557.054	4.641.119	2.604.458	
1889..	2.110.682	2.152.080	4.262.762	1.965.512	
1890..	2.242.379	2.039.376	4.281.755	2.068.770	
1891..	2.208.812	2.042.621	4.251.433	2.238.302	
1892..	1.587.873	2.577.644	4.165.517	2.121.541	
1893..	2.208.300	1.586.838	3.795.138	2.006.914	
1894..	2.134.855	1.461.758	3.596.613	2.243.677	
1895..	2.191.834	1.139.944	3.331.778	2.083.983	
1896..	2.363.293	985.060	3.348.353	1.918.952	
1897..	2.012.699	1.202.806	3.215.505	1.952.760	

1. La différence entre le total des sorties et les sorties à destination de la France et de l'étranger représente le mouvement des mutations d'entrepôt.

Sources : Renseignements fournis par l'Octroi de Bordeaux (colonne 2) et par l'Administration des Contributions indirectes (colonnes 4 et 5).

Commerce des vins mousseux de Champagne.

ANNÉES	NOMBRE de bouteilles existant en charge au compte des marchands en gros (1er avril chaque année)	REPRÉSENTANT en HECTOLITRES	QUANTITÉS en FUTS	TOTAL des EXISTENCES	NOMBRE de BOUTEILLES expédiées à l'étranger	NOMBRE de bouteilles expédiées en France aux marchands en gros, aux débitants et aux consommateurs	IMPORTANCE RÉELLE du COMMERCE	EXPÉDITIONS de NÉGOCIANT à NÉGOCIANT dans le DÉPARTEMENT	TOTAL du MOUVEMENT
			Hectolitres	Hectolitres			Bouteilles	Bouteilles	Bouteilles
1851-1860.........	22.698.902	189.162	»	»	7.450.297	2.551.541	10.001.839	4.408.680	14.410.420
1861-1870........	34.153.393	282.918	»	»	9.958.261	2.838.905	12.797.166	5.534.852	18.332.018
1871-1880........	57.973.756	483.651	»	»	16.723.364	2.852.211	19.575.576	9.915.178	29.490.754
1881-1890........	66.802.941	540.720	354.696	895.417	17.986.643	3.215.596	21.202.239	6.069.007	27.271.247
1891-92.........	69.218.464	553.747	398.817	952.564	19.685.115	4.558.881	24.243.996	13.375.201	37.619.197
1892-93.........	65.583.077	524.664	477.907	1.002.572	16.600.678	4.487.535	21.088.213	5.333.323	26.421.536
1893-94.........	86.771.994	694.175	661.344	1.355.520	17.359.349	4.876.518	22.235.867	4.011.597	26.247.464
1894-95.........	108.531.393	868.251	424.789	1.293.040	16.129.374	4.908.281	21.037.655	3.402.293	24.439.948
1895-96.........	109.320.779	874.565	394.455	1.269.021	17.966.840	6.065.845	24.032.685	3.612.981	27.645.666
1896-97.........	111.181.681	889.453	361.282	1.250.735	22.155.798	6.204.115	28.359.913	4.290.925	32.650.838

SOURCE : D'après des états dressés tous les ans (d'avril à avril) par les soins de la Chambre de commerce de Reims.

XXI

Droits perçus sur les vins par les Contributions indirectes, les Douanes et les Octrois (1880-1896).

ANNÉES	DROITS PERÇUS PAR			TOTAL
	les CONTRIBUTIONS INDIRECTES	les DOUANES	les OCTROIS	
	Francs	Francs	Francs	Francs
1880	117.629.000	25.269.000	79.000.000	221.898.000
1881	139.721.000	27.492.000	78.200.000	245.413.000
1882	135.548.000	19.468.000	76.060.000	231.076.000
1883	136.535.000	17.920.000	72.939.000	227.394.000
1884	138.558.000	16.049.000	73.483.000	228.090.000
1885	135.184.000	15.854.000	71.316.000	222.354.000
1886	133.223.000	21.307.000	69.686.000	224.216.000
1887	132.218.000	22.665.000	69.473.000	224.356.000
1888	131.704.000	22.368.000	68.853.000	222.925.000
1889	136.306.000	20.187.000	73.509.000	230.002.000
Moyenne..	133.663.000	20.858.000	73.252.000	227.773.000
1890	137.255.000	18.573.000	71.943.000	227.771.000
1891	137.407.000	23.217.000	74.524.000	235.148.000
1892	142.462.000	28.386.000	75.628.000	246.476.000
1893	146.944.000	43.604.000	78.784.178	269.332.000
1894	154.571.673	26.800.000	81.297.359	262.669.000
1895	159.389.345	31.200.000	83.973.251	274.562.000
1896	156.421.751	31.800.000	»	»

Source : *Bull. de stat. et de lég. comp.*, Ministère des Finances.

Produit des Contributions indirectes (1886-1895).

ANNÉES	BOISSONS (Vin compris)	VIN (Mémoire)	TABACS	SUCRES	CHEMINS DE FER	AUTRES DROITS INDIRECTS	TOTAL
1886......	407.468.000	133.223.000	368.937.000	94.904.000	87.893.000	117.347.000	1.076.549.000
1887......	413.228.000	132.218.000	369.139.000	92.653.000	87.924.000	110.926.000	1.073.870.000
1888......	412.922.000	131.803.000	369.497.000	108.429.000	88.327.000	113.076.000	1.092.251.000
1889......	425.349.000	136.287.000	372.835.000	109.107.000	100.416.000	114.672.000	1.122.379.000
1890......	447.312.000	137.255.000	372.165.000	133.110.000	93.170.000	111.485.000	1.157.242.000
1891......	452.334.000	137.413.000	371.622.000	151.362.000	83.053.000	120.697.000	1.179.068.000
1892......	470.853.000	142.461.630	376.851.002	160.317.816	51.997.681	127.717.518	1.187.737.017
1893......	462.632.967	146.929.744	374.090.242	150.232.646	44.781.450	131.050.095	1.162.787.400
1894......	451.896.838	154.571.673	375.804.659	151.111.660	46.596.395	130.097.964	1.155.507.516
1895......	459.546.655	159.389.345	381.131.774	154.222.010	47.650.668	126.180.031	1.168.731.138
1896......	463.931.519	156.421.751	393.940.682	153.483.545	49.785.441	128.989.401	1.190.130.588
1897......	474.294.761	161.643.288	395.512.101	156.194.594	50.946.892	132.036.283	1.208.984.631 (Provisoire)

SOURCE : *Bull. de stat. et de lég. comp.*

Relevé par degré et pays de provenance des vins ordinaires importés à Bordeaux en 1894-1897.

Année	PAYS de PROVENANCE	DEGRÉS										TOTAUX par HECTOLITRES
		7	8	9	10	11	12	13	14	15	16	
1894	Espagne	»	109	4.023	47.457	80.494	79.440	120.479	69.854	24.661	1.112	427.629
	Italie	»	»	»	»	2	805	2.654	16	»	»	3.477
	Portugal	»	305	»	»	13	»	»	»	»	»	318
	Algérie	»	»	»	»	»	»	»	»	»	»	218.455
	Tunisie	»	»	»	»	569	1.528	»	»	»	»	2.097
	Turquie et autres	»	3	8	114	4.635	4.127	1.088	2.188	187	»	12.350
		»	417	4.031	47.571	85.713	85.900	124.221	72.058	24.848	1.112	664.326
1895	Espagne	»	1.169	19.528	222.167	129.656	136.690	109.724	66.084	5.315	28	690.361
	Italie	»	»	»	»	»	118	521	571	40	»	1.250
	Portugal	»	»	»	2	1	3	»	»	»	»	6
	Algérie	»	1.157	9.395	65.120	215.839	58.693	14.728	3.142	4.753	»	372.827
	Tunisie	»	»	»	461	3.775	»	615	69	»	»	4.920
	Turquie et autres	»	65	54	7.922	13.714	12.506	3.460	4.365	163	»	42.249
		»	2.391	28.977	295.672	362.985	208.010	129.048	74.231	10.271	28	1.111.613
1896	Espagne	»	1.658	65.742	459.978	187.061	66.594	71.529	20.475	1.816	53	874.906
	Italie	»	»	»	»	»	2	231	169	54	»	456
	Portugal	»	»	»	41	767	313	71	»	»	»	1.192
	Algérie	757	974	6.626	63.020	263.604	100.202	5.847	1.778	175	»	442.983
	Tunisie	»	»	»	903	858	298	»	»	»	»	2.059
	Turquie et autres	2	»	213	7.675	1.976	2.454	3.200	1.728	»	»	17.248
		759	2.632	72.581	531.617	454.266	169.863	80.878	24.150	2.045	53	1.338.844
1897	Espagne	54	14.011	88.805	448.851	217.358	142.428	94.200	25.719	3.125	42	1.034.593
	Italie	»	1	»	2	»	»	413	177	26	»	619
	Portugal	»	»	»	»	»	5	»	»	»	»	5
	Algérie	»	1.120	2.298	5.538	225.798	54.731	2.156	427	1.117	»	293.185
	Tunisie	»	»	»	280	2.944	143	100	»	»	»	3.467
	Turquie et autres	5	3.189	6.365	2.524	3.380	3.200	1.464	903	65	»	21.095
		59	18.321	97.468	457.195	449.480	200.507	98.333	27.226	4.333	42	1.352.964

SOURCE : Direction des douanes de Bordeaux.

XXIV

VINS. — Tableau des Importations (1830-1879).

ANNÉES	VINS ORDINAIRES			VINS de LIQUEUR	TOTAL GÉNÉRAL
	en CERCLES	en BOUTEILLES	TOTAL		
1830-1839 .	476.	144	661	1.846	2.457
1840-1849 .	372	139	511	2.963	3.474
1850-1859 .	68.704	693	69.397	10.701	80.098
1860-1869 .	164.546	1.423	165.969	27.913	193.882
1870	98.636	1.273	99.909	26.701	126.610
1871	111.320	938	112.258	35.503	147.761
1872	480.565	1.216	481.781	36.659	518.440
1873	605.267	1.328	606.595	47.206	653.801
1874	638.990	2.039	641.029	39.606	680.635
1875	245.639	2.541	248.180	43.649	291.829
1876	615.627	1.831	617.458	58.942	676.400
1877	645.543	1.686	647.229	60.135	707.364
1878	1.521.338	2.178	1.523.516	79.365	1.602.881
1879	2.828.418	2.262	2.830.680	107.431	2.938.111

Moyenne décennale (accolade pour les lignes 1830-1839 à 1860-1869).

SOURCE : Enquête sur le Régime des boissons.
Extrait du *Bull. de stat. et de lég. comp.*, 1881-1882.

PAYS	1880	1881	1882	1883	1884	1885	1886	188
	Hectolitres	Hectolitres	Hectolitres	Hectolitres	Hectolitres	Hectolitres	Hectolitres	Hectol
Espagne......	5.112.387	5.717.938	6.233.074	6.297.377	5.189.864	5.712.890	6.425.855	7.234
Italie........	1.604.302	1.556.269	808.633	1.932.261	2.173.509	889.558	1.928.453	2.72
Portugal.....	33.887	262.371	248.936	327.865	291.392	890.390	1.430.490	826
Autriche.....	289.642	100.937	101.557	164.374	109.542	210.933	391.190	339
Turquie......	100.806	90.969	38.998	85.762	38.591	68.542	193.323	230
Algérie.......	17.064	10.834	9.516	83.342	187.529	320.984	487.926	760
Tunisie.......	»	»	»	»	»	»	»	»
Autres pays..	62.429	99.489	96.427	89.812	79.447	90.368	184.854	14
TOTAUX....	7.220.574	7.838.807	7.537.139	8.980.793	8.129.874	8.183.665	11.042.031	12.98
	Francs	Francs	Francs	Francs	Francs	Francs	Francs	Fran
VALEURS...	313.899.474 [2]	363.923.585	314.883.837	376.623.052	344.336.098	388.625.000	517.746.000	443.690

1. A l'importation, le *Commerce spécial* comprend les marchandises qui sont laissées à la disposit
marchandises tarifées, les quantités qui ont été soumises aux droits.

2. Depuis 1847, les bases d'évaluation sont déterminées chaque année, avec le concours des Chamb
leur donne le nom de *valeurs actuelles,* et elles ont pour objet de faire connaître, aussi approximativem
rapportent. Avant 1847 les valeurs étaient calculées au moyen de taux d'évaluation qui avaient
restaient invariables étaient appelées *valeurs officielles.*

SOURCES : Tableau général du commerce de la France. Direction générale des Douanes, 1880-18

88	1889	1890	1891	1892	1893	1894	1895	1896
itres	Hectolitres	Hectolitres	Hectolitres	Hectolitres	Hectolitres	Hectolitres	Hectolitres	Hectolitres
38.494	7.052.208	7.868.331	9.708.371	5.612.359	3.598.531	2.189.711	3.044.256	5.215.651
53.937	110.936	26.642	16.435	344.550	128.881	30.902	23.988	22.486
05.648	875.593	203.089	30.396	64.448	5.257	6.835	7.558	6.560
27.904	422.248	300.528	203.396	79.397	8.844	4.551	4.922	10.986
21.579	193.573	237.886	271.872	210.853	127.571	121.224	154.805	164.393
24.628	1.581.085	1.959.273	1.847.003	2.821.639	1.818.459	2.011.380	2.910.134	3.193.841
»	1.934	9.991	11.821	47.322	42.934	40.944	127.797	86.828
32.081	232.550	164.722	191.164	219.568	164.831	90.026	63.059	113.686
64.271	10.470.127	10.830.462	12.280.458	9.400.136	5.895.308	4.495.573	6.336.519	8.814.431 (Provisoire)
ncs	Francs	Francs	Francs	Francs	Francs	Francs	Francs	Francs
00.000	383.742.000	349.846.000	401.119.000	305.627.000	183.032.000	144.807.000	211.856.000	293.814.700 (Provisoire) Droits perçus 49.090.782

importateurs, c'est-à-dire la totalité des marchandises exemptes de droits, et, quand il s'agit de

ommerce, par une Commission instituée par le département du Commerce et de l'Industrie. On
possible, le prix moyen de chaque catégorie de produits pendant l'année à laquelle elles se
minés en 1826 par une Ordonnance du 27 mars 1827 : les valeurs obtenues avec ces taux qui

les valeurs de 1885 à 1896 : *Annuaire statistique de la France*, 1895-1896, Ministère du Commerce.

***

XXVI

Importation et consommation des vins en Angleterre (1892-1896) *(Gallons)*.

PAYS D'ORIGINE	1892			1893			1894		
	VINS en fûts	VINS en BOUTEILLES	VINS MOUSSEUX	VINS en fûts	VINS en BOUTEILLES	VINS MOUSSEUX	VINS en fûts	VINS en BOUTEILLES	VINS MOUSSEUX
	Gallons	Gallons	Gallons	Gallons	Gallons	Gallons	Gallons	Gallons	Gallons
Allemagne.......	459.226	6.623	»	393.064	10.186	»	382.291	11.615	»
France..........	3.781.269	471.474	1.505.320	3.778.610	385.688	1.598.936	3.586.998	419.946	1.434.235
Portugal.........	5.628.784	12.034	»	3.237.332	12.393	»	3.177.166	11.620	»
Espagne	3.713.140	5.950	»	3.542.322	3.164	»	3.748.974	8.101	»
Italie...........	537.666	27.129	»	413.204	30.249	»	402.836	28.754	»
Australie........	458.327	5.521	»	552.966	5.476	»	392.226	4.078	»
Autres pays	385.840	222.046	99.128	375.007	241.822	94.782	408.836	260.852	90.093
TOTAL........	14.964.252	750.777	1.604.448	12.292.505	688.978	1.693.718	12.099.327	744.966	1.524.328
Livrés à la consommation.	12.467.706	667.640	1.489.250	12.003.000	638.799	1.522.410	11.704.044	697.739	1.444.516

PAYS D'ORIGINE	1895			1896		
	VINS en fûts	VINS en BOUTEILLES	VINS MOUSSEUX	VINS en fûts	VINS en BOUTEILLES	VINS MOUSSEUX
	Gallons	Gallons	Gallons	Gallons	Gallons	Gallons
Allemagne.......	362.850	14.420	»	386.470	17.899	»
France	4.234.838	380.664	1.310.990	4.439.413	555.131	1.738.926
Portugal.........	3.441.403	15.243	»	3.607.354	13.581	»
Espagne	4.045.931	11.047	»	3.712.335	10.893	»
Italie...........	381.524	31.991	»	386.927	39.268	»
Australie........	604.993	4.324	»	696.939	6.390	»
Autres pays	486.122	310.989	226.994	621.201	343.955	118.858
TOTAL........	13.557.661	768.678	1.537.984	13.850.659	987.117	1.857.784
Livrés à la consommation.	12.470.292	730.063	1.435.210	13.236.523	913.956	1.710.805

SOURCE : *Annual Statement of the trade of the United Kingdom.*

XXVII

VINS. — Tableau des Exportations (1830-1896).

ANNÉES	VINS ORDINAIRES			VINS DE LIQUEURS	TOTAL GÉNÉRAL	VALEURS	OBSERVATIONS
	en CERCLES	en BOUTEILLES	TOTAL				
			Hectolitres	Hectol.	Hectolitres	Francs	
1830-1839.	1.113.605	72.179	1.185.784	22.894	1.208.678	»	1. Vins mousseux :
1840-1849.	1.383.772	78.878	1.462.650	14.680	1.477.330	»	1894... 156.405 hectol.
1850-1859.	1.607.163	133.111	1.740.274	27.487	1.767.761	»	1895... 161.330 —
1860-1869.	2.243.030	140.457	2.383.487	96.106	2.479.593	»	1896... 203.282 —
1870-1879.	2.922.700	225.051	3.147.751	135.678	3.283.429	»	C'est seulement à par-
1880	2.090.829	355.564	2.446.393	41.188	2.487.581	245.150.303	tir de 1894 que les vins
1881	2.199.448	326.182	2.525.630	46.566	2.572.196	252.815.691	mousseux figurent à part
1882	2.257.451	322.402	2.579.853	38.423	2.618.276	246.672.095	sur les tableaux de l'ex-
1883	2.160.690	339.422	2.500.112	38.289	2.538.401	236.500.604	portation.
1884	2.112.958	394.191	2.437.149	34.616	2.471.765	237.324.855	2. Vins de la Gironde :
1885	2.258.045	314.665	2.572.710	20.066	2.592.776	255.907.000	En fûts En bouteilles
1886	2.261.009	312.981	2.573.990	27.575	2.601.565	239.627.000	
1887	2.064.450	309.446	2.373.896	28.022	2.401.918	233.728.000	1894.. 872.027 47.566
1888	1.775.506	306.423	2.081.929	35.959	2.117.888	242.481.000	1895.. 651.757 46.782
1889	1.818.008	312.189	2.130.197	36.645	2.166.842	251.038.000	1896.. 637.842 58.735
1890	1.786.084	335.842	2.121.926	39.903	2.161.829	268.841.000	
1891	1.664.688	337.891	2.002.579	41.160	2.043.739	245.713.000	
1892	1.520.992	292.482	1.813.474	32.011	1.845.485	213.572.000	
1893	1.261.696	272.914	1.534.610	34.499	1.569.109	188.616.000	
1894	1.434.652[2]	260.364[2][1]	1.695.016	29.452	1.724.468	232.700.000	
1895	1.383.302[2]	265.289[2]	1.648.591	42.573	1.691.164	221.400.000	
1896	1.420.121[2]	321.313[2]	1.741.434	42.391	1.783.825	212.268.400	

Sources : De 1830 à 1879. Enquête sur le régime des boissons. Extrait du *Bull. de stat. et de lég. comp.*, 1881-1882.

De 1880 à 1896. Tableau général du commerce de la France. Direction générale des Douanes, 1880-1896.

Colonne 7. Valeurs. *Ann. stat. de la France*, 1895-1896. Ministère du Commerce.

Exportation dans les principaux pays de destination (1850-1896) *(Commerce spécial).*

| ANNÉES | PAYS DE DESTINATION | | | | | | | | TOTAL GÉNÉRAL y compris les autres pays |
	ANGLETERRE	ALLEMAGNE	BELGIQUE	RUSSIE	PAYS-BAS	SUISSE	RÉPUBLIQUE ARGENTINE	ÉTATS-UNIS	
	Hectol.	Hectol.	Hectol.	Hectol.	Hectol.	Hectol.	Hectol.	Hectol.	Hectolitres
MOYENNE 1850-1859....	51.013	174.207	116.558	48.241	68.618	116.400	»	192.938	1.767.701
1860-1869....	176.960	203.098	167.389	43.306	71.936	312.129	»	168.395	2.479.593
1870-1879....	330.856	444.376	251.551	55.839	105.167	567.064	»	175.058	3.283.429
1880.........	434.945	246.732	260.081	43.905	82.581	354.250	208.887	79.168	2.487.581
1881.........	386.390	269.488	236.318	35.707	100.281	361.339	213.086	103.861	2.572.196
1882.........	346.826	365.671	235.747	34.695	114.750	327.680	219.322	104.165	2.618.276
1883.........	340.198	284.607	236.542	23.387	82.816	333.581	263.579	99.678	2.538.401
1884.........	339.041	323.516	250.861	17.074	84.572	297.538	345.254	55.942	2.471.765
1885.........	346.515	320.418	245.088	9.921	91.095	272.951	270.578	65.942	2.592.776
1886.........	330.172	277.634	227.683	7.673	85.436	219.104	354.029	64.601	2.601.565
1887.........	314.400	251.908	212.901	3.791	83.939	218.990	496.974	62.992	2.401.918
1888.........	315.576	268.135	219.163	2.068	79.438	223.875	354.386	59.271	2.117.888
1889.........	314.795	265.617	227.445	4.678	77.247	212.459	424.718	47.081	2.166.842
1890.........	345.752	248.973	249.230	3.738	83.619	291.270	254.373	58.363	2.161.829
1891.........	338.630	253.921	285.667	4.311	76.970	307.754	109.391	56.305	2.043.739
1892.........	322.966	251.036	231.578	6.290	72.211	250.853	154.424	53.921	1.845.485
1893.........	314.121	246.239	214.355	12.757	67.510	46.613	125.307	43.838	1.569.109
1894.........	297.516	392.874	245.056	10.643	93.549	19.732	108.807	46.699	1.724.468
1895.........	307.631	234.970	224.265	16.761	72.123	79.074	96.892	45.210	1.691.164
1896.........	355.318	221.428	262.839	16.990	81.106	»	153.642	40.116	1.783.825

SOURCE : 1830 à 1879. Enquête sur le régime des boissons. Extrait du *Bull. de stat. et de lég. comp.*, 1881-1882.

1880 à 1896. Tableau général du commerce de la France. Direction générale des Douanes, 1880-1896.

Production, commerce, consommation du vin dans les principaux pays producteurs et consommateurs.

PAYS	ANNÉES	POPULATION	ANNÉES	PRODUCTION TOTALE (Hectolitres)	PRODUCTION par TÈTE (Litres)	ANNÉES	IMPORTATIONS (Hectolitres)	TOTAL de la PRODUCTION et des IMPORTATIONS (Hectolitres)	ANNÉES	EXPORTATION (Hectolitres)	QUANTITÉ disponible pour la consommation TOTALE (Hectolitres)	par TÈTE (Litres)
France	1896...	38.517.975	1887-96.	32.476.352	84	1887-96.	9.286.957	41.763.309	1887-96.	1.950.626	39.812.683	103
Italie	1890...	30.158.408	1887-96.	29.832.695	100	1887-96.	53.945	29.886.640	1887-96.	1.879.820	28.006.820	93
Espagne	1887...	17.257.432	Moyenne...	25.000.000	147	1891-95.	6.165	25.006.165	1887-96.	7.267.649	17.738.516	102
Portugal	1890...	4.712.073	—	4.500.000	95	Moyenne...	8.000	4.508.000	1893-95.	474.625	4.033.375	84
Allemagne	1895...	52.279.901	1891-95.	2.215.699	4	1887-96.	71.854	2.287.553	1894-96.	208.970	2.083.583	4
Autriche	1890...	41.358.886	1885-94.	7.646.113	19	1885-94.	287.415	7.933.528	1885-94.	569.266	7.364.262	18
Suisse	1888...	2.917.754	Moyenne...	1.200.000	41	1892-96.	1.011.257	2.211.257	1892-96.	10.414	2.200.843	76
Grèce	1889...	2.217.000	—	2.000.000	90	»	»	2.000.000	1894...	230.000	1.770.000	79
Turquie	»	52.000.000?	—	2.000.000	»	1893...	24.463	2.000.000	1890-93.	86.470	1.913.530	»
Algérie	1896...	4.429.421	1888-97.	3.510.158	80	1887-96.	47.236	3.557.394	1887-96.	2.012.843	1.544.551	35
Tunisie	»	»	1893-97.	149.063	»	1887-96.	4.803	153.866	1894-97.	88.129	65.737	»
Bulgarie	1893...	3.309.816	Moyenne...	1.500.000	45	1894...	35.900	1.535.900	»	»	1.535.900	46
Serbie	1896...	2.314.153	1896...	612.000	26	1894-96.	30.649	642.649	1891-95.	9.779	632.870	27
Roumanie	1891...	5.038.342	1889-96.	3.156.000	62	1892-95.	2.317	3.158.317	1892-95.	15.746	3.142.571	62
Russie	1897...	96.042.000	Moyenne...	3.250.000	3	1887-96.	89.964	3.339.964	»	»	3.339.964	3
Australie	»	3.600.600	1891...	162.815	5	1895...	10.829	173.644	1895...	32.607	141.037	4
États-Unis	»	67.000.000	1890...	1.100.000	2	1891-95.	950.000	2.050.000	»	»	2.050.000	3
Chili	»	2.439.500	Moyenne...	2.500.000	102	»	»	2.500.000	»	»	2.500.000	102
République Argentine	»	4.200.000	—	1.000.000	24	1894-95.	733.046	1.733.046	»	»	1.733.046	41
Angleterre	1891...	37.880.764	»	»	»	1894-96.	659.486	659.486	»	»	659.486	2
Belgique	1890...	6.069.321	»	»	»	1890-95.	196.963	196.963	»	»	196.963	3

SOURCE : Résumé des chapitres IV et V.

PAYS	F.-I. de Neumann-Spallart[1]		Société des Agriculteurs d'Espagne		P. Mouillefer[t]	
	ANNÉES	HECTOLITRES	ANNÉES	HECTOLITRES	ANNÉES	HECTOL[ITRES]
1	2	3	4	5	6	7
France	1876-1885.	36.679.000	1884-1888.	32.874.225	1880-1889.	29.677
Italie..............	1880-1885.	21.759.000	1884-1888.	25.360.000	1889......	21.139
Espagne.............	»	20.519.000	»	27.000.000	»	20.509
Autriche-Hongrie......	1876-1885.	8.920.000	»	10.000.000	»	10.300
Portugal.............	»	4.000.000	»	4.000.000	»	3.000
Allemagne...........	1878-1884.	2.089.200	»	3.690.000	»	3.643
Grèce...............	»	2.000.000	»	1.300.000	1887......	1.760
Russie..............	»	1.840.000	»	3.500.000	»	3.500
Roumanie	»	1.000.000	»	700.000	»	1.505
Suisse..............	»	600.000	»	1.300.000	»	1.000
Serbie..............	»	500.000	»	500.000	»	2.000
Belgique............	»	1.500	»	»	»	»
Turquie d'Europe	»	»	»	2.600.000	»	2.500
Chypre..............	»	»	»	»	»	»
Bulgarie............	»	»	»	»	»	»
Bosnie et Herzégovine...	»	»	»	»	»	»
TOTAL POUR L'EUROPE..		99.907.700		112.824.225		100.534
États-Unis............	»	800.000	»	»	»	1.505
Algérie.............	1880-1886.	690.000	»	»	1889......	2.512
Le Cap..............	1875......	170.000	»	»	1888......	255
Australie	1879-1884.	72.000	»	»	1888......	104
Tunisie.............	»	»	»	»	»	3
Mexique.............	»	»	»	»	»	8
Brésil..............	»	»	»	»	»	100
République Argentine ..	»	»	»	»	»	807
Chili...............	»	»	»	»	»	1.200
Perse...............	»	»	»	»	»	»
Samos..............	»	»	»	»	»	»
Palestine...........	»	»	»	»	»	»

SOURCES : Colonnes de 1 à 11. *Bull. de st[at]. et de lég. comp.* du *Ministère des Finances*, année [

'après diverses évaluations.

Le Moniteur vinicole		M. MIRAGLIA		Résumé de notre Chapitre V		OBSERVATIONS
ANNÉES 8	HECTOLITRES 9	ANNÉES 10	HECTOLITRES 11	ANNÉES 12	HECTOLITRES 13	14
2-1891.	29.450.980	1886-1890.	27.043.000	1866-1895.	42.067.380	*1. Ubersichten der Wel-wirlhschaft* (continue de paraître en fascicules par les soins de M. de Juraschek).
H.....	34.970.100	1886-1890.	30.650.128	1880-1896.	29.832.695	
H......	32.000.000	1889-1890.	28.759.571	Moyenne..	25.000.000	
yenne..	10.000.000	1886-1890.	9.840.806	1885-1894.	7.646.113	
—	4.150.000	Moyenne..	6.000.000	Moyenne..	4.500.000	2. L'addition donne 118.547.378, mais le tableau italien est repro-duit tel quel.
—	4.000.000	1886-1890.	2.350.255	1891-1895.	2.215.699	
—	1.700.000	1886-1890.	2.584.500	Moyenne..	2.000.000	
—	3.441.000	1890......	3.356.670	—	3.250.000	
—	2.100.000	Moyenne..	2.400.000	1889-1896.	3.156.000	
—	1.211.000	1889......	992.294	Moyenne..	1.200.000	
—	3.000.000	Moyenne..	800.000	1896......	612.000	
—	»	»	»	»	›	
—	2.500.000	Moyenne..	1.268.000?	Moyenne..	2.000.000	
—	»	Moyenne..	163.565	1891......	190.312	
—	2.900.000	1886-1890.	2.288.589	Moyenne..	1.500.000	
—	»	Moyenne..	50.000	»	»	
	131.423.080		117.331.028²		125.170.199	
yenne..	1.520.000	1889......	920.053	1889-1890.	1.100.000	
91......	4.058.412	»	2.398.974	1888-1897.	4.510.158	
yenne..	100.000	1886-1890.	143.145	Moyenne..	250.000	
—	100.000	1889-1890.	71.754	1891......	162.815	
—	105.142	1890-1891.	77.562	1893-1897.	149.063	
—	»	»	»	›	»	
—	»	»	»	»	»	
—	1.500.000	Moyenne..	1.200.000?	Moyenne..	1.000.000	
—	1.500.000	?	?	Moyenne..	2.500.000	
—	28.000	»	»	»	»	
—	»	1880-1890.	51.302	»	»	
—	»	»	3.179	»	»	

tembre, page 309. (Travail de M. Miraglia, directeur général de l'Agriculture du royaume d'Italie.)

TABLE DES MATIÈRES

CHAPITRE III. — MOYENS PROPRES A DÉVELOPPER
LA CONSOMMATION DU VIN.

CHAPITRE IV. — IMPORTATION ET EXPORTATION.

Importations.

TABLEAUX STATISTIQUES

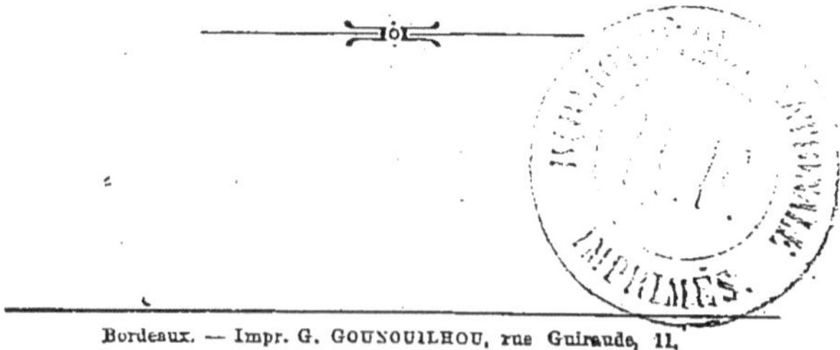

9 7 8 2 0 1 3 7 3 3 5 9 5